不合理性の哲学

利己的なわれわれはなぜ協調できるのか

中村隆文

みすず書房

不合理性の哲学　目次

第Ⅲ部　自由な社会

凡例

一、外国人名については、原則として姓をカタカナで記した。

一、参考・引用文献は巻末に一括して掲載した。

一、本文中の引用文献については、著者名［刊行年］で表記した（例：Anscombe［1957］）。

一、引用箇所については下記のとおりである。

・「 ／ 」は原著引用頁、および、その日本語訳頁（「 ／ 」がない場合は、日本語訳からのみの引用である）。

・引用箇所については原則として頁番号で示したが、文脈に応じて以下のように表記した："part."もしくは「部」、"ch."もしくは「章」、"sec."もしくは「節」。

一、引用文中の［ ］は、前後の文脈との関連上、筆者が補足したものである。

一、本書において引用回数が多いヒュームの『人間本性論』（Hume［1739-1740］）および、アダム・スミスの『道徳感情論』（Smith［1759］）については、下記のとおりに引用箇所を示した。

・『人間本性論』＝T：巻、章、節、パラグラフ、および原著引用頁

・『道徳感情論』＝TMS：部、篇、章、パラグラフ、および原著引用頁

なお、TおよびTMSの日本語訳については巻末の参考文献で紹介しているものをベースとしているが、筆者の判断のもと多少変更を加えているケースもある（それゆえ、本書における誤訳はすべて筆者の責任である）。

不合理性の哲学——利己的なわれわれはなぜ協調できるのか

はじめに

「もっと合理的になりなさい」「不合理なことをするな」などのお説教を耳にしたことはないだろうか？　われわれの社会においては、矛盾したことを言ったり、後先考えずに行動したりすると、「不合理」とレッテルを貼られ、立派なオトナとはみなされなくなってしまう。もちろん、社会というものは十分には合理的ではない存在――幼児、酔っ払い、頑固者、同じ過ちを繰り返しがちな人物など――によっても構成されているので、不合理だからといって人間失格ということにはならないが、しかし、「合理的な人間こそが社会を支えているのだ！」という信念はおよそ一般的に根強いものである。もし、過去にあなたが「合理的になりなさい」と説かれたとすれば、おそらくそれを説いた人は、あなたに支える側の人間であってほしいと願っていたであろうし、そこには自分と同じ側の「仲間」になってほしいという想いが込められていたのかもしれない。

しかし、「社会は合理的な人間が支えている」というのは本当なのであろうか？　いや、こうした問いを提出しているからといって、なにも、「社会は思いやりで包まれている」とか、「社会は優しさからできている」などの綺麗事を言いたいわけではない。それに、われわれの社会はかつての原始社会や封建社会よりも合理的であろうし、各種合理的システムがあるからこそ、社会的営みが維持され、不合理な人たちでさえもそこで生きていける、というのは事実として認めざるをえない。しかし、私が問いたいのは、それを支える人間が「合理的」とはどのような意味であるのか、ということなのである。

「人間は合理的に物事を実践できる生き物だ！」という主張はたしかに理解できる。実際、その都度何かを具体的に意図して実現できる人は合理的と呼んでも差し支えないであろう。「歯を磨く」「貯金をしてお気に入りの服を買う」など、人間の諸活動においてそうした合理性は発揮されているといってよい。だが、いつでもどこでも、具体的に何かを意図するために十分な情報や方法論をもっている人間などはほとんどいない。これは個人レベルでも集団レベルでもそうである。しかし、そうであるにもかかわらず、われわれは何となくであるがうまくできるケースがそれなりに少なくはない。たとえば、未熟ゆえに目的達成のための具体的計画がないままとりあえず目標に向かって頑張るだけの人が最終的にはそれなりに目的を達成することもある一方、「私はいろいろ調べていますし、自分なりにきちんと判断しています」といった人が失敗・挫折することもある。私の個人的な経験では、他人のアドバイスを素直に受け入れるタイプ、あるいは、自分より先を進んでいるような人物に対し素直に尊敬の念をもてるタイプの方が、教えてもらったことに対し「それが正しいとはいえませんよね？」「別の考え方もできますよね」などと言いたがる批評家タイプよりも事を成しとげるケースが多かったようにも思われる（スポーツにおいても、学問においても）。

もちろん、他人の助言・指示や古い慣習そのものが正しいとはかぎらず、そこには不適切で非効率的なものもあるかもしれないので、そうした場合には修正されてしかるべきであるが、しかし、そのうちのなにをどこまで修正すればよいのであろうか。合理的に振る舞うためには合理的でない活動が必要であることはたしかにわかるが、しかし、「不合理性にどのように頼るべきか」をわかるための合理性というものはやはり必要であるように思われる。これは、「他人とうまくやる」「よりよい社会を作る」ということにおいても同様であろう。なんでもかんでも計画どおりにうまくいくはずもなく、ゆえに計画以外のことに頼る必要性があるのはわかるが、それがどこまでアテにでき、どこからは危険なものとなるのかについて理解しておくに越したことはない。つまり、「合理性の限界」を知るような理性批判は重要であるが、それと同時に、「不合理性の限界」を知るような不合理性批判も重要である、ということである。

本書のタイトル『不合理性の哲学』からも推察できるように、本論考においては不合理さをポジティブにとらえようとする視点が多く含まれている。そこでは、合理主義に対し批判的・否定的な物言いをすることもあるので、読者のなかにはそれを「反合理主義のススメ」のように受け取る人もいるかもしれない。しかし、私としては合理性を軽んじるつもりも、それを有害扱いするつもりもない。科学技術・医療による恩恵は人間の合理性に由来するものであるし、法・政治・経済などの社会システムを支える合理的・論理的思考は人間特有の素晴らしいものであるので、人間の理性的在り方を否定するつもりはない。しかし、「合理性」という意味をきちんと理解することなく、「合理的でありさえすればよいのだ」という信仰にのめりこむのは危険であり、そうした信仰心のもとでは不合理性のメリット・有意義さを見過ごしてしまうようにも思われる。理性の限界をきちんと見極め、理性では無理なものを理性以外にまかせるというのもまた（メタ）理性的・合理的な哲学的態度といえる。もっとも、私の場合、理性を根本的なものとみなすスタンスというよりは、むしろ理性は上澄みの部分にすぎず、その根底にある「人間本性 human nature」――そしてそこに含まれる「不合理性」――をきちんと理解・尊重すべき、というスタンスをとる。理性にわざわざ反することを推奨するつもりはないが、理性以外の要素をポジティブに捉える点で、私の思想は「不合理主義」といえるかもしれない。

本書は、私がこれまで学んできた認識論・倫理学といった各種哲学分野、さらに、心理学、政治学、法哲学、経済学、そして私自身の人生経験などから得た知見に基づくものであるが、基本的にその分析はデイヴィッド・ヒューム（David Hume, 1711-1776）の思想をベースとしたものである。しかし、これは何も「ヒュームの思想は間違いないものだ」とか「ヒュームの思想こそが素晴らしい」と称賛しているわけではない。また「ヒュームは実在論者であるか」とか「動機内在主義者であるか」などの解釈学的議論は、本書のテーマとの関連上そこまで本質的なことではないため詳細に取り扱うことはない（しかし、ヒューム思想を取り扱っているかぎりは、多少なりともそこに何らかの形でコミットせざるをえないことには違いないが）。ただ、私がヒューム思想に携わる哲学研究者としてあえて何かを訴えようとするならば、それは以下の二点となる。一つは、もはや古典ともいえるヒュームの著作に含まれる哲学的エッセンスというものが、現代のわれわれが抱える問題やかかわっている事柄をより深く理解することに寄与しうる、ということ。二つ目は、ヒューム思想と現実の諸問題との関連を明らかにするにあたり、経済学や心理学などの各種人文・社会科学の研究成果がそこでの橋渡し的役割を果たしてくれる、ということである。こうした点から、本書の内容には、ヒューム研究者にかぎらず哲学研究者全般、ひいては他分野の研究者の方々へのメッセージも込められているといえる（さらにいえば、研究者ではない一般読者の方々も、これを手に取ることによって、哲学および他の人文・社会科学系の学問の面白さを感じていただければ喜ばしいかぎりである）。

そもそも、私がヒューム哲学をその分析の柱とすることのもっとも大きな理由とは、ヒューム的思考法というものは、哲学的に物事を取り扱う一つの有効なやり方を示してくれる、ということにある。私がここで念頭におく「ヒューム的思考法」とは、通常はあたりまえとされるような関係――いわゆる「わかっていること」――の「構造」を分析し、それが必然的に真であるようなものではないこと（しかし、同時にそれが現実においてはすでに採用されてしまっていること）を暴く手法ともいえる。ゆえに、それは、「わかっている」とされていた現実というものを「なんでそうなっているのかわからないもの」として示すことになる。

　おそらく大多数の人にとって「わからない」ということはあまり歓迎されない事態である。「わからない」よりは「わかっている」の方が望ましいと一般的には考えられているし、人々が重宝するところのいわゆる「科学」とは、「わからない」を「わかる」方向へと変えようとする営みといえる。だからこそ、その逆、つまり「わかる」が「わからない」へと変わってしまう方向はあまり歓迎されない。「わかっている」のがあたりまえのようなことを「わからない」と考え込む人に対し、通常であれば、人々は「こいつは何を言っているんだ？　哲学する奴はやっぱどこか変だな」という気持ちを抱くであろう。だが、時に「わからない」ということが、人々の胸に強く、そして心地よく響くことがある。それは、「わからない」という内容が理路整然と説明され、これまでの「わかっている」が実は錯覚の類であることが理解されるときである。私はこのような現象を「哲学に出会う」と呼んでいるが、私にとってヒューム的思考法こそまさにそうした出会いを提供してくれるものであった。そうした思考法は、「わかっている」という事態に潜む「わからなさ」をわかるようにクローズアップし、これまで見過ごされてきたことに気づかせてくれるものである。それはちょうど、何かと何かとの「間」を覗き込むような、「間」を問う営みともいえる。因果批判においては「原因」と「結果」との「間」に何があるのか、あるいは、人格同一性批判においては「過去の私」「現在の私」との「間」を繋げているものは何であるのか、というように、ヒューム的思考法はそうした「間」にある「わからなさ」を常に問題視する。

よくわからないような「間」はできるならばない方が望ましい。なぜなら、「間」には余計なものが入りこむ余地があり、できるかぎり縮減、もしくは消滅されるべきものと一般的には考えられているからである。出来事と出来事との間が広ければ広いほど、そこでの不確定要素が多くなり、原因追究や未来予測が困難となる。人と人との間が開けば開くほど、お互いがわかり合えなくなってゆく。非協調と協調との間が開くほど、われわれが協調に至るまでの確実な方法がないことに不安を覚えてしまう。およそ科学というものはあいまいな領域である「間」を照らし、そこに何があるのかを明記し、それを克服することを目的としているため、「間」の問題は解決されなければならない。これ自体は別にかまわない。しかし問題は、こうした考え方のもと、「間」の問題は解決されていなければならない、あるいは解決しているはずだ、という強迫観念や思い込みにわれわれは支配されがちなことである。われわれはこうした思い込みに囚われ、「間」の問題を日常において不問とするだけでなく、「そこにはなにも問題ないので！」とか「もう解決済みの問題なんだ……」とついつい決めつける傾向にある。だからこそ、解決済みの事象について、無理やり「間」をこじ開けようとする哲学的営みは、一般的には歓迎されるどころか、煙たがられる風潮がある。「なぜ、わざわざ繋がっているものを分離するのか？　なぜわかり合えていることを疑うのか？」と。しかし、本当にそれらは繋がっていて、本当にわれわれはわかり合えているのであろうか。私が思うに、「間」を問うことは、繋がりを分離・切断するものでもなければ、退屈な屁理屈によって関係性を否定することでもない。それは、そこに存在するが見落とされていた隔たり（ギャップ）を見つめ、何がそこに潜んでいるのかを暴いてゆくような、いわば「知的な発掘作業」である。ヒュームの哲学が単なる懐疑主義ではない理由もまさにこの点にある。

本書の議論は、すでに何らかの形で乗り越えられた「あたりまえ」「わかっている」を掘り下げることでそこに何が埋まっているのかを探る営みであり、自明なものとして信じられてきた「合理性」の蓋を引っぺがすような議論でもあるので、読者のなかには「合理性を疑うのか？　不要というのか？　人間は他の動物と同じとでも言いたいのか？」と反感を持つ人もいるかもしれない。しかし、そうではない。人間とその他の動物とは明らかに異なるもので、そうであるからこそわれわれ人間は独自の社会システムや文明を築き上げることができた。このことは否定できない事実である。しかし、他方、人間と動物との間には類似点・一致点があることもまた歴然たる事実であり、人間社会において、われわれはいまだ動物同様に不合理性を保持しているのかもしれない。さらにいえば、われわれは人間独自の不合理性すら備えているかもしれない。しかし、そうであるからこそ、われわれ人間の「不合理性」が無意味なものであるかどうかはきちんと検証を行う必要があるだろう。そうすることによって、合理性にどこまで頼り、不合理性にどこまで頼るべきかが見えてくる。本書において行われる「不合理性の哲学」は――完全にその役割をまっとうできているという確信はないが――そうしたプロジェクトの一端を担うものとして、あるいはそうしたプロジェクトへの足がかりとして、これを手にした読者に何らかの示唆を与えることができれば幸いである。

予備的説明

さて、本論に入る前に、本書で頻繁に登場する「理性」「合理性」という用語について分類的説明をここで簡単にしておく。思想史的にみてもその用法は多岐に渡り、語の定義も論者によって微妙に異なることもあるが、本書においては主に以下1〜4の区分に基づく形で「理性」「合理性」の用語を用いる（もっとも、哲学用語が苦手な人であっても本書の内容そのものは理解可能であるので、どうしてもわからない人はあまり気にせず先に進んでもかまわない）。

1　実践理性（practical reason）

実践を行うにあたり必要な知性であり、狭義のものとしてはカント的な実践理性[1]を指す。広義のものとしては、目指す目的を実現するために必要な推論・判断・動機づけ・行為遂行を可能とするような目的論的合理性を指す。ただし、本書においては狭義・広義のいずれにおいても、ある行いを「すべきこと」として理解するような規範的合理性が内在する、と想定する（ただし、この規範的合理性は、道徳的事柄にかかわることもあれば、ダイエットの成功や自己利益最大化といった非道徳的事柄にかかわることもある）[2]。

2　道具主義的合理性（instrumental rationality）

狭義には、ハイデッガーなどの道具的連関にかかわるものとして理解されるように、「適用」「用途」のもと、各種存在者を道具的に理解するための知性というものであり、この文脈では道具主義的合理性はネガティブに評価されがちである（人間存在や自然を道具的に取り扱うような搾取・破壊の原因としてみなされることもある）。

広義のものとしては、プラグマティズム、道徳心理学、さらには行為論の文脈で取り扱われるような、目的達成・問題解決のための手段を示す道具的価値を備えた科学理論や知識（信念）を適切に用いる知性と理解される。たとえば、「手段－目的モデル "means-end" model」というものは、こうした広義の道具主義的合理性を内在した行為および行為理由を説明するためのモデルである（この場合、単なる目的論的な「道具主義」であっても、それ自体にはネガティブな響きはない）。気をつけてもらいたいのは、こうした道具主義的合理性自体は規範的合理性とは異なるものであるので、それゆえ規範的理由を示すものではないという点にある。たとえば、道具主義的合理性が機能しつつもそれが規範的理由をもっていないようなケースにおいては「目標達成のためにその行為が正しいとわかっていても、それをすべきとは思わない」という事態は十分可能であるし、道具主義的観点からはそれが特に不合理ということにはならない。[3]

3　経済合理性（economic rationality）

経済学的観点から「効用」「選好」などの大小・優劣関係を論理的に考慮することによって、より大

1　現象界において支配的な因果法則とは別の、叡智界における「倫理法則」を理解し、そこにおいて示される定言命法に自ら従うような善意志を規定するもの。理論理性（純粋理性）では理解できないような事柄（因果性を超越した「自由」など）を理解させ、自律した主体としての意志形成を可能とする理性といえる。

2　もちろん、状況次第では、意志が弱めの人は「すべきとわかっているのにできない」ということもあるだろう。しかしこの場合、規範的合理性が欠落しているというよりは、それによって示される「規範的理由」がその人を行為へと動機づけていない、という形で記述することが可能である。ゆえに、本書においては、そうした意志が弱めの人物であっても、多少の「幅」のもと規範的合理性をもっているとみなしうる、という立場を採る。

3　「手段－目的」モデルを変形し、合理的行為者の動機づけ理由を道徳心理学的に説明するための「信念／欲求」モデルとして採用するヒューム主義は、こうした道具主義的合理性を行為における実践理性とみなしているようにもみえる。

きな利益を実現するための選択を可能とする推論・判断能力。広義の実践理性（目的論的合理性）と同じ結論を導出することもある。ただし、経済合理性は（少なくとも本書における用語法としては）個々の主体にとっての目的実現、快楽増大、効用最大化、選好充足を満たすためのものであるので、規範的な事柄（とりわけ道徳的問題など）に関し、この種類の合理性はそれを解決するための推論・判断・動機づけの役割を果たすものではない。もっとも、実践的な経済政策などでは、経済合理性からの推論・判断が規範的意味と結びつくこともある（その場合、社会全体の効用最大化や選好充足最大化などを至上命題とする目的論的合理性に包摂されている、といえる）。

4　純粋理性（pure reason）

狭義では、カント哲学において、受動的な「直観」のもとで得られた知覚が「悟性」を通じて判断されたのち、そうした悟性的認識に推論・論証などを通じて体系的統一を与える知性的能力。理論理性とも呼ばれる。広義の意味としては、認識全般を可能たらしめる先天的知性といえる。

本書においては、文脈に関係なく（あるいは但し書きもなしに）「理性」「合理性」「合理的な人間であれば……」などと用いられる場合、広義の実践理性、すなわち1の目的論的合理性を指す（ときに、狭義の道具主義的合理性や経済合理性もそこに含まれうる）。ある会社に勤めたがっている合理的人物は、どうすればそれが実現できるかを推論しながら行為選択するであろうし、恋人に喜んでもらいたいと願う人はどうすればそれが達成できるかを熟慮したのち必要な手段を実践するであろう。これらはいずれも目的論的合理性に従った行為といえる。およそわれわれは倫理的であろうがなかろうが、この種の合理性のもとで行為主体として理解されるケースがほとんどであるため、一般的にはこの用法を念頭に置いておいてもらいたい。

ただし、「理性と情念」といった対比で用いられるケースについては注意が必要である。ヒュームが用いるこの対比上の用法としては、理性は論理的推論能力もしくは道具主義的合理性を指すが、反ヒューム主義vs.ヒューム主義といった文脈においては（とりわけ道徳的規範にまつわる議論では）、前者は理性というものを、規範的合理性を核とするところの実践理性として――カント的実践理性のニュアンスを伴うようなものとして――論じている。

第Ⅰ部　社会的協調

第1章　コンヴェンション分析

1　ボートでのオール漕ぎ

さて、「合理的な存在」を自称するわれわれ人間はそれなりにプライドをもっており、自分たちこそは他の動物とは異なる優秀な種族である、と考えがちであるが、一体、どのような意味で「合理的」といえるのであろうか。それは、「強さ」という意味であろうか。それとも、「うまくやれる賢さ」という意味であろうか。人間の本性、そして、それが合理的なものといえるかどうかについて、まずは社会的協調の観点から考察してゆきたい。

実は、人間という生き物は個体としてそこまで秀でているわけではないし、もたなくてもよいような余分な欲望・願望まで背負っているようにみえる。蜘蛛や鮫などの捕食動物は単体で餌をとって暮らすものもいるが、われわれ人間は環境に対して非力ともいえるので、単体ではなかなかそううまくはできない。また、狩猟ではなく農耕を営むにしても、たった一人でそれを首尾よくやれるともかぎらない。各人が誰とも協力することなく単独的に自給自足の生活をするならば、そのうちの才覚ある少数者はうまくやれるかもしれないが、大多数はうまくいかないであろう。とはいえ、原始共同体のように家族内のみで支えあって暮らすとしても、おそらくそれは細々とした生活となってしまい、今現在われわれが享受しているような贅沢を期待することはできない。動物よりも弱いわれわれ人間は、それとはアンバランスともいえるような形で肥大した欲望をもっており、原始時代レベルにまでそれらを抑えて生活することはなかなかできないことを考えると、虚弱でありながら欲望だけが肥大したそのような人間性こそが歪な不合理性といえるのかもしれない。しかし、その歪さのなかうまく欲求を満たすような分業体制型の「社会」[4]を構築できたこともまた人間独自の本性といえる。このことは、『人間本性論』(1739-1740)での正義社会の説明においてヒュームが指摘したことでもある(T 3.2.2.2/485)。

しかし、そうした分業的な協調体制の構築・継続のためには特別な要因が必要となる。なぜなら、人間の自然なあり方そのままでは、家族には配慮できても、それ以外の人に配慮することはなかなかなく、互いに排他的態度をとっているかぎりは協力体制そのものが構築できないかもしれないからである。そうした排他的態度がどのように矯正されたのか、といった系譜学的考察は後回しにするとして、今現在、われわれはそれが矯正された形で暮らしているのは歴然たる事実である。だからこそ、はじめて会うよ

4 本書における「社会」という語は、人々が「個人」として参加しつつ、モラルやマナーよりも強い制約性をもった「ルール」「法」というものがそこでの個々人を——明示的であれ暗示的であれ——政治的レベルのもとでとりまとめているような集団を意味する。また、これと類似した語として「共同体」という語があるが、それは、「モラルや規範、そしてそれらに基づく評価および互酬性(reciprocity)のもと、各人が協調的に連帯している集団」という意味で用いられている。もちろん、およそわれわれ人間はある共同体の一員であると同時に社会の一員でもあり、両者は排他的関係にあるものではない(小さな社会になればなるほど、そこでの「社会」と「共同体」との違いはほとんど見受けられなくなるであろう)。

うな（特に親しみを感じない）他人ともわれわれは取引やさまざまなやりとりができているわけであるし、人間と同レベルで、大規模にそうした活動をしている動物がいないという点で、われわれは他に類をみない合理的存在といえるかもしれない。そして、そうした広範囲にわたる共存・協調的関係のもと、われわれは個人的感情ではなく、およそ広く一般に理解されうるようなロジックに頼っている。アリストテレスが「人間はポリス的動物である。……そして、なぜ人間がすべてのミツバチや群居動物よりもポリス的動物であるのかも明らかである。われわれが主張するように、自然は何事も無駄には為さないのであり、ゆえに、動物のうちで人間のみが言語能力を持っているのである」（アリストテレス『政治学』1253a）と述べているように、動物と人間とでは同じ社会性をもちながらも、言語とそれを用いる論理的思考の点から、その特性はかなり違うものといえる。人間の場合、社会的に共有されるロジックによって、ある行為が協調関係の維持に相応しいものであるかどうかが評価・判断され、正当な非難・処罰が生じる。「正義の法」とはそうしたものであり、そこでは仲良しの友人であろうが見知らぬ人であろうが各人は同様の行為に対し同様に取り扱われるため、そうであるからこそ異なるさまざまな人々が安心して協調できている。

このように、社会的連帯のなか、それぞれ異なる利害関係をもった利己的人物同士が、公平・公正なロジックを内在した法・ルールのもとで利益を享受しているのは、ギリシア時代も今もそこまで変わらない。そして、そのように協力しているかぎりにおいては、「人間は合理的存在である」といってよいかもしれない。不合理主義者であっても、この程度は認めるべきであろう。しかし、ここで問いたい。そこで言われる「合理性」とはいったい何なのであろうか？　もちろん「首尾よく成功を収めるための能力」というニュアンスはなんとなく理解できるにしても、うまくゆくためにその合理性は何をどのように指示しているのであろうか。このように、合理性の正体をきちんと理解しようとするためには、さきほど後回しにした系譜学的考察の重要性が明らかとなってくる。つまり、われわれ人間は、協力があたりまえとはかぎらない状態から協力へと至る過程において、どのように判断しているのかを理解する必要がある、ということである。

ホッブズやロックのような契約論者によれば、社会以前の非協調的状態は「自然状態 state of nature」というものであり、そこから、合理的な当事者たちは同意契約を結びつつ、国家権力の庇護のもとに入ったり、あるいは、政府の取り決めに従っていることになっている。[5] しかし、自然状態を社会以前の状態とするのであれば、いまだそこには法、正義、権利などはないはずであり、そうすると「約束を守る義務」というのも自然状態においてはいまだ誰も理解していないはずである。つまり、「約束した以上、協調関係において定められたルールに従う義務がある」と判断し、動機づけられ、それを実行できるとすれば、それはすでに自然状態を乗り越えてしまった正義社会のメンバーたちであって、原初状態でのメンバーとはいえない。ヒュームはこの点を指摘しつつ、系譜学としての社会契約論を否定する。[6] とは

5　もっとも、同じ社会契約論であっても、ホッブズとロックでは当事者である「市民」の契約のあり方が異なる点には注意が必要である。ホッブズの『リヴァイアサン』(1651) では、統治以前の自然状態は「万人の万人に対する闘争」であり、そこから、とにかく生存権を保全しようとする合理的個人間の契約として、個々人が共に同意しながら、第三者的な国家へと自身の暴力権（実力行使権）を譲渡する、というシナリオとなっている。他方、ロックの『統治二論』(1690) では、自然状態はそこまで戦争状態ではなく、また個々人の関心は生命だけでなく、自由や財産にも及んでいる。そうした個々人は共同体をつくり、そこでの統治に服することで自身の生存権・財産権のよりよき保全を期待するが、その統治機構がそれら権利の保全に寄与しなかったり、逆にその権利を侵害するような場合（一方的に重税を課したり、恣意的な逮捕・裁判を行うなど）もありうるので、市民は抵抗権・革命権を完全に手放すことなく保持し続けている。

いえ、他人に対するたっぷりの愛情や配慮によって原初状態を乗り越えられるならばそもそも「正義」「公平」などは不要だったわけであるし、かといって、生まれ落ちるときに「正義を遵守すべきだ」という使命感をインプットされて、協調的関係を構築したわけでもない。すると、協調以前の段階において、協調関係において課される制約（義務）をいまだ知らない当事者たちはいかに協調することができたのであろうか。これこそが哲学史上、これまで延々と論じられてきた問題であるし、本書におけるメインテーマでもある。そして、これに関するヒュームの説明、そしてそれを含む思想全体にこそ、現代に生きるわれわれが学ぶべき知恵が散りばめられているように思われるので、それらを一つ一つ紐解きながら論じてゆこう。

ヒュームは、契約論者たちが描く原初状態を、「いまだ何も取り決めがない状況依存的な対人関係」として再構成し、そこからどのように協調関係が生じるのかを描き出す。その代表的なものとして「コンヴェンション convention」[7] についての説明は特に有名であるが、それを示す事例として「ボートでのオール漕ぎ」（T 3.2.2.10/490; Hume [1751]: 306/182）というものをヒュームは挙げる。これは、同じボートに乗り合わせた二人がいて、目的地である岸につくためには二人で協力して漕がなければならないような状況であるが、ヒュームは、ここから約束ぬきの協調的関係が生まれるというストーリーを描き、それをそのまま正義社会の説明へとスライドさせる。さて、これを踏まえた上で注意してもらいたいのは、正義社会が形成されるにあたっては、ヒュームは仁愛、思いやり、共感、義務感などではなく、「当事者個々人の利益」を協調関係の基礎部分に置いている点である。「仁愛」「思いやり」が正義の基礎となりえないことに関しては、「人間は利己的であり、他人に対してはかぎられた寛容さしかもっていない」とヒュームが考えていることからも明らかであるが、後二者については、ここで少し補足説明をしてこう。

ヒュームによれば、正義遵守をする人が「正義の人」として理解されるとき、その動機は「正義の顧慮」(義務感)[8]に従っているとき以外にはありえない。[9]これは他の道徳的な動機とは異なる、「正義」独特の特徴である。通常、「子どもをケアする人」が有徳とみなされるのは、その行為が「子どもへの愛情」を動機としているからであって、まったく子どもへの愛情ぬきに「決まりだからやるのだ」「義務感からです」といった動機を述べる人に対し、われわれはその人を有徳とは考えにくい(ここでの愛情の欠落は徳性の欠落を意味するので)。しかし、正義に関しては、「決まっているからやるのだ」という人に対し、それを正義の人とみなすことに特別不都合はない。この点で、正義は自然的徳(natural virtue)とは異なる種類の「人為的徳 artificial virtue」とヒュームは位置づける。[10]ここでもっとも注意すべきは、義務感が発生するのはコンヴェンション以降という点である。たとえば、「オール漕ぎ」においてコンヴェンションが確立すると「きちんと規則的に協力して漕ぐことがあたりまえである」という感覚を共

6 「したがって、正義の源泉を説明してしまう前に「所有」「権利」「責務」という語を用いたり、さらには、その説明において用いることとさえする人は、ひどい誤謬を犯しており、確固たる根拠に基づき推論しているはずはないのである」(T 3.2.2.11/491)

7 ヒュームにおいて、コンヴェンションという語は「共通利益の一般的感覚 general sense of common interest」(T 3.2.2.10/490)、もしくはそれが成立している状況として用いられているが、ときに「不都合への対策となることが意図されたもの」というような説明もされている(T 3.2.2.16/494)。本書では基本的に、前者のニュアンスを含むものとして、「すべきことについて、それをあたりまえのものと理解しているような感覚」という意味で用いている。

8 T 3.2.1では、"regard to justice"の他、"sense of duty and obligation"(T 3.2.1.9), "regard to the honesty"(T 3.2.1.10)といった各種言い回しによって表現されている。

有する。その感覚共有後、はじめてそのメンバーは「きちんと漕ぐという責務 obligation」を意識でき、そしてそれに沿った行為をするように義務感によって動機づけられるし、義務感から己の責務をきちんと果たす人は同じグループのメンバー（漕ぎ手の一員）として認められ、そうでない人は非難の対象となり不快感を抱かれる（そしてここには「共感 sympathy」が成立している）[11]。これは社会においても同様であるが、称賛・非難のもと当該行為者の正義の徳性を示す共感原理は、やはりコンヴェンションを基礎としているので「当事者にとってあたりまえの利益」から逸脱したものについてはなかなか機能しにくい。たとえば、異常な約束——無理やり強制された取引、あるいは酔っ払っているときに「自分を殺してくれ。お金あげるから」と交わした契約など——にはそこに「あたりまえの利益」はないし、それゆえ通常われわれは共感できないのでそれらを破っても不正義ということにはならないが、一般的に理解可能な約束（通常の商取引など）を破る場合、その悪質さは共感のもとで理解され、それは不正義として非難される。このように、正義の基礎部分にはコンヴェンションがあり、そこには当事者たちそれぞれの自己利益が何らかの形で存在しているという主張は、以下の二箇所からも読み取れる。

したがって、自己利益は正義確立への原初的動機である。しかし、公的利益への共感は、その徳［正義］に伴うところの道徳的な称賛の源泉なのである。（T 3.2.2.24/499-500）

全員が、協調によって、共通の利益のために計算された行為の仕組みに加わり、自分の言葉［言語表現としての約束］に忠実であることに同意する。この協調ないしコンヴェンションを形成するのに必要なのはただ、各人が取り決めの誠実な実行において利益の感覚を持ち、その感覚を社会の他の成員に向かって表出することだけである。このことによって、その利益がただちに人々に作用するようになる。こうして、利益は、約束を実行する最初の責務を課すものといえる。(T 3.2.5.11/522-523)

ときおり、ヒュームの正義論の上部構造にあたる「共感」だけがクローズアップされてしまうこともあるが、ヒュームの正義論の核心は、正義システムがそれぞれにとっての自己利益を基礎としていることにある。[12] もちろん、正義成立後の観点において、各人の自己利益はそのままクッキリとではなく渾然となっているとしても——だからこそ、ときに正義遵守によって不利益を被る個々人も存在しうるわけであるが——、一般的かつ長期的にそれが各人にとって自分自身の利益となっていることはいつでも意識可能なわけであり、それゆえ、共感や義務感が動機として支配的となった後であっても、コンヴェンションおよびその基礎部分である自己利益が消失しているとはいえないのである。

---

9 ヒュームは借金返済のケースを挙げ、正義の人が借金を律儀に返す理由は、公的利益(public interest)を考えているからではないと明言している(T 3.2.1.11/480-481)。公的利益を考えるならば、ろくでなしや悪人から借りたお金を返済する必要はないことになるが、それは正義とは呼べないゆえに、ヒュームの立場では、正義を遵守する人物、すなわち「正義の徳をもつ人」の動機づけ理由は、「公的利益の配慮・関心」ではないし、また「私的利益や評判」、さらには「人類愛」でもないと明言している(T 3.2.1.10-16/480-483)。ただし、このことは、正義遵守的行為において「公的利益の配慮」や「評判」というものが個々人における理由として言語化されることを妨げるものではない。

10 「動機」の点から、自然的徳と人為的徳の違いを示す議論としてはT 3.2.1.3-10/477-480の議論を参照されたい。

11 もちろん、ヒュームは生得的な共感(同感)を認め、血縁関係、友人など、自己に近しい者への共感が一般的には強いという説明もしている(T 2.1.11.3-4/317)。しかし、正義の事例における共感は、まったく近しくない相手にも向かう形で社会的に共有されるものであり、コンヴェンションが果たす意義はやはり大きいと考えられる。

ともあれ、ヒュームのストーリーでは、「思いやり」「優しさ」が人より少なめな利己的人間であっても相互交流のもとコンヴェンションを形成し、その後、共感原理が働くことで、自他の責務違反について否定的態度をとれるようになり、結果として利己的人間同士による協調的社会が実現する。そして、さらに重要なことは、このような自己抑制的能力は「理性 reason」と同一視されるべきではない、という点である。というのも、ヒューム自身は理性を理論的（speculative）なものと位置づける一方、道徳がかかわる実践的（practical）な学問とそれとを区別しているからである（T 3.1.1.5-6/457）。このスタンスは彼の情念論でも同じであり、理性は論証（demonstration）における判断に寄与するが、それだけでは意志における動機とはなりえない、とされる（T 2.3.3.1-2/413-414）[13]。つまり、理性はそれ自体では目的を設定することも、人を行為へと動機づけることもできないため、できることといえば、動機づけられるところの行為において必要な情報を与え、うまく推論してゴールに辿りつくためのアシスト役に徹することぐらいである。ヒュームの有名な「理性は情念の奴隷」という言葉はまさにそのことを表している[14]。この意味では、ヒュームは徹底した不合理主義者といえよう。

2　穀物の刈り入れ

さて、前節ではヒュームの正義論に沿いつつ、非力なわれわれ人間は、たとえ利己的であり、あまり他人に優しくないとしても、うまく分業体制を構築でき、現在のような広い社会を形成できる資質をもっている、ということを説明した。結局のところ、思いやり、親愛の情などをあまり頼ることができない利己的当事者たちであっても、コンヴェンションを形成することさえできればうまく協調的関係を構築できるということであるが、しかし、このことによって人間本性と呼ばれるものがうまく説明できているのであろうか。

ヒュームが提示した「オール漕ぎ」について考えてみよう。ヒュームおよびそれを肯定的に評価する研究者たちはこれをコンヴェンションの代表的事例としてとりあげ、あたかも正義の基礎部分として取り扱っているが、しかしこのタイプのものは人間にかぎらず、それ以外の動物――「正義」を知らず、そして、そこまでたどり着けない存在――であっても、そうした感覚は共有可能である。一艘のボートに乗り込めば、とくに知性的な人間でなくとも、よほどのバカでないかぎりは普通に協力してオールを漕ぐであろうし、これは動物だって同じである。オール漕ぎと類似した状況に放り込まれれば、象であっても似たような行動をとるし、[15] ジャコウウシが狼に対抗するために寄り集まって角の壁をつくったり、寒さを乗り切るためにミツバチが身を寄せ合って体温を低くしないようにしているのも同様の行動とい

12 『道徳原理研究』においては、『人間本性論』以上に「正義」と「利益」との関係が強調されているので、この点からヒュームを功利主義とみなす論者もいるが、「オール漕ぎ」の事例をみるかぎりは、そこでの「利益」はそれぞれが自己利益を追求した結果実現されたものであり、最初から功利主義的に目指されるような利益を「正義」と考えているかどうかはまた別の話である。

13 情念やそれに関連する嗜好(taste)は美と醜悪、悪徳と美徳の情感を与える一方、理性は単に「真理と誤謬の知識を伝える」という説明もある(Hume [1751]: 293-294/166)。

14 「理性は情念の奴隷であり、ただ奴隷であるべきである。そして、それらに仕え従う以外のいかなる役目も称することはできない」(T 2.3.3.4/415)

15 プロトニックたちの実験では、二頭の象がテンポをあわせて協力しながら紐を引っ張らないと餌にありつけない装置をつくり、二頭同時にその状況に放り込むと9割以上が協力している(Plotnik, et al. [2001]: 5117-5118)。

える。そうせざるをえない状況に陥れば、およそほとんどの動物は協調的行動をとるであろう。しかし、人間以外の動物はそうした協調的状況から、さらに「正義」や「公平」といったルールをつくり、その協調関係を社会的に拡張したりすることはなかなかできない。とすれば、その違いはどこに由来するのかを改めて追究する必要がある。そこで、ヒュームが挙げる別の事例について考えてみよう。それは「穀物の刈り入れ」のケースである。

互いにそこまで相手に対し思いやりをもっていない二人の農夫A、Bがいるとする。Aの穀物の駆り入れ時が今日で、Bが明日であるとしよう（しかし、それぞれ自分一人で収穫するには量が多すぎると想定しよう）。両者の間に信頼関係がない場合、BはAを決して助けようとしないし（見返りが期待できないので）、助けてもらえなかったAは自発的にBを助ける理由もないので、結果として双方が本来得られるはずの収穫を台なしにすることになる（T.3.2.5.8/ 520-521）。しかし、われわれは実際こうした状況であっても相互扶助的なコンヴェンションを形成し、信頼を築いている。それはどのようにしてであろうか。

おそらく単純な「貸し借り」については、人間以外の動物であっても互酬性は備わっているので十分可能であろう。見知らぬサル同士であっても、先に自分が協力し、相手の協力をあてにすることはできるし、その逆に、先に協力してくれた相手に対し、すでに自分の利益を得ているにもかかわらずに助力してあげるようなケースもある。たとえば、ド・ヴァールの実験では、檻に二匹のオマキザル（血縁関係なし）を入れ、一匹では引けない重さのバーを二匹がともに協力して引くことで食料を手に入れられる装置を作った。そして、先に餌を手に入れたオマキザルは、それを手に入れた後ではもはや自分の利益にならないことはわかっているにもかかわらず、相手のオマキザルのためにもう一度バーを協力して引いてあげた（de Waal [2009]: 171/242）。しかし、こうしたケースではオマキザルという種族同士の共感や仲間意識というものの影響もありうるので（さらに、常に隣の相方が見えることもあるので）、ヒュームが想定するような「利己的であり、そして互いに無関心で信頼関係もない」というような状況とは異なるものであろう。それに、動物実験で見られるこうした互酬性が、現実の協調問題における相互扶助的行為を説明してくれるとは考えにくい。なぜなら、一回しか出会うことのない見ず知らずの人と助け合えるようなシステムの構築（およびそこでの協調的態度の獲得）のためには、かなりの記憶能力や言語伝達さらには記号伝達能力が求められるからである。つまり、人間社会のように多種多様な人々が混在するなか、はじめて出会う特定の相手に対し「貸し借り」をよしとするようなコンヴェンションおよび習慣を動物が形成するのはかなり難しいように思われる。しかも、助力と返礼との間のタイムラグが大きいような場合には、人間ですらそこまで完璧な記憶能力をもっているわけではないのであるから、動物においてはなおさらそこで相手を認識し、そして信頼しながら協調関係を築くのは困難といえるであろう。それでは「思いやり」「同情」「信頼」などが不足気味な人間は、そこそこの（動物以上の）記憶力のもと、いかに「穀物の刈り入れ」のようなケースにおいてコンヴェンションを形成できるのであろうか。

その答えは、言語もしくは文章による「取り決め」という工夫によって、である。この私の主張は一見すると前述のヒュームの説明、すなわち、「約束に対してコンヴェンションは先行する」という主張と食い違うように見えるかもしれない。実際、「約束はコンヴェンションに自然的に、もしくは人間のコンヴェンションより先行するものとしては理解不可能である」（T 3.2.5.2/516）と言っていることからも、コンヴェンションが成立する以前に「約束」などの制度はありえない。これは、「人々が「約束だから」という義務感のもと、当該行為を遵守することを責務として請け負う事態はコンヴェンション以降のものである」という趣旨においては正しい。なぜなら、約束遵守の義務感は、それを当然とみなすようなコンヴェンションを前提としてしか意味をもちえないからである。しかし、ヒュームが強調するところのコンヴェンション先行性（もしくは「約束に基づく義務感」の後発性）とは、「約束遵守の動機」に関する系譜学的主張ではあっても、「取り決め」がコンヴェンション以降にしか登場しえないことを意味するものではない。たとえば、自動車は日本では左側通行であり、それが定着した現在においては「誰もが左側通行をすることが共通利益である」というコンヴェンションをわれわれは共有しているが、しかし、そもそものコンヴェンションは「取り決め」があったからこそ成立したものといえる（こうした「取り決め」は、その内容が自然発生的にせよ恣意的導入にせよ、どこかで信念として共有されねばならない）。もちろん、コンヴェンションが事実として成立・共有されなければ、「左側通行をしなければ！」とか「左側通行しないとは、なんてやつだ！」などという義務感や共感のもとでの非難可能性も生じないので、約束（この場合「取り決め」）における行為遂行の責務自体はやはりコンヴェンション以降のものといえる。しかし、それとは別の話として、言語もしくは文書（記号）のもとでの「取り決め」はコンヴェンション以前になされることも十分可能なのであるし、それがなされなければ事がうまく進まないことはたくさんある。

もちろん、「オール漕ぎ」のように、よくわからないままなんとなくそれぞれの行動が規則的なものとなってゆき、そこにおいて安定的な利益の共有感覚、すなわちコンヴェンションが形成され、そこから突発的な逸脱的行為を予防するために明示的な「約束」がなされるケースもある。「オール漕ぎ」の事例をコンヴェンションと明言していることからも、もしかすると、ヒュームはこちらの方を念頭に置いているのかもしれない。しかし、そうしたケースと「穀物の刈り入れ」ケースは異なるものであるため、後者のケースにおいて「どのように助力の貸し借りがうまくできるようになったか？」という問いに対する解答としては、「オール漕ぎ」の事例を挙げるだけでは不十分なのである。助力の貸し借りにおいて、互いが互いの幸福に無関心であり信頼がないという想定のもとでは、「手伝ってもらったら手伝い返す」といった規則的な行動がなんとなく成立することなどはおよそありえない。助力の貸し借りが互いにとって明らかに有益であり、しかし、互いに親愛の情も信頼もないとき、当事者がそれぞれ行うのは、「後で借りを返すから力を貸して！」というお願いと、「力を貸すから借りはきちんと返そうね！」といった条件付き助力であろう（そして、協調関係が確実なものとなるためにはそれが言語化され、さらには記号化されたもの、すなわち「契約」が締結される必要がある）。実際、ヒュームは「利害関係のもとでの交流（commerce）では、当事者が自らを当該行為を実行するよう拘束するためのある特定の言語作法がつくりだされた」ということを認めている（T 3.2.5.10/ 511-512）。そして、こうした言語作法のもとでの意図的交流は一種の社会制裁的拘束力（sanction）を伴うものであり、「それを実行しない場合には決して再び信頼されることがないという罰に自ら服する」ということが意味される（T 3.2.5.10/512）。私が思うに、こうした言語的制約のもとでの状況変革こそが、人間本性の特筆すべき点といえる。

> それら〔約束〕とは人間のコンヴェンションであり、経験が以下のことをわれわれに教えてくれているとき、それらは新たな動機をつくり出す。それは、特定のシンボルやサインを導入し、何らかの個別的事例においてそれを用いることで互いにわれわれの行いの保証が得られるのであれば、人間同士の事柄は互いの利益へといっそう運ばれる、ということである。（T 3.2.5.10/512）

つまり、協調できるかどうかがあいまいな状況のなか、「協調するか、協調しないか」といった選択的状況を、「約束のもとで協調するか、約束しないか（すなわち協調しないか）」といった選択的状況へ変化させる、ということである。もちろん、状況そのものが変化しているわけではない。しかし、「きちんと借りは返してね！（もし返さなかったら許さないよ……）」という言語表現を行うことで、そうした表現なしの状況においては存在しなかった、理由に基づく「非難可能性」「報復可能性」が成立する。そして、こうした可能性のもと協力を開始することによって「借りを返すことは当然でありそれは互いの関係の利益につながる」といったコンヴェンションは成立するであろう。つまり、言語表現・記号表現による「取り決め」そのものがコンヴェンションに先立つ可能性は十分ありうるし、ヒュームは部分的にはこのことを認めているようにも思われる。

私が見たところ、ヒューム自身はコンヴェンションのタイプが複数あることについて明確に意識していないようであり（そしてときに混同しているようであり）、ボートでの「オール漕ぎ」こそをコンヴェンションのプロトタイプとしているようなニュアンスも感じられるが、実際には、「オール漕ぎ」のようになんとなく協調的行動パターンが定まった後に明示的な約束がなされるケースもあれば、「穀物の刈り入れ」のように、先に明示的取り決めを行うことで協調的行動パターンを定着させるケースもあるだろう。私としては、他の動物との違いという意味での「人間本性」を特徴づけるとするならば「オール漕ぎ」よりも「穀物の刈り入れ」の方を重視すべきであるように思われる。なぜなら、こちらの方が、それまでその状況において存在していなかった制約を生み出し、それによってメリットのある協調的行為をリスク回避的に行えるような人間独自の「創造力」を示唆しているからである。

さて、それではこの特徴を人間の「合理性」と呼ぶべきであろうか。もちろん、他の動物にはない特殊能力であり、「うまくやれる」という点ではこれを合理性と呼んでも差し支えないであろう。「先に手伝うから、お前は後でこちらを手伝えよ。約束だからな！」という意志表示はかなり有効であることには違いない。しかし、「約束」というシステム自体には合理性以外のものも混じっており、それらがそのシステムを維持させていることも忘れてはならない。その一つが「応報的感情」「処罰欲求」というものであり、システムに参加している当事者たちは、たとえ自分および社会にとってコストがかかるとしても裏切り者を処罰する傾向にある（この点については第3章で詳しく論じる）。

また、「約束というものができるなんて、人間の合理性はまったく素晴らしいなあ！」と手放しに喜び、すべてがうまくいくと思い込むのは危険である。この手の合理性が機能するかどうかは状況依存的であり、そして限界があることを理解しておく必要がある。たとえば、助力の貸し借りのように、その状況が日常的に繰り返されると想定されるケースであれば（いわゆる「繰り返しゲーム」のように）、約束破りは信用を失い、社会的関係から排除されてゆくので各人は約束を守ろうとするであろうし、その繰り返しのなかでコンヴェンションが形成されて義務感が生じる。ここにおいて特に問題はない。しかし、別の状況においてはどうであろうか。裏切り者が誰であるかがあいまい・不明であったり、わかっていても「しっぺ返し戦略」が功を奏さなかったりする場合、合理的な当事者たちは約束や取り決めを遵守しようとするであろうか。この点について次節で考えてみよう。

3　共有放牧地の排水

本節では、「約束」をしにくいような、あるいはそれをしたとしても効果があまり期待できないような難しい事例を考えてみよう。私がヒュームから借りてきてここで挙げようとする事例は、あまりヒューム研究者たちには注目されていないが、しかし協調問題において重要な意義をもつ事例である。それは「共有放牧地の排水」のケースというものであり、隣人二名が、共同で使用している牧草地の排水をしなければならない、という状況である（T 3.2.7.8/538）。もし一方が自分自身の役割（自分がなすべき排水作業）を怠るとき、他方がその分まで負担してくれれば問題は起きないが、しかし、他方も同じことを考えていれば結局のところ放牧地自体がダメになってしまう。ここでは、他者の非協調的行為に対して非協調的行為で返したとしても、かえって状況を悪化させることになるし、それはまたさらに他者の非協調的行為を促進させることになるだろう。つまり「しっぺ返し戦略」が通用しない、ということである。さらに悪いことに、本来多少寛容であり公共心を持ち合わせている人物でさえ、周囲がそのような人間であれば「じゃあ、自分がきちんとしても無駄じゃないか！」と思って非協調的になってしまうことがある。これはいわゆる「公共財」[16]と「フリーライド」（タダ乗り）の問題である。つまり、リベラルな個々人が経済活動をしながらコストを各々自発的に支払うべきであるような状況で、はたして利己的で合理的人間はいかに協力できるか、という問題であり、ここでは単なる互酬性・応報性だけでうまく解決できる保証はない。もちろん、当事者が二人のみであり、ある程度顔なじみになっていれば問題は解決しやすいかもしれない。というのも、チキンレースのように両者がギリギリの状況までサボっていても、「これ以上はかなりマズイ！」となったときには顔を見合わせ「じゃあ、きちんと協力しようか……」と取り決めを結ぶこともできるからである（それでも裏切り可能性は残っているのであるが）。

しかし、それを利用する人数が多くなればなるほど、当事者意識が薄れ、自分だけはコストを払わずに利益を享受しようとする人も増えてくる。そして、誰がどこまでサボっているのかが不明であり、「どうせ自分がきちんとやっても焼け石に水みたいなもんで、あんまり意味ないし……」とそれぞれが思うようになれば、そこからコンヴェンションを形成・共有するというのはかなり困難であろう（というのも、たとえ「約束」を明言しても、コンヴェンションと信頼がない以上はその効果は見込めないからである）。さて、こうした状況はいかに解決できるのであろうか。実際、ヒュームもこうした多数者のフリーライドの問題には気づいていた。[17] ヒュームはこうした状況においては、政治社会における「統治体 government」がその問題を解決する、と主張する。

［統治体の権力に基づき、タダ乗り気味の人々を取りまとめることで］こうして、橋が建設され、港が開かれ、城壁が建てられ、運河が造られ、艦隊の装備が整えられ、軍隊が訓練される。これらはあらゆるところで、統治体の監督のもとでなされる。［そうした］統治体は、人間のあらゆる弱点に左右されがちな人々から構成されるけれども、［人間の］創案のうち、考えられるかぎりもっとも細かく手の込んだもの

---

16 ここでいう「公共財」とは経済学の用語であり、それは、非排除性もしくは非競合性の少なくとも一方を有する財のことである。「共有放牧地の排水作業」のケースでは、放牧地の土地および牧草は非排除性をそなえた財であると同時に、キャパいっぱいまで当事者たちが使用していなければ非競合性を有するともいえる。しかし、もし千人がそこに参入してくるとなると、非排除性はそのままである一方、土地使用（および牧草）は競合的となるかもしれないので、人数が増えれば増えるほど競合的なものとなり、それは「コモンプール財」に近づいてゆく（しかし、広義としてはそれも公共財といえる）。

17 「二人の隣人は、彼らが共同で保有する牧草地から排水することに意見がまとまるであろう。というのも、彼らが互いの真意を知ることは容易であり、各々は、自分が自分の役割を怠れば、その直接の帰結として計画全体を放棄することになる、ときっと気づくからである。しかし、千人がそのような行いへと意見がまとまるのは非常に困難であり、実際のところ不可能である……というのも、苦労と費用を免れる口実を各人はさがし求める一方、［自分以外の］他の人々にそのすべての負担を負わせようとするのだから」（T.3.2.7.8/538）

の一つによって、ある程度、これらすべての弱点を免れた構造となるのである。（T 3.2.7.8/539）

ここでのヒュームの主張はかなりホッブズ的なものといえる。個々人は殺し合いや激しい争いはしないまでも、あまり協力的とはいえない態度を保持し続けるかぎりは非生産的な社会となり、場合によっては衰退・滅亡の一途を辿ることもある。そうなるよりは、自分を含め、タダ乗り気味の人々を束縛するような権威・権力に従うことを各人は選択する、とヒュームは主張しているのである。

しかし、法も正義もなにもない原初状態から、いきなり権力機構をつくったり、そこに全幅の信頼を寄せるような事態をヒュームは想像してはいない。実際、権力側の人間がタダ乗り気味に人民から搾取することは十分ありうるし、そのような懸念がある場合には、およそ「合理的」と呼ばれる人たちはその指示に従うことをよしとしないだろう。そこで、そうした「人間の弱さ」、いってしまえば「弱点」は乗り越えられる必要があるが、ここで上記引用箇所の「創案のうち、考えられるかぎりもっとも細かく手の込んだものの一つによって」（by one of the finest and most subtle inventions imaginable）というところがポイントとなる。この内容についてヒュームは明言していないが、すぐさま次節、「忠誠の源泉について」（T. 3.2.8）において、なぜ忠誠が生じるのかについての分析を行っている。その点に留意しつつ、下記引用箇所をみると、タダ乗りを防ぐような統治体への自発的協力のための要件が見えてくるであろう。

［統治体がない社会はいくつか見受けられるとして］しかし、人々が［そうした］小さくて洗練されていない社会を統治体なしに維持することは可能であるけれども、正義、すなわち所有の固定、同意による

その移転、約束の実行に関する三つの基本法の遵守なしには、いかなる種類の社会も維持することは不可能である。これらはそれゆえ、統治に先立ち、公の権力者に対する忠誠の義務以前に責務を課すと想定される。いや、私はさらに踏み込んでこう主張しよう。統治は、最初に確立される際、それらの自然法[18]、とりわけ、約束の実行に関する法からその責務を引き出すものと当然想定されている、と。(T 3.2.8.3/541)

つまり、人間の弱さを克服させ、信頼をもって統治体に自発的に協力することで、より大きな協働の利益を得ることを可能とする「創案のうち、考えられるかぎりもっとも細かく手の込んだもの」とは、コンヴェンションを基礎としながら「責務」を各人へ——もちろん、そこには統治体メンバーも含むが——課すところの「法」といえる。しかし、統治およびそれが課す法が無条件に正当化されるのであれば、絶対君主的な暴君の統治も正当化されることになるがそこには正当性はない。正当な「法による統治」とは、①所有の固定(所有権の保障)、②同意によるその移転(財産権とその使用を保証する、といった基本的自由の保障)、③約束の実行(責務遵守の監督)が確固たるものになっていなければならない。タダ乗り気味な人々を取りまとめるような統治は、ときにサボり気味な責務不履行のフリーライダーを監視・処罰するが、それは③を実現するためのものでなくてはならないし、統治体がそうした権限・権力

18 ヒューム自身は、自然状態においてすらも権利を保障するような、いわば、契約論者が想定するところの自然法思想については否定的である。しかし、正義それ自体は人間本性上、人間という種に自然に備わっている徳性であり、それを「自然法 laws of nature」と呼ぶことはやぶさかではない、と明言している(T 3.2.1.19/484)。

を有することが認められるのは、①および②をきちんと保証するかぎりにおいてである。

つまり、タダ乗り気味な性向をもつわれわれ人間は、「オール漕ぎ」や「穀物の刈り入れ」のケースであれば、なんとなく協力できたり、あるいは約束をすることでうまくやっていけるが、社会が大きくなり、それぞれが公共という場において経済活動を行う状況となると、それだけでは難しくなるので、何らかの統治に頼らざるをえない。しかし、どのような統治が正当であるかについてはやはり何らかの基準が必要となる。ヒュームを含め、あらゆる社会哲学者はそこに「正義」の基準を見いだそうとするわけであるが、ヒュームが特徴的であるのは、そもそも正義の基礎たるコンヴェンションが当事者全体の共通利益から成り立っていることに注目し、そのコンヴェンションに沿ったものであれば統治体として正当性をもったものであることを示している点にある。ここにおいて、統治に関するホッブズのスタンスとヒュームのそれとの違いが明らかになっているのであるが、その点からヒュームの統治論の特徴をまとめると次のようになるだろう。

(1) 原初状態からいきなりそのような統治体への委任という選択が生じることはなく、コンヴェンション形成およびそこから「責務」「約束」「義務」の概念が発生・成立していること。

(2) (1)の諸概念に沿った利益が統治によってちゃんと保障されていること。[19]

(3) 統治体に従事する統治者たちも、統治を通じた社会的安定から利益を享受できるゆえに、被統治者たちと利害一致関係にあること。

さて、これらの特徴において私が特に面白いと思う点は(3)にある。統治体に従事する人々とは権力側の人間、いわゆる政治家や行政官であり、被統治者たる一般市民とその仕事内容や権限はまったく異なる。しかし、政治権力と市民との関係について、ヒュームはホッブズ的な上下関係で捉えていたわけではない。仮に上下関係で捉えている場合、そこでの「正義の法」は単なる権威的命令となるであろうがそうではなく、ヒュームはそれがいかにコンヴェンションに沿った「共通の利益」を保証するものであるべきかをその著作において何度も強調している。重要なことは、市民の共通利益の確保・増大こそが政治権力側にとっても利益となる、ということをヒュームが理解していることにある。そのことは以下の箇所に見いだすことができる。

> そして、その［利益増大の］遂行において、いずれかの部分でそれを怠る者がいると、全体がうまくいかないことにただちにではなくとも繋がるのであるから、彼ら［権力者］はそれを予防する。というのも、直接のものであれ離れたものであれ、彼らはそこに何の利益も見いださないからである。(T 3.2.7.8/539)

きちんと市民を束ねつつ統治しなければ、市民は一致団結するどころか、ルールをこっそり破ったりタダ乗り行為などをして、それが拡がってしまいかねない。そうすると市民自身が結局は損をすることになるのは言わずもがなであるが、しかしそれ自体、政治権力側にとっても望ましいことではない。つ

19　ただし、統治における利益があるからといっても、それに対し「同意しない自由」が保障されていなければ、それは結局のところ「強制」であり正義に反するとヒュームが主張していることには注意を要する——「これは、眠っている間に船に乗せられ、船から離れればすぐさま海に落ちて死んでしまわなければならないとしても、船に居ることそれ自体が、船長の支配に対する自由な同意の証拠であると主張するのと同じことである」(Hume [1748b]: 475/139)。

まりここでは、「市民の利益」と「政治権力側の利益」とは zero-sum 関係ではなく、win-win 関係であることが示唆されているのである。たしかに近代以前は強者である政治権力側が、弱者である市民側を搾取するような関係であったかもしれない。しかし、近代市民社会において経済が発展してくると、市民側に損害を与えることで政治権力側が得するよりも、両者を包摂しつつ社会全体が豊かになるやり方こそがおよそ健全かつ効率的な統治の仕方と考えられるようになっていった。[20] すると、統治体を構成する人々は特権的主権者というわけではなく、広範な分業的社会のもと、一つの仕事としての「政治」に従事するところの市民として他の市民との協調的連帯関係にある、というヴィジョンが可能となる。ここにわれわれは、ホッブズ的なものとまったく異なるような、ヒューム独自の共和主義思想を見ることができる。もっとも、各市民が統治ぬきにそれぞれの合理性をもって社会を首尾よく運営してゆければ政治権力など不要であるのかもしれないが、ヒューム自身、個々人の思慮深さの限界については常に注意を払っており、市民全員参加型の直接民主制については批判的であった。[21] というのも、人間は欲望に流されやすく目先の利益に飛びついてしまいがちであるし、思慮深い人でさえ状況・環境次第ではそうなってしまうからである。人間の傾向性を現実的な形で踏まえるならば、大きな社会において統治ぬきでもうまくやっていけるような「合理的な市民」をアテにすることができるかといえばそれは難しい、ということであるし、おそらくそれは正しいであろう。さらに付け加えるならば、モラリストでもあるヒュームは、モラルの根源性・重要性は認めつつも、モラルの限界をしっかりと意識しており、だからこそ政治体制において市民のモラル・徳に頼りすぎることなく、システム自体をきちんと機能させるような法・ルールなどの規範を整備しておくべき、というスタンスをとる（彼の『道徳・政治・文学論集』などの政治的主張はそれを物語っている）。[22] この点を考慮するならば、ヒュームの哲学的スタンスというものは単なる懐疑主義やニヒリズムなどではなく、人間本性に着目しながら「人間の合理性の限界」とその対応を示唆したポジティブなものといえるであろう。

いずれにせよ、社会が大規模となり、タダ乗りしがちなわれわれ人間が失敗しかねないところを、タダ乗りの誘惑に乗ってしまうことなくうまく協力しながら大きな利益を得ているのは、統治体のおかげである、ということである。より厳密に言うならば、統治体が採用するところの「法」と、それを正当なものと保証するところのコンヴェンションのおかげ、ということになるが、いずれにしても、われわれはその都度いろいろ判断して協調・非協調を選択するよりは、すでにわれわれをとりまくある種の「あたりまえ」に沿って行為する方が理に適っており、それこそが結果として合理的な態度ということになる。ただ、誤解してほしくないのは、これはなにも伝統至上主義や権威主義を推奨しているわけではない。抑圧的な習慣や常識についてはその都度吟味する必要があることは私も（おそらくはヒュームも）認めるところである。しかし、最終的にはそれが改善され、更新されたコンヴェンションが成立・共有されてはじめて、われわれは自発的にかつ前向きに協力でき、そうでなかったとき以上にアドバンテー

20　このことは、ヒュームが王権や政治権力の是非について「社会全体の利益（市民社会の実現や治安、政治的安定など）」という観点から論じていることからもうかがい知ることができる。紙幅の関係上、本書では取り扱わないが、名誉革命以降のハノーヴァー朝の正当性について（いわゆる王位継承問題）、ヒュームが利害得失の観点から分析していることは思想史的にも注目されている（坂本［1995]:105–110）。

21　この点については、ヒュームの『道徳・政治・文学論集 *Essays, moral, political and literary*』所収の「理想共和国についての一案」や「政治を科学に高めるために」でも述べられている。とりわけ後者においては、誘惑に流されやすい大衆が政体を衆愚政治へと変質させやすいことへの懸念が記されている。

22　この点については犬塚［2004］で詳細に分析・解説されている。

ジのある状態へと至ることができる。そして、そこではじめて、われわれは自らを「合理的存在」と呼ぶことができるのである。

「合理的存在」といえば、すべての慣習・権威・権力を否定し、自分自身で何が正しいかを見極める強く賢い存在とイメージされがちであるが、そのような強さ・賢さ・正しさを備えた完璧人間はなかなか存在しない。実際、道具主義的合理性をもってはいても、実践理性における規範的合理性を欠落している(あるいは機能していない)がゆえに、なるべく自分はコストを払おうとしないで、利益だけを享受しようとする輩はどこにでもいるし(これは知的エリートにおいても同様であろう)、人生のすべての期間ではないにしても、一部の期間・時点においては誰もがそのようになってしまうことは十分ありうる。だからこそ、自分自身を制約する役割・権限を他人に譲渡することは、合理性の限界を見極めた上での良策な場合もある。

もっとも、これはなにも社会や正義だけの話とはかぎらない。自分たちだけで練習するとトレーニングとかをサボってしまうことに自覚的なチームであれば、厳しく機械的に指示を出すトレーナーについてもらえばよい。朝に自分で起床する自信がなければちょっと乱暴気味な親に叩き起こしてもらったり、ダイエット中であれば口うるさい友人と一緒にランチを食べながら、食後のデザートの誘惑に負けそうな自分を叱り飛ばしてもらうのもよいだろう。もしあなたが本気で研究職を目指しているなら、ニコニコしているだけの優しい先生よりも、プライドをへし折られるかもしれないが鋭い指摘をしてくれる先生に指導をお願いするほうがよいかもしれない。こうした選択肢が可能であることにこそ、他の動物とは異なるような人間らしさがあるように思われる。つまり、それは、自分の不合理性の自覚・反省を通じて他者支配的もしくは状況支配的な環境を一時的につくり、そこにおいて自分を変革・適応させてゆく、といった自己成長ストーリー性である。

基本的に、人間は完全に合理的ではないし、たくさん失敗もする。しかし重要なのは、自分自身が合理的ではないことにきちんと気づくことによって、「不合理な自分（たち）であってもうまくゆくためにはどうすればよいか？」という問いを立て、そこからの解決法を模索できる、ということにある。これはまさに「汝自身を知れ」という教訓そのものであるが、おそらく人間以外の動物はそのような教訓のもと、自分自身について反省したり考えをめぐらすことはできないであろう。「不合理さ」でいえば、もしかすると、人間も他の動物もそこまで変わらないかもしれない。いや、むしろ人間の方がよけいなプライドや感情が邪魔をしたり、他人の苦痛に対して鈍感であったり不信感に汚染されているせいで、他の動物以上に非協調的であるようにすら思われる。しかし、そうした「不合理な自分」をきちんと理解できたとき、自分の限界を知って、それを打開する策を自身の個人的能力を超えたところから引き出せるかもしれない。それこそが「合理的存在」としての人間の特性のように思われる。反合理主義者といわれるヒュームの哲学は、不合理性に関するいくつもの論証を通じつつも、最終的にはそうした合理性を暗示しているように私には思われるのである。

第2章　合理性から協調は引き出せるか？

1　ゲーム理論的分析

さて、前章においては、ヒュームの正義論をとりあげ、不合理な人間であっても、その限界を知りつつ、その状況を第三者依存的に乗り越えてしまうような協調ストーリーの可能性を示した。人間が他の動物とは異なり、ここまで大きなネットワークや協調体制を築けた背景には、そのままでは非協調的であるような自分自身を自己制約もしくは他者からの制約によって協調的態度へと変えてゆけるような「状況改革」「自己変革」の人間本性がある、といえるかもしれない。

しかし、ここで少し立ち止まって考えよう。これまでは、「非協調よりは、協調的な方がお得であり合理的である」という前提のもと、「ではどうやって人間は協調しているのか？」という問題を論じてきた。もちろんそれ自体は意義ある問いである。しかし、協力を選択していない人間は本当に不合理なのであろうか。「協調できるならば合理的である」という前提を受け入れたとしても、逆もまた真なりなのであろうか。合理的であるけれども協調していない、あるいは、合理的だからこそ協調していない、ということはないのだろうか。

表1

Bの戦略 / Aの戦略	自白（Aを裏切る）	黙秘（Aと協力）
自白（Bを裏切る）	〈5年，5年〉	〈1年，10年〉
黙秘（Bと協力）	〈10年，1年〉	〈2年，2年〉

＊括弧内は〈Aの懲役年数，Bの懲役年数〉．なお，これは一回かぎりのゲームとする．

「囚人のジレンマ Prisoner's Dilemma」を考えてみよう。たとえば、凶悪な強盗傷害事件をおこしたA、Bという二人の利己的な共犯者たち——現代風にいえば、ネットで知り合って計画的犯行に及んだ単なる共犯関係にある二人——がいるとしよう。彼らは別の窃盗事件ですでに逮捕され、それぞれ別の部屋で個別に検事から取り調べをうけている。強盗傷害事件についての確証はないが、窃盗事件については証拠があるので、立件して刑務所へ送ることが可能であり、その場合は懲役2年が見込まれる。しかし、強盗傷害事件について何らかの供述が得られそれについても有罪判決へもっていければ最低でも懲役5年が見込まれる。そこで検事は、別室にてそれぞれの容疑者A、Bに以下の司法取引を持ちかける。「強盗傷害事件に関して、積極的に自白した方は懲役1年ですむようにするが、捜査に非協力的であった方は反省の色も見られないとして最高の懲役10年で求刑します」と。ここでのAとBはそれぞれ「自白」と「黙秘」の選択が可能であるが、この状況は以下の表1のように示される。

合理的人物であれば、相手がいずれの戦略をとるにしても「自白（相手を裏切る）」の方が自らの刑期が短くなるため、「自白」が支配戦略となる。しかし、双方がそのような支配戦略をとれば、結局のところ〈5年、5年〉の結果となってしまい、互いにとってより効用が高い〈2年、2年〉よりも悪い結果となってしまう。少なくとも〈5年、5年〉よりは〈2年、2年〉の方が双方にとって都合がよいことから、パレート改善（当事者のいずれの利益も損なうことなく、任意の当事者の利益を向上させること）の余地はあるが、しかしこの状況においてA、Bそれぞれがそれを実現するための協調的行為（黙秘）へと動機づけられることはない（たとえ、共に協力した方が、共に裏切ろうとするよりよいということがわかっていても）。

さて、この一回かぎりの状況において〈5年、5年〉へと至ってしまうようなA、Bはそれぞれ「不合理」ということになるであろうか。たしかに、可能性としてはパレート改善の余地が残されている。ゆえに、俯瞰的観点からみると、「自白」を選びがちなA、Bに対し、「そんなふうに利己的だからうまくいかないのだ！」といって彼らに「不合理」のレッテルを貼れるかもしれない。しかし、A、Bがそんなふうに利己的であるのは、何をどう間違っているのであろうか。たしかに集合単位で考えるならば、非協調的な集団〈A、B〉は、別の協調的集団〈C、D〉よりもうまくいっていない集団といえるが、集団内部における個々の判断そのものが間違っているとはいえない。相手との付き合いがない上、一回かぎりの、しかも情報的に連結していない状況において、利己的なBを相手にする利己的なAが非協調戦略を選択したとしても、その状況においてはそれが合理的戦略であることに違いはない。もちろん、複数回の繰り返し、情報の相互共有などがあれば解決するが、しかしそうした状況はもはや「囚人のジレンマ状況」とは呼べない（あくまで、「一回かぎりの状況」においてこそジレンマがある）。囚人のジレンマ状況における「合理性」を理解するには（あるいは「うまくいくための資質」と再定義するには）、その状況下において「うまくいく集団」と「うまくいかない集団」との違いがどこにあるか、そして、それが利己的な個々人に内在する（と想定される）合理性によるものか、あるいは、利己的な個々人の外側にある外在的な（そしてそれが内在化されているような）合理性によるものか、を区別する必要がある。

われわれは、あまりにも「うまくいった」とか「他にもうまくいく道があった」という結果主義にとらわれすぎて、最良の結果に至らなかった判断そのものに不合理性を見いだしがちであるが、重要なことは、その状況におけるその判断がどのようなものであるのかをまず理解することであろう。そうすることによって、その状況に何が足りなかったのか（あるいは、どんな余計なものがくっついているのか）が見えてくるかもしれない。[23] それを理解するために、今度は別の事例を考えてみよう。

次に挙げるのは、ルソーが『人間不平等起源論』（1754）において言及している「鹿狩り」のケース（表2）である（Rousseau [1754]: 29-30/89）。そこでは「鹿」という大きな獲物を捕獲し、参加者全員で分配すれば大きな利得を得られるが、一致団結して狩りにあたらなければそれは不可能である。さて、鹿狩りのさなか、目の前を「うさぎ」が横切ったとしよう。うさぎ自体はそこまで大きな利得をもたらさない。しかし、一人でも確実に捕れる獲物であるので魅力的ではある（鹿狩りの方は失敗するリスクもつきまとう）。もし、誰か一人でもうさぎを追っかけてしまうと、鹿狩り自体は確実に失敗してしまう。ルソー自身は細かく利得を数値化しなかったが、ここでは集団成員を二名と単純化する形で囚人のジレンマゲーム風にアレンジし、その状況を以下のように利得表で示してみよう。

ルソーはこの「鹿狩り」において、〈うさぎ、うさぎ〉となってしまう事態を未成熟な社会の事例として描いているが、これは現代においても起こりうる非協調的事態にも共通する構造を有している（もっとも、現代的な駆け引きにおいては、ひとまず協調して「鹿狩り」をした後に、寄与分にかかわる法廷闘争など

23　もちろん、囚人のジレンマ状況において協調戦略が採択されやすくするためには、「繰り返し」「透明性」「裏切り者への報復や処罰」などの条件を付け足せば済む話かもしれないが、ここで問題としているのは、個々の判断を結果論的に評価しすぎることは、その判断そのものの本質・意義というものを見失いかねない、ということである。

表2

Bの狙い／Aの狙い	うさぎ（非協調）	鹿（協調）
うさぎ（非協調）	〈3，3〉	〈3，0〉
鹿（協調）	〈0，3〉	〈10，10〉

＊括弧内は〈Aの利得，Bの利得〉．なお，これは一回かぎりのゲームとする．

を行うかもしれないし、さらにいえば、そうしたトラブルを回避するために最初から「うさぎ」を選ぶ傾向をもった人たちもいるだろう）。さて、囚人のジレンマ状況と同じく、双方が協力的であればより大きな利得を得られるにもかかわらず、双方がともに目の前のうさぎを追いかけ回してしまうのは「不合理」のようにみえる。しかし、よりうまくやれる可能性があるとはいえ、本当にそうした選択は不合理な行動といえるのであろうか？　そして、その不合理さは、行為者に内在する性質といえるのであろうか。

まず、鹿狩りのケースではナッシュ均衡[24]が〈うさぎ、うさぎ〉と〈鹿、鹿〉の二つあることに注意してほしい。Aにとってみれば、Bがうさぎを追うのであれば自分もうさぎを追う以外に選択の余地はないし、Bが鹿狩りに真摯に取り組むのであれば、自分が鹿狩りの持ち場を離れてうさぎを追い回すべき理由もない。これはBにとっても同様である。ただ問題なのは、「相手がどんな人かわからない」という点にある。では、それを見誤るとどうなってしまうのだろうか。Aの立場で物事を考えてみよう。

Aであるあなたは、相手Bを「より高い利得を得るためには、相手に裏切られることをも怖れず、協力的に振る舞う人物」とみなしているとしよう。そうすると、あなたには相手を信頼しつつ鹿狩りに参加する理由があることになるが、もしBに対する認識が誤りであったとすると、Aであるあなたは何も獲物をとれず、餓えに苦しむことになる。原始社会ではそれは致命的判断ミスといえよう（現代社会においても、一回の判断ミスが破産・破滅に繋がるような状況は十分考えられる)。では、Bを「餓えに苦しむということを心から怖れるようなリスク回避的人物」とみなすとすればどうであろうか。Bは繰返しゲームのときや、近しい人と行動を共にするときには一緒に鹿狩りを協力して行う人物かもしれないが、見知らぬ相手(Aである自分)との関係上その見込みは薄いであろう、という予測のもと、Aであるあなたはどうするか。もちろん、あなたはうさぎ狩りをするであろうが、もしそこでのBに対する認識が誤っていたとしよう(Bはリスク回避とかを考えず、ひたすら大物である鹿肉を欲していた、など)。Bはあなたとの(もしかすると最初で最後の)鹿狩りにおいて一生懸命自分の持ち場を守り、何の食料も手に入れられなかったとする(少し可哀想にも思えるが)。この場合、Bについての認識を見誤り、それゆえ持ち場を離れてうさぎ狩りをしたあなたは、その見誤りのせいで「大量の鹿肉」を失ったかもしれないが、しかし「うさぎ肉」は手に入れた。つまり、同じ見誤りでも、それが致命的に働く場合と、大きな利益を逃したが最低限のものを手に入れるように働く、という違いがある(これはBの立場からしても同じである)。このように、何が正しいか不明であり、何が起こるかわからない状況において、〈うさぎ、うさぎ〉というナッシュ均衡は〈鹿、鹿〉に対しリスク支配(risk dominance)している[25]、といえるが、そうした非協調的選択に陥ること自体が必ずしも当事者の不合理性の現れとはいえない。簡単にいえば、

24 ナッシュ均衡とは、他のプレーヤーの戦略を所与(前提)とした場合、どのプレーヤーもそこからの戦略変更によってより高い利得を得ることができない戦略の組み合わせのことである(つまり、相手が同じ戦略のままでいる場合には、その戦略を一方的に変更する理由を誰ももっていない、ということ)。

25 つまり、どちらかが戦略を逸脱した際のリスクがもっとも低いナッシュ均衡ということである。他方、もう一つのナッシュ均衡である〈鹿、鹿〉は、〈うさぎ、うさぎ〉に対し利得支配(payoff dominance)と言われる。

見ず知らずのよくわからない一回かぎりの相手と出会ったとき、人はそこまでリスキーな選択をすることなくある程度の利益を確保したいというリスク回避的思惑を持つことは十分合理的であり[26]、そうした人たちの方が生き残りやすいケースもありうる、ということである。これは囚人のジレンマでも同様といえる。囚人のジレンマ状況において、互いに自白したA、Bは、欲深いから失敗しているとはかぎらず、リスク回避的行動をとっているにすぎないのかもしれない（もちろん、そうでないケースもあるが、ここで重要なことは、利己的人物においても「リスク回避的」か「利得追及的」か、という分類ができるという点にある）。

　しかし、それでもこうした見方になお反論したい気持ちに駆られる人もいるだろう。そうした人はさらなる問題を提起するかもしれない。「でも、もっとうまくいく可能性があるではないか！　それに至るような合理性を人間は持ち合わせていないのか？」というように。たしかにこの手の問題提起はもっともである。なぜなら、実際のところ、われわれは見ず知らずのよくわからない一回かぎりの相手と出会い、その交渉において家や車の購入といった大きな賭け、すなわち、裏切られたり失敗したりすればかなり痛手となるような買い物をするなどがおおよそできているからである。しかし、この問いかけには少なくとも二つの異なる問題が混入されているので、きちんとそれらを分離・区別し、それぞれごとに論じる必要がある。

　まず一つ目は、「うまくいっている状態」がどのように実現されているか、という問題である。ここで注意すべきは、(i)「協調に関するリスクがある状況を持ち合わせの人間本性そのままに乗り越えた」ということと、(ii)「協調に関するリスクがある状況に人間本性が生み出したなんらかのものが機能することによって乗り越えた」ということとの間には重大な違いがある、ということである。議論をクリアにするためには、「うまくいっている状態」を(i)、(ii)のどちらによって説明しようとしているのかをはっきりさせる必要がある。

次に、二つ目は、「うまくいっている状態」の原因ともいえるものが人間本性上の「合理性」と呼ぶに相応しいものであるのか、という問題である。「うまくいったものはすべて合理的といえるのだ」と唱えるのであれば、それは原因と結果の区別をすることのない単なる世俗的な結果論であって学問的な分析とは呼べない。真剣に「うまくいくための合理性」というものを考察・分析するのであれば、まず「うまくいっている状態」の原因を特定し、そこから「合理性」と呼べるものとそれ以外のものを分離し、前者を抽出する必要があるだろう。

これらの諸問題を解きほぐし、それぞれについて考察すること――そして、そこに「合理性」と呼ばれるもの以外のものを見つけること――は本書を通じたテーマでもあるので、ここを出発点として、いよいよ本格的な議論へと突入してゆこう。[27] そこで次節では、「うまくいっている状態」を実現するとされる「合理性」について、それがどのようなものであるのかを社会哲学的観点から考察してゆこう。そこにおいて、そのような合理性が正義・公平とどのようにかかわっているのかも見えてくるであろう。

26　予想される最低の利得のうち、もっとも高いものを含むような選択肢を選ぶような行動原理をマキシミン・ルールと呼ぶが、これは後述のロールズが想定するような合理的個人の判断原理ともなっている。

27　結論を先にいってしまうならば、一番目の問題の(i)については本書第6章、(ii)については第1章と第3章、そして、二番目の問題については第2章と第5章において、それぞれ答えが示唆されている、と私は考えている。

2　ロールズの『正義論』と無知のヴェール

さて、決まりごともなにもなく、相手が信用に足る人物かどうかもわからず、しかもそれが一回かぎりの営みであるとき、われわれはリスク回避的に振る舞うことがあるし、それ自体では特段不合理ではない、ということを論じてきた。しかし、そうした状況をなんとか工夫してうまく乗り越えるに越したことはないし、実際、われわれはすでに乗り超えてしまっているともいえる。もちろん、ローカルな場面においては乗り越えられていないケースもあるかもしれないが、だからこそ、乗り越えるためには何が必要であるのかをきちんと理解しておく必要があるだろう。

では、見ず知らずの相手を前に、非協調的状況に陥っても仕方ないようなわれわれ現代人はいかに相手が裏切らないということを的確に把握しつつ、その都度協調してゆけるのであろうか。この問いに対するもっともポピュラーな回答としては、「それは、罰則つきの法やルールがあるからである」というものであろう。そう、まさにそのとおりである。罰則の導入によって、これまで紹介してきた利得表を――期待値などを含めることで――変形させ、非協調的行為（裏切り行為）がほとんどの場合「割に合わない」ということにしてしまえばよい。「約束」を持ち込むのも実はこれと同じである。互いに協力しあった方がよいが互いにとって相手がそうする確実な保証がないとき、「約束だからね！」といって他者を牽制・拘束し、それを果たさなかった場合には非難・糾弾・制裁・追放などを課すことを正当化できるようにする。社会が拡大するにつれ、直接的には約束したわけではないが、あたかも約束していいるかのような擬制のもと、共通するモラルやマナーに違反した人は非難され、政治権力が課す「法」のもとで処罰されることになる。こうした政治権力を備えた統治体が、被統治者である市民（そしてその利益）と調和的に共存してゆくという可能性をヒュームが示した、ということは本書第1章ですでに論じた。このような「統治」は集団拘束的なものとして、もっとも広範囲に渡った効果的なシステムといってよい。当事者間でのしっぺ返し戦略が通用せず、タダ乗り気味の多数の他者に対し、明示的な約束すら拘束力を発揮しないような状況において統治体に頼る、という路線はおよそ現実路線としては正しいものであろう。当事者みずからが統治体を構成する主要メンバーとなるか、第三者的な統治メンバーに頼るかなどの違いはあるにしても、[28] 各々が「タダ乗り」「裏切り」を含む形で自由に振る舞おうとするゆえに望ましい結果に到達できないとき、何らかの統治（いわゆる制約）を受け入れるのは正当化可能であるし、ホッブズやロックの契約論はその文脈にかぎっては正しいようにも見える（協調社会に関する系譜学としてはいくつかの欠点はあるが）。そして、そうした当事者たちを「合理的」と呼ぶことについては、私としては賛同するところではある。ただし、その「何らかの統治」は、各人の利益をある程度保証し、信頼できるものでなければならない。そうでなくては、合理的な当事者たちはそれに従うことに同意しないであろう。それゆえ、その統治は合理的な各人がそれに同意するところの「正義の原

28　同じ社会契約論にしても、ルソーにおいては市民自らが一般意志をもって統治体構成員となっているが、ホッブズ、ロックにおいては市民とは異なる対象として統治体機構を考えている節もある。ヒュームにおいては、統治メンバーは、被統治メンバーとは異なる存在であるものの、同じ社会構成員でありコンヴェンション共有的な利害一致の関係にあると考えている点で、そのすべてが「正当な統治」のもとにおかれている、といえるかもしれない（それゆえ、統治体が課す「法」の正当性の根拠は、統治体を含むところの社会全体において共有される（と想定される）コンヴェンションによって保証されることになる）。

理」に従うもの、と想定される。ここにこそ社会哲学における正義論の重要性がある。つまり、われわれが頼らざるをえない統治もしくは統治的制約が正当であるかどうかの検証にあたっては、それに従うことが合理的な態度として納得できるような公平な利益を保証する「正義の原理」という概念が重要となる。しかし、そのような原理、そしてそれを内包するルールをわれわれはどのようにつくれるというのであろうか。そしてそれは本当に「合理性」から導出されうるものなのであろうか。ここでは、この問題に取り組んだ、二〇世紀後半に活躍した有名な哲学者ジョン・ロールズの『正義論』(1971)について考えてみよう。

ロールズの正義論はいわば現代版社会契約論であり、それは仮想的契約論の一種である。それをおおまかにいってしまえば、「仮定として、もし判断の出発点として理想的な原初状態(自然状態)があるとすれば、合理的人間であればそこからどのようなルールを導出・同意するであろうか?」という問題設定のもと、そこで導出されるルールの特性・原理を確認し、それが「公平」などを備えた正義の法に沿ったものであることを証明しようというものである。とりわけ、ロールズの議論において特徴的なポイントは、その原初状態において個別的知識・情報・道徳的直観が捨象されている点にある。通常、「正しい選択をするためには、正確で十分な関連情報と適切な推論が必要である」と思われがちであるが、この場合の「正しい選択」とは、その選択者にとってベストな方策という意味を含んでいる。しかし、二人以上から成る社会においては、誰かの利益を増やす分だけ誰かの利益を削らねばならないような利害対立的な状況もある。この場合、「正しい選択」とは、「最高」ではなく「最善」という意味となるが、しかし協調問題では、いかにその最善な選択へと自発的に到達できるかが課題であった。もちろん、「取り決め」をしておけばスムーズに行くかもしれないが、そもそも異なる利己的存在者同士がどのように「取り決め」を締結できるか、という問題はいまだ残されている。現実的に最善とも思われるそこでの「取り決め」は、各々の当事者が事前に了承・承諾しておくことが望ましい。なぜ事前に了承しておいたほうがよいかといえば、たとえば、大きな獲物（鹿など）を狩りで捕ったあと、そこで分け方を論じても「俺が頑張ったんだ！」「私の罠があったからこそだ！」と言い出す人が複数いると、話がうまくまとまらず、最善な方策（当事者全員が納得する分配）が実現しないかもしれないからである。そうなってしまう原因としては、狩りが終わった時点においてはそれぞれ自分自身が果たした寄与分をすでに知ってしまっていることにある。

だからといって、寄与・貢献をまったく無視するような分配の取り決めでは努力した人が損をすることになるし、タダ乗りが横行して協調関係が崩壊し、大きな獲物が捕れなくなるかもしれないので、事前に多少なりともそれについても考慮しておいた方がよい。同じ部族内ならともかく、異なる部族や見知らぬ人との協働であればこれはなおさらのことである。それゆえ狩りを行う前に、捕った獲物に対し自身の攻撃や罠が効果的な役割を果たすかどうかはわからないが、果たしたときは大目に分け前をもらい、果たさなくても協力している以上は最低限をもらう、という取り決めをしておくことは、揉め事や混乱を避けつつ協調の利益をそれなりに享受することにもつながるであろう。ここで重要なのは、自分が一連の事柄においてどのような立場に立つかがわからないからこそ、そのような協調関係を構築できる、という点にある。つまり、当事者たちが「知らない」ということ（を想定した上でそこから考えること）こそ、「正しく、かつ利益をもたらす取り決め」を導出するにあたって有効ということである（この点は、本書第6章でも論じている）。

「知ること」は一般的に重視されがちであるが、実はこの「知らない」ということもまた、われわれの社会生活を支えるものとして重視されてしかるべきものである。たとえその状況を意図的に実現することが難しくとも、そのような想定のもとで真剣に思考・判断することには意義がある。逆に、それをしなければ公平さにたどり着くことなく、他人と協調するような「取り決め」を理解・提案することもできないだろう。[29] 人は自分がどうなるかを知っていれば、誰もが自分にとって有利なルールを採択しようとするに違いない。ある時点tにおいて男子数が圧倒的に多い学校にいる男子生徒たちは、ほとんどがその次の週も男性のままでいるという確信のもと、「女子生徒の利益を考慮する必要などはない」と主張するかもしれない。しかし、その学校の校則において「互いの理解を促進するために、本校では週に一回ランダムに性転換手術を行う」となっていればどうであろうか。時点tの男子生徒は来週の時点t_1では自分がどうなるかもわからないのに、男子優遇政策を提唱するかといえばそんなことはないだろう。もちろん、これは架空の話である。しかし、この架空の話によって明らかなことは、「自分が女子生徒になるかもしれないような状況を仮定した場合、女子を不当に扱うような政策を合理的な人間であれば選択しないであろう」ということである（もっとも、性転換があるクマノミという魚の社会において、そのような正義が実現しているかは不明であるが）。つまり、合理的な当事者たちが本気で正しい共存・協調を求めるならば、「自分が何者か、そして何者になるのかもわからない」という想定（仮定）のもとで導出されるであろうルールが何かを考えるべきであり、そのルールにこそ不当さが排除された正義の原理が内在している、ということになる。現実ではたとえそのように考えることが難しくとも、仮定においてそのように考えることで導出した原理・ルールを、そこから現実に導入することで、現実の当事者たちにとって公平かつ説得力のある「取り決め」が提示できるかもしれない。ロールズの正義論はそのような意義をもつ。

「獲物の分配」や「男子優遇政策」などの上記事例は私が考えたものであるが、ロールズはこうした問題意識のもと、各人が自身の偏見・道徳的直観・利害関係などに基づいた不当な判断をすることがないように、「無知のヴェール the veil of ignorance」という概念を用いて理想的な原初状態を描き出す。

たとえば、自分が金持ちだと知った人は、福祉施策のために課せられる種々の税金が正義に反するとの原理を持ち出すのが合理的だと考えるかもしれないし、貧乏だと知った人は、十中八九それと正反対の原理を提案するだろう。望ましい制約条件を描き出すために、すべての関係者がこの種の情報を奪われている状態を想像してみる。そうすると、人々を衝突させ各自の偏見に操られるのを許容する種々の偶発性に関する知識が締め出される。このようにして、無理のない理路を通じて無知のヴェールにたどり着く。(Rawls [1971]: 18-19/27)

自身の今の立場を考慮すれば、それと繋がっているような将来は予想できるので(予想してしまうので)、人は将来の自分に有利な偏った(partial)判断をするかもしれない。逆に、自分が今何者であるかもよくわかっておらず、将来が何者になるのかも不明であれば、合理的な人は「誰にとってもそこまでひどくないルール」をあらかじめ設定しようとするであろう。これは「数ある選択肢のうち、それぞれにお

29　おそらく、何が起こるか事前にわかるような因果的決定論に対してわれわれが抱きがちな嫌悪感もこのことと関係するかもしれない。人が懸命に努力し、かつ、他者と協力してゆけるのは自分自身がどうなるかがわからないからであって、誰が自分の役に立ち、自分がどうなってしまうのかが最初からわかっているとすれば、われわれの協調的連帯は現在のものとまるで異なったものとなってしまうであろう。

いて予想される最悪の結果のうちでもっとも善いものをもつ選択肢を選ぶ」というマキシミン・ルール（the maximin rule）に従っているともいえる。ロールズにとってこれは一種の格率（行為規則）として、原初状態にいる当事者に正義の原理を選ばせる機能をもつ。[30]このように原初状態において「無知のヴェール」を通じて物事を判断しようとする合理的当事者たちは、マキシミン・ルールに沿って以下の正義の二原理を導出することになる、とロールズは主張する（Rawls [1971]: 60/84. より詳細な定義が同書第46節にあるが、ここではロールズが出発点として設定したものを記している）。

正義の二原理

第一原理

各人は、もっとも広範な基本的自由――それは他者にとっての類似的な自由と両立可能なもの――に対する等しい権利をもつべきである。

第二原理

社会的・経済的不平等は、次の二条件を充たすように編成されねばならない――(a)そうした不平等が各人の利益になると無理なく予期しうること、かつ、(b)全員に開かれている地位や職務に付帯すること。

たとえば、自身が将来どのような信念をもったりどのような職業に就いたりするかがわからないとき、もしかすると自分が該当するかもしれない「誰か」が鎖につながれるような社会を望むことはないし、ある人が外を散歩できる自由があるのに別の人にはそれがないような差別的状況を望む合理的理由は存在しない。もちろん、自由なだけではそこからとんでもない格差が生じ、もしかすると「誰か」は貧困に苦しむかもしれないし、ある偶発的事情はもしかすると「誰か」を常に下位に置く形で作用するかもしれない。たとえば、自由市場のもと等しい権利を認められ、各人は経済活動に参加できるものの（第一原理「平等な自由原理」により）、能力や運によって成功する人と成功しない人が出てくるとしよう（社会的・経済的不平等）。仮に経済的に成功した人たちが、成功しなかった人たちを雇用関係・取引関係から排除することで不成功者たちが利益を獲得できなくなってしまったり、それぞれの経済活動から生じる莫大な利益が不幸な人々へまったく還元されないとすれば、無知のヴェールのもとでの合理的人間はそれに賛同するであろうか（自分がその立場になるかもしれないのに）。もしそうしたことが賛同されないのであれば、それは正義に反する不均衡・不平等ということになるので、それを調整する機能が必要となる（第二原理(a)はそれゆえ「格差原理」と呼ばれる）。また、個々人の努力によって成功した政治家、資本家、野球選手などが広い土地や大きな家を購入できる一方、成功しなかった人たちはそれが困難であることも多少は仕方ないかもしれないが、そもそも、資本家や野球選手になるためのチャンスは第一原理における平等な自由のもと誰に対しても開かれていなければならない（特定の地方出身者だから野球選手になれない、というのは不当であろう）。それに加え、成功しなかった人にもある程度は再チャレンジの自由とそのチャンスもあってしかるべきであるし、[31] ましてや、成功しなかった人の子孫であっても、今度はその人たちが自由のもとで頑張ってより改善された地位・境遇を獲得したり、社会的・経済的に成功

30　ロールズが重視するマキシミン・ルール自体はリスク回避的原則であり、前節での囚人のジレンマゲームや鹿狩りゲームにおける非協調的選択を行う人たちもまたこうした原則に従っているといえる。
31　もちろん、有限な時間・資源・社会システムのもとではその「程度」はかぎられるであろうが。

するような機会はきちんと保証されていなければならない（第二原理(b)はそれゆえ「公平な機会均等原理」と呼ばれる）。

さて、ロールズが原初状態から描き出すこのような正義の二原理は、われわれがある程度納得できるような「取り決め」の枠組みを示しているようにも見える。前節からの話に戻すならば、ある状況においてリスク回避的観点から非協調的にならざるをえない人たちは別段不合理であるというわけではないが、しかし、もっとうまいやり方があるのも事実であり、そこでは（形態はどうであれ）何らかの正義の原理が内在した取り決めがなされることが望ましい。そうした「取り決め」および、それを実行・監督するような「統治」に身を委ねることができれば、われわれ人間はたとえ見知らぬ他人やそこまで好きではない他者ともうまく共存・協調できるであろうし、実際の社会ではそれはある程度できているようにも見える。現在の社会制度そのものは完全なものではなく、それゆえラディカルであろうが漸進的にであろうが修正は必要となるかもしれないが、ロールズの正義論はそれを踏まえた上で今後の方向性を示しつつ、リスク回避的な人間が正義の統治に基づきながら「正しく」かつ「うまく」共存していけるための枠組みを提示している、ともいえる。だからこそ、ロールズの正義論は社会哲学における合理主義の代表として二〇世紀後半には活発な議論を喚起し、今なお多くの研究者を魅了し続けているのである。

3　ニュートラルな合理性の行き詰まり——ゴティエの契約論

前節ではロールズの理論を紹介しつつ、そのもっともらしい点を挙げたが、しかし、ロールズが提唱する正義の二原理というものは、本当に合理性のみから導出されうるものなのであろうか。この点について考えてみたい。

ロールズは無知のヴェールのもと、合理的な当事者たちはマキシミン・ルールに則り、正義の二原理に同意するというシナリオを描いた。そうした無知のヴェールはいわば原初状態（古典的契約論風にいえば自然状態）を意味しているが、そこではいかなる先入観・道徳的直観・価値観・情報も捨象されているため、そこから正義の原理を導出するということは、ニュートラルな形で合理性から規範性、とりわけ普遍的な正義の原理を導出する、という意味をもつ。しかし、本当にそれはニュートラルなものであり、そこに特定の道徳的直観や意見などはもちこまれていないのだろうか。とりわけ、リバタリアニズム（libertarianism：自由至上主義）からは、「無知のヴェールのもと、合理的個人が格差原理を導出・同意するかは疑わしい」と批判されがちであるが、これはどのようなことなのであろうか。

たとえば、原初状態においては、それぞれは互いに相手のことをよく知らないし、そこまで仲がよくないという前提である。そうした利己的で互いに無関心な当事者たちが、自分が社会的弱者になるかもしれないとはいえ、根本的関心事である自分の権原を侵害しかねない格差原理に従うことに同意するであろうか、とリバタリアニズムは疑問を投げかける。そもそも、第一原理が示す「基本的自由」では、各人はどんな仕事をしてもよいし、自分が稼いだ分についてはどのように使ってもよいはずなのに、その儲け分が第二原理の格差原理によって強制的に徴収され、自分が助けたい人を救済するのではなく、貧しいかもしれないが助けたくもない——たとえば、自身のサボり癖のせいで貧困状態となって生活保護を受給している一方で、受け取ったそのお金をギャンブルで浪費しているような人など[32]——の救済に使用されるとすれば、それは第一原理の侵害ともいえる。

これは財産権の自由な行使にかかわるだけでなく、移動の自由、さらには「生き方の自由」にもかかわる問題である。たとえば、あるビジネスマンは人生の後半を外国で暮らそうと思い、移住の費用、現地でのビジネス資金、および万一のときのためにそれなりの蓄えをすべく彼の能力を最大限活かしつつ一生懸命働いたとしよう。しかし、ロールズ流の格差原理のもと、一生懸命稼いだそのビジネスマンの所得に多くの税金がかけられることで（彼より努力していない人たちへお金が流れてゆき）、彼の目標実現が不可能になるとすればどうであろうか。そうした社会の政策のもとでは、どんなに頑張っても彼の目標は実現できないように決められているのであり、そこでは彼のいくつもの基本的自由が——直接的にではないが間接的に——妨害されているようにも見える。格差原理そのものは「社会的弱者の厚生増大は、社会的強者からの財の分配によってなされるべきものである」という規範的信念を根拠としているが、価値的にニュートラルであるはずの原初状態における当事者たちがそのような信念をもっているはずもないし、さらにそこからもつともかぎらない。つまり、合理性が単独的に格差原理を導出するとは考えにくい、ということである[33]。いずれにせよ、ロールズのシナリオに沿った合理的な正義社会には、合理性以外のものが実は混じっているのではないか、と疑うことは可能といえる。

　ロールズのように、無知のヴェールから正義（公平）の原理をニュートラルに導出することが困難であることに気づいた合理主義陣営のなかには別の戦略を採る論者もいる。そうした論者の中には、（ロールズとは逆に）無知のヴェールを取り外しながら、原初状態を「バーゲン（取り引き）の初期状態」と再解釈し、そこでの合理的当事者たちにおいてなされるであろう「合意 agreement」に公平さを見いだそう、とする者もいる。その代表的な論者がデイヴィッド・ゴティエであるが、彼は「合理的当事者同士はバーゲン開始状況において半透明性（translucency）のもと、互いが相手の情報、相手の言い分、相手が裏切りそうかどうかをある程度知っているからこそ、合理的であれば協調するように動機づけられる」と主張する。

すなわち、人々は透明でも不透明でもなく、それゆえ協力しようとしたり協力しなかったりする彼らの態度は他の人々によって察知されうるが確実に察知されるというわけではなく、またそれは単なる推測でもなく推測以上のものだと想定するのである。（Gauthier［1986］: 174/208）

このような半透明性のもと、協調へと動機づけられる合理的当事者たちは、互いが行うべき譲歩の度合いを共に理解し合い、それぞれが等しく相対的な譲歩を行うよう合意形成を行う。これを可能とするのが「相対的譲歩のミニマックス原理 the principle of minimax relative concession」（以下、ＭＲＣ原理）と呼ばれるものである。この場合の「ミニマックス」とは前述のマキシミン・ルールとは異なり、「諸選択肢のうち、当の結果が要求する最大の（相対的）譲歩をできるかぎり小さくするようなものを選ぶ」というものである。つまり、いろいろな選択肢があり、そのいずれもが自分が譲歩しなければ相手が協力してくれないとして、そのなかでもっとも自分が譲歩しなくてよい選択肢を（当事者が互いに）選ぶ、

32　ここでは常人の怠け者を想定しているので「ギャンブル依存症」に該当する人は除外されているものとする。しかし、そもそものような怠け者がすべて「依存症」として分類される場合——そして社会的にもっとも恵まれない人たちと位置づけられる場合——、この種の事例はロールズ批判としては決定的なものとはいえないであろう（逆にいえば、この種のロールズ批判は、自己コントロールできるような「自由 - 責任主体」を広めに想定している、といえる）。

33　この趣旨のものとしては Nozick［1974］,ch.7。

というものである。MRC原理に関するゴティエの定義は以下のものである。

> いま、バーゲンの原初状態がある人に効用u^*を与えており、この人が自分に効用$u^\#$を与えてくれる結果を要求した場合、彼が自分に効用uを与える結果で譲歩したならば、彼の譲歩の絶対量は（$u^\# - u$）、完全譲歩の絶対量は（$u^\# - u^*$）であり、したがって彼の譲歩の相対量は［$(u^\# - u)/(u^\# - u^*)$］となる。（Gauthier [1986]: 136/164）

ゴティエは議論の出発点にあえて情報を与えることで、打算的人間であっても合理的協調へと到達できる、というストーリーを描く。とりわけ、「公平」を「合理的譲歩」に求めるそのやり方は鮮やかであるが、しかし、そうしたゴティエの理論においてもやはり合理性以外のものが混じっているように思われる。

まず、「半透明性」という想定に問題がある。仮に当事者同士が地球人vs.火星人のように相手がまったく何をしでかすかがわからなければ、それは「不透明」な状況であり協調関係は望みにくいし、逆に、相手のことが丸わかりであるような「透明」な状況であれば、当事者が互いに協調するだけの話である。それゆえ、協調するかどうかの選択を突きつけられたバーゲン状況そのものは、たしかに「不透明」と「透明」との間、すなわち「半透明」と呼んでも差し支えないかもしれないが、しかし、それはバーゲンにおける当事者たちが実際に感じている認知的状況や合理性とは無関係なものである。つまり、合理的当事者間において、相手が実際半透明に見えるわけではなく、単に「どうにかした方がよいが、どうすればよいかはっきりとはわからない」という状況にすぎない。もし一方の当事者が「おお、相手の意向は完全にわからないけど、でも少しはわかるよ。相手は協力したがっているようだ。これが半透明性のもとで相手を理解するということか」といって協調的態度をとったとしても、裏切られることはやはりありうる（この場合、半透明ではなかったことになる）。もちろん、それで裏切られることなくうまくいくこともあるだろうが、すると、「半透明性のもとで協力できる」というのはいわゆる結果論でしか語ることができないものといえる。それに、そもそも、現実的なバーゲン状況においては当事者双方の認識能力が等しいとはかぎらず、一方がいろいろ知っている状況で、他方があまり情報をもっていない場合にはどうなるのか。その状況もまた「不透明」と「透明」の間には違いないが、そこにおいて「合理的当事者同士であればきちんと協調的態度をとることができるような半透明性が成立している」といえるのであろうか[34]。

私が思うに、ゴティエがすがるところの「半透明」とは、協調が期待できるという予測のもとでこそ相手がそのように見えるのであって、いわばそれは「協調がコンヴェンション化された後における半透明性」である。コンヴェンションがいまだ形成されていないバーゲン開始状態において、そうした半透明性は確立されておらず、合理的当事者同士は依然として一か八かの「賭け」にさらされており、一回きりの囚人のジレンマ状況に類似したバーゲンにおいては、ゴティエが考えるような合理的な利己的判断のみでうまく協調することはできない。ゴティエは、合理的当事者同士であれば、半透明性の認識論的状況のもとで協調しながらコンヴェンションを形成してゆける、と考えているようであるが、事実はまったく逆で、コンヴェンションを共有できているからこそ、半透明性の認識が成立しうるのである。

34　これについては、本書第4章第3節での議論を参照。

つまり、半透明な状況のもと協調戦略を選択できるのはコンヴェンション成立以降の合理的当事者であって、それ以前の本当の意味でのバーゲン開始状態（原初状態）において、ゴティエが考えるような——半透明のもと首尾よく協調できるような——合理的当事者というのは存在していない、というのが実情であろう。

また、MRC原理についても、それが本当に公平さを示す原理として確定的であるとは言いがたい。MRC原理は一見すると公平な分配方法を提示するように見えるが、たくさん寄与・貢献した人からなぜか多く抜き取られることを正当化してしまうケースが存在する。以下のケースを考えてほしい。それぞれ単独で400ドルの資本をもつエイバルとメイバルの二人がいるとしよう。そのまま投資しても収益はともに5パーセントであるが（双方それぞれ20ドルの収益）、協力して800ドルの資本によって事業を展開することで10パーセントまで収益はあがるとする（トータルで80ドルの収益）。MRC原理によると互いに等しい相対的譲歩を行うことで「$(60-u)/(60-20)=1/2$」、すなわち40ドルを収益から分かち合うということになり、これはわれわれの直観ともマッチする。[35] しかし、そこでさらにメイバルが200ドルを追加して600ドル投資したとしよう。追加分の200ドルからは10パーセント分である20ドルの収益が生まれるが、MRC原理によるとエイバルの譲歩量「$(70-u)/(70-20)=1/2$」とメイバルの譲歩量「$(80-u)/(80-30)=1/2$」から、それぞれ45ドルと55ドルが配分されることになる。[36] しかし、それでは何もしていないエイバルが5ドル分多くもらっていることになってしまう。[37] なぜ、協力において多めに追加出資した人とそうでない人との間でそのようなことが生じてしまうのだろうか。そしてそれがなぜ正当化されるのであろうか。

ここにはゴティエが「レント rent」[38] と呼ぶものがかかわっているが、これは「供給のためのコストを超過する収益」というものである（Gauthier [1986]: 98/124）。特別な才能、資産といった、本人の功績とは無関係の生産要素に基づく余剰利益といってもよい。ゴティエによれば、その人に偶然的に備わった多額の資産や豊かな才能からレントを享受している場合、レント分とみなされる利益を課税などによって徴収されたとしても、その人はそのままの協調的関係を継続するよう動機づけられる。『合意による道徳』第9章3節1項では、才能あるホッケープレーヤーが法外な報酬に含まれるレント分を受け取っているとして、その選好順序に影響を与えることがなければレント分の課税をしても何も問題ないと主張されている。

そしてグレツキーは［法外な給料に課税されたとしても］、自分が現にもらっている給料より安い給料でもホッケー選手でいたいときっと思うことだろう。このとき、現に彼が行っているようなホッケーのプ

35　この場合、エイバルにとってのu#は、総利益80ドルからメイバルが一人で稼げた20ドルを差し引いたものとなるので60ドルとなる（これは、一人のときでは得られない「二人で協力した余剰利益」についてエイバルがまったく譲歩していないということを意味する）。原初状態の効用u*はそもそも自分一人で得られるものであるので20ドルであり、これをMRCの式に代入すればそれぞれの譲歩量の値が算出できる。

36　前注と同じやり方で計算してほしい。u#さえ間違えなければ簡単な方程式である。u#とは「協調から生じた利益分配において、自身がまったく譲歩しない状態」であるので、「総利益」から「相手が単独である場合にかせげた利益」を差し引いたものとなる。

37　このように、MRC原理がわれわれの直観的な正義（に基づいた配分）と乖離するケースについては以下のものを参照されたい――Hampton [1991]. 小林訳（1999）『合意による道徳』の「訳者あとがき」。

38　経済学用語の「レント」は、そもそもは「地代」という意味に由来する。

レイを彼に行う気にさせる最小の金額と、彼が現実的に受け取っている金額の差額が彼のレントである。(Gauthier [1986]: 273/322)

このように、バスケットボールのチェンバレンやホッケーのグレツキー[39]、その他才能などによって偶然的に恵まれすぎるがゆえの高額すぎる報酬（レント含みの利益）は自分より劣位にある当事者たちへと再配分されるべきであるし、たとえそうなったとしても彼らはそのプロスポーツを継続するモチベーションを保ち続けるので問題ない、とゴティエは主張する（『合意による道徳』第9章3節2項）。さきほどのMRC原理のもと、優位なメイバルから劣位なエイバルへの5ドルの移転もこのロジックのもと正当化されるが、私はここに重大な問題があると考える。そもそも、その才能ゆえに同額程度に多く稼いでいるホッケープレイヤーとバスケットボールプレイヤーとがいるとして、それをそのまま「レント含みのものとして課税を受け入れるであろう」という予測の根拠は一体どこにあるのだろうか。法外な報酬をもらっていたカナダ人のグレツキーは奥ゆかしく課税を受け入れるかもしれないが、同額の報酬をもらっていたアメリカ人のチェンバレンは「ふざけんな！　だったらもうここではプレイするものか！」と憤慨して課税を拒絶し、他のチームあるいは別のリーグなどでプレイしようとするかもしれない。その場合、グレツキーが正しくチェンバレンが間違っているといえる根拠はどこにあるのだろうか。もし根拠があるとすれば、それはニュートラルな合理性にではなく、何らかの基準（既存の道徳観やコンヴェンションなど）にあると言わざるをえないだろう。

つまり、ロールズもゴティエも、合理性によって協調問題が解決されるストーリーを描いているが、その根底には「こうすることがあたりまえ」といった所与の価値観・感覚が潜んでいるように思われる。

もちろん、それは悪いことではない。しかし、それら隠された価値観・感覚をないものとし、あたかも「純粋でニュートラルな合理性こそが当事者一致的な解決法へと到達させてくれる」と信じこむのは過剰な期待・思い込みにすぎないし、それには注意を払う必要があるだろう。もし本当に「合理性」が単独かつ唯一的なものとして機能し、合理的当事者であれば誰でも採択するような普遍的原理を導出するというのであれば、ロールズかゴティエか、あるいは他の合理主義的理論のいずれが正しいかは決定可能であるかもしれないが、おそらくその見込みはほとんどないように思われる。これはなにも、彼ら合理主義者が間違ったことを言っているというのではない。彼らの主張はそれぞれの文脈のもとでは確かに説得力があり、およそ妥当ともいえることを主張していることには違いない（だからこそ、そうした合理主義者たちが提示する理論は意味不明なものではなく、魅力的なものなのであるが）。

しかし、人間社会における「取り決め」「統治」「法」の正当性を求めるにあたり、そこにおいて必要とされる判断能力としての「合理性」と、数学的論証のように普遍的解答を理解するための合理性とは区別されるべきであろうし、私が思うに、ロールズやゴティエが求めているのは前者であるように思われる。そして、そうであるからこそ、そもそもの根底にある人間本性をきちんと理解し、その前提のうえで、「正義」「合理性」をもう一度考え直す必要があるのではないだろうか。特定の「うまくいっている状態」を引っ張り出し、「これは合理性によってかくかくしかじかのように実現された状態なんで

39　これはノージックが挙げる例である（Nozick［1974］: 161-163/271-273）。入場料とは別に、チェンバレンの名前がついた箱に、観客一人当たり25セントを入れるという契約について、ノージックはそれに対する課税は倫理的に正当化不可能と考えている（この点はゴティエとは決定的に異なっている）。

す！」と説明することは確かに重要である。しかし、そのようなプロセスにおいて（そこにあるものを「合理性」と呼ぶかどうかはさておき）、どのような人間本性がかかわっているのかはさらに掘り下げることもできるのではないだろうか。たとえば、「無知のヴェールのもとマキシミン・ルールに沿って判断・動機づけられるところの合理的人物はどのような傾向性をもっているのか？」、あるいは、「バーゲンの最中、相手にむやみに要求をゴリ押しすることなく適度に等しく譲歩できるような合理的人物が行う判断というのは何からもたらされるのか？」といった問題設定は、合理主義の各種理論を破壊するものではなく、むしろ、合理主義が見落としてきたものを拾うことでそれら合理主義が説得力をもつ文脈を明らかにすることに繋がるようにも思われる。

そこで次章では、合理主義が拾うことなく捨てている（ように思われる）人間の不合理な一面、すなわち不平不満・応報感情がどのように正義や協調とかかわっているのかを論じてみたい。そこでの不合理性と合理性との絡まり合いのなか、われわれの協調関係がどのようなものであるのかが、これまでの議論とは別の形で理解可能となるであろう。

第3章　応報的感情

1　復讐には意味がない？

「復讐なんて虚しいだけ……」という言葉についてあなたはどう思うだろうか？　たとえば、学生時代に自分をイジメた人、自分を騙して利益を得た人、自分の悪口を言いふらしたり無視した人、これらの人たちに仕返しをすることは本当に虚しくて意味のないことなのだろうか。もちろん、過去には戻れないので、それを行うことで欲しかったものや失ったものが取り戻せるわけではない。これは、身内を殺害した犯人が死刑になっても亡くなった人は蘇らないのと同じ理屈である。あなたに復讐を諌める人、死刑制度に反対する弁護士、これらはいずれも「そんなことには意味はない」というかもしれないが、そこでの意味とは「合理的に考えて、それを行うメリットはない（もしくは、デメリットしかない）」ということを指している。つまり、「復讐は虚しい」を唱える人の多くは合理主義者といえる[40]（合理的な法システムの設計を目指していた功利主義者ジェレミイ・ベンサムも基本的には死刑反対論者であった[41]）。

しかし、われわれが復讐を好むのもまた事実である。復讐がまったく理解不能なものであるなら、シェイクスピアの『ハムレット』や『マクベス』、アレクサンドル・デュマ・ペールの『モンテ・クリスト伯』などはあそこまでヒットしなかったであろう。悪人に手ひどいしっぺ返しをくらわせる映画『ダイ・ハード』シリーズが大ヒットしたのも、「犯罪者」「悪人」「嫌なやつ」がなんらかの復讐・報復・因果応報によって痛い目に合うのをみて「ざまあみろ」と共感できるからである。それに、われわれはローカルな場面で、ささやかな報復行動をすることが往々にしてある。前回の社内会議で痛いところを突かれたら、次の会議でその相手の言動の粗をわざわざ探してなにがしかケチをつけたり、たまたま入った飲食店の店員が無愛想で攻撃的な態度をとってきたら、自分の周囲に「あそこはやめた方がいいよ」と吹聴してツイッターで拡散するなど、日常的な復讐や報復、いわゆる「仕返し」はそこら中に溢れている。

　では、人はなぜやり返してしまうのか。その理由として、おそらく「気持ちいいから」というものが第一にくるであろう。自分にとって都合の悪いことをした人、何らかの規範に背いた人が報いを受けているのを見たり聞いたり想像したりするのは単純に快感であり、だからこそ、われわれは復讐劇が綴ってある本や、悪人が懲らしめられる映画をわざわざお金を払ってまで見ようとする。中には、それだけでは飽き足らず、わざわざ現実世界でもその主役であるかのように仕返しに夢中になる人もいるわけで、そうした人は怒っているように見えて実に楽しそうな様子でもある。[42] これだけでみると「仕返し」は娯楽の一つであり快楽主義的に正当化されるのかもしれないが、気をつけてほしいのは、仕返しとはいえ他人の悪口を言いふらし続ける人は、たとえそれが真実を指し示しているとしても嫌われてしまうし、常にやり返そうとしてばかりいる人は「不寛容で付き合いにくい人」といって避けられてしまう。お酒に溺れた人が周囲に対し常にお酒をせびっていれば皆が離れていくように、「仕返し」に溺れている人が周囲に対し常にその機会を探しているかのごとく接すれば、自然とその人の交友関係はかぎられたものとなってしまう。この点で、「復讐は虚しい」という格言はやはり重視されてしかるべきものなのかもしれない。

しかし、「仕返し」それ自体に意味がなくとも――つまり、その本人にとって不利益という意味で「不合理」であっても――仕返しの可能性が一般的に機能することによって非協調的態度が抑制され、その集団自体が「合理的な集団」であり続けられるということはないのだろうか。本章では「合理性」とは対極ともいえる復讐感情がどのように協調に寄与するかについて考えてみたい。

行動経済学者のダン・アリエリーが行った面白い実験として、コーヒーショップでわざとお客に不快感を与え、そこで行われる「仕返し」を確認するものがある。コーヒーショップに来るお客に実験協力を依頼するが、その内容は「五分間程度でできる簡単な課題を解いてもらい、五分後に報酬として5ドルを渡す」というものである。それを説明し、同意してもらえると課題を解いてもらい報酬をテーブルに置いておくのだが、ここで間違えたフリをして多めの額を机に置いておく（もちろん置いた人はわざと

40　ただし、死刑廃止論者の中には効用計算や抑止力などとは関係なく、「それが死を与える以上、基本的人権に背くものである」と主張する人もいるだろう。この場合、そうした死刑廃止論者が合理主義者かどうかは、その主張が根拠とするものが何かによって変わってくる（「人格の尊厳」を重視するカント主義者であればそれは合理主義の一種となるであろうし、「可哀想だ！」「犯罪者にも同情の余地がある」という共感・感情を根拠とするのであればそれは合理主義というよりも共感主義、あるいは道徳感情論に近いものといえるであろう）。

41　もっともベンサムは、刑罰が被害者側に快や満足を与え、あまり費用がかかることなく効果的な抑止につながるものがあればそれが有意義であることを認めてもいる（Bentham [1789], ch. XIII, sec.1, note.1）。

42　報復的選択をする際、人の脳において報酬や喜びを感じる部位が活性化しているとの調査結果もある（de Quervain and others [2007]）。

たちに対しては「いらだちあり」の条件を加える。それは、「説明の最中、課題説明者がバイブが鳴った（フリをして）携帯をとりだし友人と12秒ほど雑談し、それについて弁解・謝罪をせずに、説明を再開する」というものである。簡単にいえば、失礼な振る舞いを受けた「いらだちあり」グループと、そうでない「いらだちなし」グループをおき、前者がその報復としてどの程度「おつり」を自分のポケットに入れるようになるのか、という対照実験を行った。結果、「いらだちなし」条件ではお金を正直に返したのが45パーセントだったのに対し（思ったよりも正直者が少ない気もするが）、「いらだちあり」条件では正直に返したのは14パーセントにすぎなかった（Ariely [2010]: 139/187）。これらの現象は、自身に対し失礼な振る舞いをした者に対し、それに相応しい振る舞いをすることで仕返しを実践したといえる。もちろん、彼らの中では「こんなふうに不快感を受けたケースの場合には自分は多めにもらう権利がある」というような権利意識を持っている人もいるだろう。しかし、そうした権利意識は理性というよりはやはり報復感情によって支えられている、といえる。ヒュームによれば、「われわれは本能的に敵を罰し、友人の幸福を願う」（T 2.3.9.8/439）ということであるが、そこでいわれる「敵」とは別に戦時中の敵国兵士にかぎらず、日常身近にいるような「自分と対立する者」も含まれている。さらにいえば、その対立とは単に利害関係上のものだけでなく、価値観が相容れぬものにも及ぶわけであり、アリエリーの実験の場合、自身の仲間（の一員）であれば守って然るべきであるような常識ルール、すなわち規範を破るような相手こそが「敵」といえる。

さて、こうした応報的態度には何らかの意義はあるのだろうか。相手が仕返しをされたことに気づいていない場合にはあまり効果はないだろうが、はっきりと「ノー」を突きつける形で仕返しをする場合には、相手にその行為が規範違反であることを知らせ、今後同様の行為を——それが自分以外の別の相手に対しても——繰り返させないような効果をもつ。そして、社会成員がそのような応報論的態度をもって規範逸脱気味の相手に対し「しっぺ返し」を行うならば、それは自分のためだけでなく自分以外の同胞のためにもなり、結果として社会全体の秩序は維持されるかもしれない。この意味で、それぞれの個々人が行う報復・仕返しは、それぞれが何を考え、何を感じているかは別としても社会的に有用であることは十分ありうる（たとえ復讐者の脳が快楽を感じていようがいまいが）。

ただし、アリエリーの実験を見てもわかるように、復讐感情自体はその人を不正行為に駆り立てることもある。テーブルに置かれた報酬が契約内容よりも多いものであることに気づいていながら知らぬふりをしてそれをポケットに突っ込むのはネコババであるし、これまでたくさんご馳走してあげていた女性にそっけなくされたからといって、その人の跡を付け回したりするのは犯罪行為である。それに、それぞれの人が「あいつのあの態度はなんか許せない！」と互いに感じあい、それぞれが互いに報復的行為を行うとすれば、社会のあちこちは協調よりも非協調の方へと傾くであろうし、社会全体の効用は低下するであろう。ゆえに、ここで重要となるのはその「理由」である。われわれは概念上、「仕返し retaliation」と「応報 retribution」との区別をしているが、後者のそれは個人的趣味を越えた社会的正義とかかわるものとみなされている。ある行為が後者に分類されるのであれば、そこにはその前提たる「規範」が成立しており、その行為の正当性が「理由」を通じて示されていなければならない。つまり、「応報」「報い」には正当な理由がなくてはならず、復讐感情や報復的態度が社会的意義をもつためには、それらがうまく方向づけられ、ある枠組みのもと制約されていなくてはならない、ということである。

2　罰の在り方

個人レベルでの復讐それ自体は、集団内部の秩序をもたらす場合と、混乱をもたらす場合の二種類が考えられるように思われる。重要なことは、どのようなケースにおいて仕返し・復讐が応報的正当性をもつか、という点にある。そうすることによって、社会的に意義ある制裁、すなわち「罰」というものがみえてくるであろう。

エルンスト・フェア（フェール）たちが行った「公共財ゲーム」[43]の実験によると、まったく自身は公共的に貢献しないようなタダ乗り戦略のもとで儲けようとする相手に対し、参加者たちは多少コストがかかってもそれを処罰しようとする傾向がうかがえた。さらに、フェアたちは、複数回の繰り返しゲームのなか、参加者たちがその都度見知らぬ者へと入れ替わる「初顔合わせ」グループと、高確率で同じメンバーとゲームするような「連れ合い」グループとでその傾向を確かめたが、罰の導入によって貢献のアベレージが著しい増加傾向にあったのは「連れ合い」グループであり、また、罰がない状況では最初は貢献してもそのあとの協調の程度が目にみえて明らかに低下してゆくのも「連れ合い」グループであった（「初顔合わせ」グループは、罰なしではもともと協調の程度は低めであり、それが緩やかに下降してゆくという感じであった）[44]。しかし、興味深いことはそれだけではない。平均的な協調レベルから逸脱する人に対して手ひどく罰する傾向は見知った協調相手（連れ合い）に対してよく見受けられた。つまり、知らない人が非協調的行動をとるよりも、何回も関係をともにした人が非協調的（裏切り的）行動をとった場合、われわれは嫌悪感から（ほんのわずかかもしれないが）より手ひどく罰を加える傾向にある、と

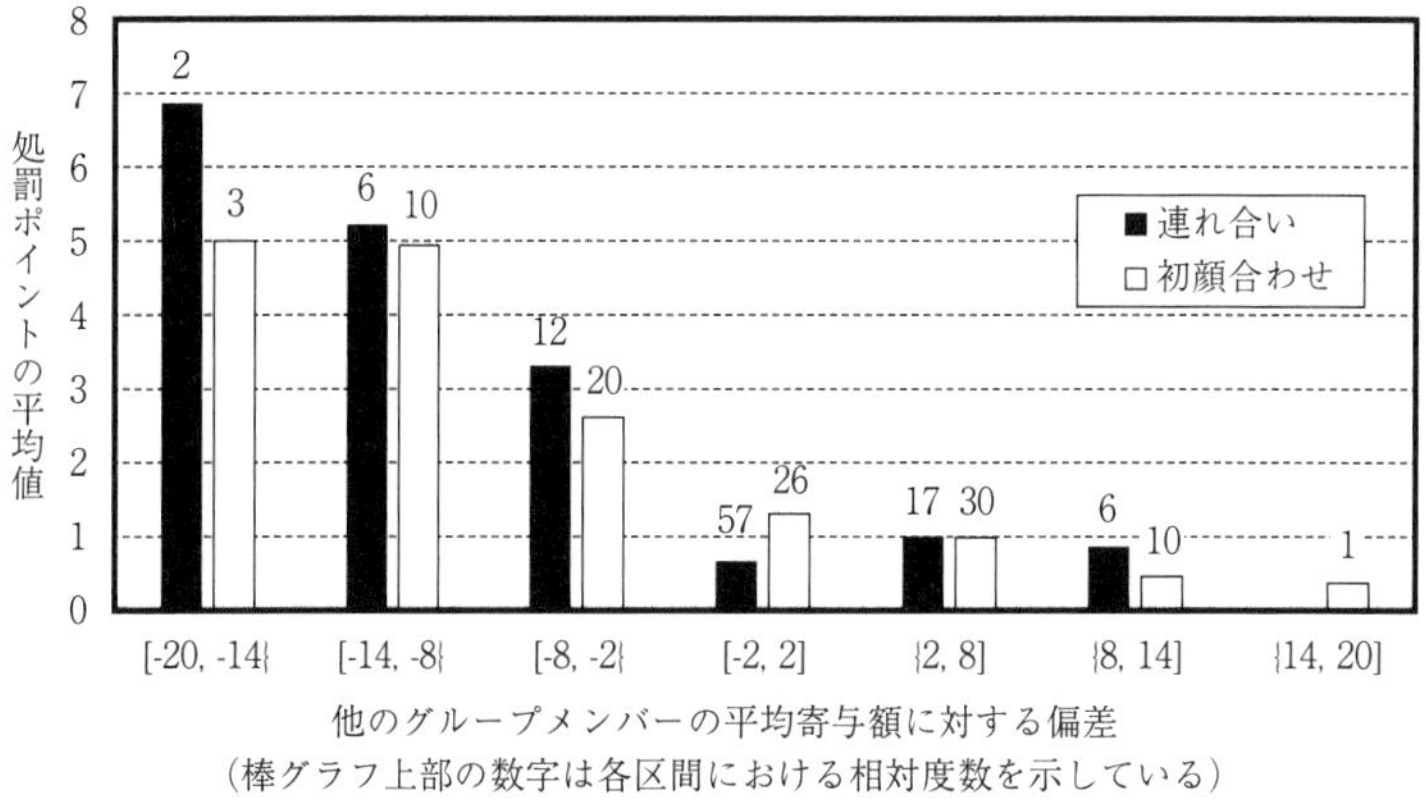

図1　公共財ゲームにおいて他者へ課される処罰の傾向

（Fehr and Gachter [2000]: 991, Figure 5）

いうことである（図1）。ここから、「他者の非協調的行為」と「仲間の裏切り行為」とは区分可能なものであり、応報というものがどちらの文脈で語られているのかについては注意すべきといえるであろう。

もちろん、この結果をすぐさま全人類に一般化することはできないし、実社会に対しても全面的に適用可能とはいかないであろうが、この実験はわれわれが見過ごしがちな「罰」の特徴を示してくれているように思われる。とりわけ、注目すべきポイントは、「見知った人の非協調的行為を厳しく罰する」という傾向である。われわれは一般的には見知らぬ人に冷たかったりするので、そうした人が非協調的行為をした場合にはそれを罰することで社会から排除しようとするように思われる。しかし、フェアたちの実験によって示されている興味深いポイントは「いつも顔見知りで協調することを期待されている人物が非協調的になるとよけいに許せない」という仲間内での応報感情である。もちろん、この「仲間」というのは広い幅をもった言葉であり、あまり限定的な意味でとらえるべきではない。たとえ親友でなくとも、同じ社会において協調行為をするように期待されていればそれは「広い意味での共同体の一員」としての仲間であろう（ゆえに、前節のアリエリーの実験において、不遜な行為を行った店員は実験参加者にとって――ヒューム的には「敵」であるが――「他者」として認識されたものの、それ以前においては共同体における仲間として認識されていたのかもしれない）。すると、ここでの「仲間」とは、協調行為をするのは誰にとってもあたりまえであり利益につながる共通感覚、すなわちコンヴェンションの共有者として実践に参加している者、ということになる。

ここにおいて、しかるべき「罰」の程度と枠組みというものの輪郭がみえてくる。応報的な罰が乱発されてしまうと社会秩序はむしろ混乱するが、その理由はそうした罰を「正当な制裁」として与えるべき根拠が個人的だからである。もちろん、実際に制裁を加えるコストを個人が負うのは実生活においては大変なので統治体がそれを負うことになっているが、しかし、そこで行われる処罰の根拠は権力的・恣意的に決められたものであってはならない。社会的処罰の根拠はあくまで社会成員たちに共有された正義（とコンヴェンション）に基づくものであって、そこで行われる処罰は、たとえ誰か――もしくは社会全体――にとって有益であろうがなかろうが、そして当事者の誰かが望もうが望むまいが、適切な根拠と基準のもと、適正に実施される必要がある。これについて詳しく論じたのは、ヒュームの友人でもあったアダム・スミスの『道徳感情論』（1759）であった。

われわれの隣人を傷つけることについての正当な動機、他人に害を与えるための誘因のうち人類が賛同するであろうものは、その他人がわれわれに対してなしてしまった害への正当な立腹以外にはありえない。（TMS 2.2.2.1/119）

けれども、［慈恵的諸徳とは］別の徳があって、それを守ることはわれわれ自身の意志の自由にまかされず、権力で強制されてもよく、その侵犯は憤慨の、したがって処罰にさらされることになる。この徳が正義であり、正義の侵犯は侵害である。それは非難されるのが当然であるところの諸動機から、ある特定の人々に現実的で積極的な害をなすものである。したがってそれは、憤慨の、そして憤慨の自然的帰結である処罰の適切な対象である……不正をもくろむ人物自身が［正しい憤慨のもとで処罰されることに他者たちが是認するという］このことに気づいて感じるのは以下のことである。それは、彼が侵害しようとする人物、あるいは他の［当事者以外の］人々の双方によって、彼の犯罪遂行を妨げたり、あるいは、それを遂行したときには彼を処罰するために、権力は最大の適宜性のもとで使用されるかもしれない、と。（TMS 2.2.1.5/114）

つまり、個人であろうが統治体であろうが、正義の侵犯に対する応報的措置には適宜性（propriety）

43　公共財ゲームとは、複数の個々人（n人）それぞれに初期状態として同量の貨幣（もしくはチップなどの擬似貨幣）を与え、それぞれが好きな額を自由に投資する。そのトータル額に定数aを乗算したものを、再度それぞれの人数（n）で均等に割って分配するというものである。トータルの投資額が多ければ多いほど、平等に分配される利得も大きくなるが、個人的観点から自身の利益を最大化するためには、他人が多く投資する一方、自身はなるべく少なめに投資することで効率よく稼いでゆくような「タダ乗り」戦略が有効といえる（被験者であるn人はそれぞれ別の部屋で実験に参加するため情報のやり取りはできない）。
44　Fehr and Gächter［2000］: 986–989.

が備わっていなければならず、そこにはスミスが念頭におく「公平な観察者 impartial spectator」の観点からの共感的理解が想定されている。[45] しかし、私が強調したいポイントは、応報的処罰に備わるところの「適宜性」や「公平な観察者」よりも、やはりそれがコンヴェンションを共有する「仲間」に向けられている、という点にある。フェアたちの実験もこのことを示唆していたといえるが、スミスもまた、「罰」というものが向けられる対象を、「敵」だけでなく、ともに社会を構成する「同胞」――あるいはかつては同胞の資格をもっていた者――とみなしている点は注目に値する。

〔感謝のケースとは〕反対に、憤慨が主として意図する目的は、われわれの敵が順番として苦痛を感じるようにすることよりも、彼がその苦痛を感じるのは自身の行いゆえにであると悟らせること、彼にその行いについて悔い改めさせること、彼が侵害した人物が、〔彼が行った〕その仕方で取り扱われるに相応しくなかったと彼にわからせること、である。(TMS 2.3.1.5/138)

さらにスミスはこうも言っている。

他の人々に対してなにがふさわしいかについて、彼をより正しい感覚に立ち戻らせ彼がわれわれからどんなおかげを被っているかについて、彼がわれわれに対してなした悪事について彼がわかるようにすることは、しばしば、われわれの復讐において目指している主要目的である。(TMS 2.3.1.5/139)

つまり、みんなが共有し、正義の基礎であるところのコンヴェンションに「立ち戻らせる」ことこそが、正当な復讐・報復・処罰の目的なのである。[46] そして、このことが犯罪予備軍、タダ乗りの傾向がある人々——おそらくそこにはわれわれ一般人も含まれるであろうが——の規範逸脱を予防し、協調の程度をハイレベルに維持させてくれていることはフェアたちの実験結果からも明らかといえる。しかし、だからといってわれわれが、刑罰があるがゆえに打算的にしか協力できないような「不誠実な存在」といっているわけではない。最初は利己的で打算的であるにしても、コンヴェンションを共有すると責務の概念を獲得し、義務感に基づいて正義に従えるようになるのもまたわれわれ人間なのであり、罰や損得勘定とは無関係に「すべきことをする」ということを日常生活においてわれわれはほとんど自然にできている。私が思うに、これはわれわれ人間の多面性を示しているともいえる。

もっとも、われわれは普段は義務感から正しい行為をしているが、そこまで意志が強いわけでもないので誘惑に負けてしまうことがある。だからといってそれが許されて一般化してしまうとすれば非協調的関係へと社会が傾くことになるので、そうしたリスクを減らすような罰則システムに対しそれが適正であるかぎりは特に気にすることはない。ここには二つの意味での「不合理性」を見ることができる。それは、①「正しいとわかっていることをする」ということが罰則なしにはなかなかできにくい実践理性に反する傾向性、そして、②義務感から規則に従いつつ、しかし、ときにそれに背くような自分自身を罰しかねない刑罰システムを肯定するような従順的傾向性、の二つである。コンヴェンションへの

45 「公平な観察者」は行為者それぞれに内面化される観点でもあり、問題となる行為においてその行為者の動機の是非や、それが共感に値するものであるかを理解させるものでもある。

46 もちろん、「立ち戻らせること」を望むからといって、悪逆非道の行いに対し軽い処罰でもよいということをスミスは主張してはいない。

「慣れ」と、その慣れのなかで醸成・洗練された「適正な応報的感情」をベースとしたシステムのもと、われわれは①による支配から逃れ、②による支配に服しながら、「合理的人間」として社会的協調を行っているようにみえる。そして、②で暮らしているわれわれは、そのように暮らすことが当然である「理由」を合理主義的観点からいろいろ挙げることもできるが（「そのルールが公平であると理解できるから」とか「そうすることによって実現される社会的効用が自明だから」とか）、しかし、そうした「合理性」の足元には、知性的ではないものが埋まっているようにも思われる。

3　罰よりモラル？――合理的な不合理性

前節では「罰」の社会的意義について述べたが、しかし、「罰」のすべてがよいというわけではない。厳しすぎる処罰はもちろんのこと、そもそも「罰」に頼ってはいけない（頼らないほうがよい）という状況もある。ニージーとルスティキーニは、イスラエルの託児所で、20週間に渡った実験を行った。それは、子どもを迎えにくる時間に遅刻する保護者に対し罰金を課すとどういう効果をもたらすか、という実験である。[47] 対象となる託児所は10箇所[48]で、最初の4週間の観察期間はいずれも「罰金なし」であるが、5週目からは6箇所で「罰金」を導入し（残り4箇所は継続的に「罰金なし」となる）、そして、17週目から再度すべてを「罰金なし」とする形で対照実験を行った。結果は、「罰金なし」はほとんど遅刻件数が変化しなかったのに対し、「罰金あり」はほとんどが初期よりも2倍以上遅刻が増加した（表3）。

こうした結果に、「罰って、違反行動や非協調的行動を抑制するんじゃないの？」と不思議に思う人もいるかもしれない。もちろん、状況によっては一般的な不正抑止機能をもった罰も存在するし、極端

表 3

託児所（全 10 箇所）		それぞれの託児所の児童数	実験期間（20 週：各週ごとに，下の欄に遅刻した保護者の数を記載）																			
			1週目	2週目	3週目	4週目	5週目	6週目	7週目	8週目	9週目	10週目	11週目	12週目	13週目	14週目	15週目	16週目	17週目	18週目	19週目	20週目
実験群（罰金制度導入）	No.1	37	8	8	7	6	8	9	9	12	13	13	15	13	14	16	14	15	16	13	15	17
	No.2	35	6	7	3	5	2	11	14	9	16	12	10	14	14	16	12	17	14	10	14	15
	No.3	35	8	9	8	9	3	5	15	18	16	14	20	18	25	22	27	19	20	23	23	22
	No.4	34	10	3	14	9	6	24	8	22	22	19	25	18	23	22	24	17	15	23	25	18
	No.5	33	13	12	9	13	15	10	27	28	35	10	24	32	29	29	26	31	26	35	29	28
	No.6	28	5	8	7	5	5	9	12	14	19	17	14	13	10	15	14	16	6	12	17	13
統制群（罰金なし）	No.7	35	7	10	12	6	4	13	7	8	5	12	3	5	6	13	7	4	7	10	4	6
	No.8	34	12	9	14	18	10	11	6	15	14	13	7	12	9	9	17	8	5	11	8	13
	No.9	34	3	4	9	3	3	5	9	5	2	7	6	6	9	4	9	2	3	8	3	5
	No.10	32	15	13	13	12	10	9	15	15	15	10	17	12	13	11	14	17	12	9	15	13

（Gneezy and Rustichini [2000]: 6, table 1 より）

に罰則めいたものを避けようとするレセプターを備えた「敏感な人」相手には罰は有効であろう。ただし、ここで注意してほしいのは、ニージーたちの実験で示されていることは「罰には意味がない」ということではなく、罰が意味をもたない状況が存在する、ということなのである。

同じ「罰」の導入でありながら、フェアたちの実験では非協調的行為に抑止効果があった一方、ニージーの実験ではそれを抑制するどころか促進させてしまったことにはどのような違いがあるのであろうか。それは、次のように説明できるだろう。ニージーたちの実験では、託児所での罰の導入のもとプレイヤーたる保護者たちそれぞれは「トレードオフ」[49]のもとで判断・選択するようになり、その罰金制度はむしろ「罰金を払うのであれば遅刻してもよい」というような規範逸脱を合理的に正当化する制度となっている。他方、フェアたちの実験においては、非協調的態度、いわゆる規範逸脱的態度は「割に合わないかもしれない」という恐れを伴うものであり、個々の合理性による判断正当化を許すものではなかった（それが通用しないかもしれないので）。つまり、ニージーたちが導入した「罰」とは、それぞれの判断が依拠するところの目的論的合理性を経済合理性に固定化してしまうものであり、そうであるからこそ、それまで自発的にルールを守っていた人々に「ああ、お金さえ払えばよいなら……」とトレードオフで考えるように仕向け、その結果モラルハザードが生じたといえる。モラルハザードを防ぐためには、「割に合わない罰」を課すべきであって、罰をも損得勘定に組み込むような個々人の経済合理性に頼るだけでは状況を改善するどころか悪化することにもなりかねないのである（これは、それまで個々のモラルに支えられていた状況に市場原理を持ち込むことのリスクと同様の構造をもつものである）。

しかし、「割に合わない罰」を導入するにあたっては現実では大きな課題を抱えることになる。もちろんんやり方によっては託児所のケースでも、「違反行為は割に合わない！」と思わせ、時間通りに来させるようなインセンティブ（誘因）としての罰則導入も可能ではある。そのためには罰金額を理不尽ないまでに引き上げればよいのである。当時のイスラエルでは、違法駐車は75シェケル、犬の糞の不始末は360シェケル、信号無視は1000シェケルの罰金であった。ベビーシッターが1時間にかせぐ時給は15～20シェケル程度ではあるが、ちょっとお金持ちの保護者であれば、「ほんの10シェケルさえ払えばよいなら、今日は遅刻しようかな」と考えるであろうし、実際そう考えたからこそ遅刻は増加していたのであろう。そこで、「では、遅刻した保護者には1万シェケル払っていただきます」という罰金制度を託児所でもうければ万事解決となるであろうか。

おそらく、そのような罰金制度を託児所が導入するならば、保護者たちはそんな託児所に子どもを預けようとせずに、別の託児所を利用するであろう。善意の保護者たちであっても、ときに何か用事に追われていたり、忘れものをしたり、道が混雑していれば遅れることはありうるので、そのような厳罰主義の託児所の利用を避けるのは当然のことである。それに、一企業が厳しすぎる罰則をもって非協調的行為を抑制しようとしても、顧客は別のところに逃げてゆき、結果としてその企業はその業界で生き残ってはゆけない。だからこそ、「罰」と市場原理とは別モノと考えられるべきであり、それは経済合理

47　罰金は、預けてある子ども一人につき10分以上の遅刻で10新イスラエルシェケル（実験当時は1アメリカドルが3・68シェケル：当時のシェケルと日本円との間の為替レートであれば1シェケルが36円程度）。子どもを二人預けている親が遅刻した場合には20シェケルを払うことになる。

48　最初は12箇所での予定であったが、二つの託児所の記録が不十分であったので統計から除外することになった。

49　トレードオフ（Trade-off）とは、一方を追求すれば他方を犠牲にせざるをえないという状態・関係のこと。この場合、「罰金を払う」という犠牲を払えば「ゆっくり遅刻できる」という利得を得られる状況といえる。

性とは別の社会共有的な規範を根拠としていなければならない。しかし、「お迎えに遅れるなんて保護者としては悪逆非道であり、社会的秩序の破壊ともいえるので、とびっきり厳しい罰を課すべきだ」となってしまうと、そこには常識的な寛容の精神が欠落しているようにもみえる。多くの人が「仕方ないケースもあるだろうから、そこまでは……」と考えるかもしれない。すると、「子どものお迎え」のようなケースにおいて期待できるのは、やはり「モラル」ということになる。[50]

「モラルに期待する」という言葉だけをきくと、「平和だなあ」とか「そんなんで物事解決できれば苦労はしないよ」という人もいるだろう。もちろん、モラルだけですべてが解決すれば警察も罰則もいらないわけで、応報・制裁などはモラルが補えない部分を補うためにも社会的に不可欠であると私は考える。しかし、では罰則だけですべてをうまくまわせるかといえばそうではない。ニージーたちの実験において、罰則なしの方がむしろ保護者たちの遅刻が少なかったことを考慮するならば、罰則が補えない部分をモラルが——普段は意識されにくいが——補っていた、と考える方が自然であろう。それに、そもそも罰則が正当化される理由には、多少なりとも「モラルに基づく非難」が含まれるわけで、各人のモラルに期待するだけでは実質上困難な場合には、一般的モラルから応報的処罰が要請されているともいえる。「モラルがすべてを救う」という綺麗事についてはいかがなものかという気もするが、モラルがないよりはむしろあった方が協調的関係が実現されやすく、当事者たちの生存・繁栄に結果的に寄与することは認めざるをえないであろう。

ではここで、囚人のジレンマ状況を改良しつつモラルの重要性を示唆したものとして、哲学者マッキーの挙げた「トムとダン」の例を考えてみよう（表4）。

表4

Bの戦略 / Aの戦略	逃げる（Aを裏切る）	留まる（Aと協力）
逃げる（Bを裏切る）	〈30%，30%〉	〈100%，0%〉
留まる（Bと協力）	〈0%，100%〉	〈80%，80%〉

＊括弧内は〈Aの生存確率，Bの生存確率〉

トムとダンという二人の兵士が敵の侵入を食い止めるため，二つの近接する拠点をそれぞれ守っている。もし二人とも持ち場に留まれば，救援が来るまで持ちこたえ二人とも助かる可能性がかなりある。もし二人とも逃げるならば，敵はただちに追撃し二人のどちらも助かる可能性はずっと小さくなる。しかし一人が持ち場に残り，他の一人が逃亡したとすれば，逃げた者の助かる可能性は二人とも留まったときよりも大きくなるが，留まった方の助かる可能性は二人とも逃げたときよりももっと小さくなる。（Mackie［1977］：115/167-168）

「トムとダン」についてマッキーは利得表を書いていないので，私が恣意的に生存確率を代入する形で以下のように表現してみよう。

さて，これは「囚人のジレンマ」と基本的には同じ構造であるので，リスク回避的人物であれ，効用最大化傾向の人物であれ，利己的人間であれば合理的に判断した結果，ともに逃げ出そうとして30パーセント程度の生存確率しかない不合理な結果にともに陥ってしまう。しかし，実際のところ（例外はいるにしても），戦場や職場においてそうした選択をとらないがゆえに生き残っている集団（二人組）が存在しうる。では，協調できる集団とそうでないものとの違いは一体何に起因するのであろうか。マッキーは以下のように語っている。

必要なのは、二人の行為を字義どおりに、あるいは比喩的に結びつける何かである。もし両者が、可能な選択は二人一緒に留まるかあるいは逃げるかのどちらかだけだと知っていれば、さっきと同様、合理的に、しかし利己的に計算して二人とも留まるだろう。しかし、どうすれば二人の行動を結びつけることができるだろうか……軍隊の伝統である同僚への敬意と誠実は目に見えない鎖として役立つだろう。臆病の烙印は、それと結びついた不名誉と恥辱とともに、外的刑罰と同じような効果を持つことがある。
(Mackie [1977]: 116-117/169-170)

「二人で逃げるか、二人で留まるか」という選択肢だけを意識するためには、「自分だけは助かりたい」という発想へと流されないような「徳ある態度」が二人同時に成立していなければならない。言い方を変えるなら、そうした「徳」が二人の間で（いわば「社会的」に）成立しているような状況にのみ、囚人のジレンマ的状況を克服するような「合理性」は存在しうるだろう。そしてそのような「合理性」とは、利己的個々人にそれぞれ内在するような個々の推論・判断能力というよりは、その状況にマッチするような、個人間において互いに共有するところの姿勢・態度、といえる。

気をつけるべきは、ここでの「徳ある態度」は「互酬性」とは少し違うという点である。たしかに互酬性のもと利己的個人同士は協力できるが、そこには、(i)一方の利他的行動と他方の返報的行動との間の時間的なタイムラグ、そして、(ii)返礼の期待（信頼）に基づく一方の利他的行為が、他方の「返礼の実行」を引き起こすといった因果的関係、という二つの要素がある。しかし、トムとダンの例（そして囚人のジレンマの例）においては、そのようなタイムラグもなければ、一方の行為が他方の行為を引き起こすものでもない。単に双方が同時に同様の態度をとっているだけであり、まさにそれこそが重要な鍵なのである。つまり、ここで必要な「徳ある態度」とは利己的な互酬性ではなく、それとはまったく異質であるような（「どうすべきか」ということ以外を考慮に入れないような）不合理な態度なのである。それはどのようなものかというと、利己的個人同士が非利己的な義務感（およびそうした態度）を共有することであり、これ自体、利己主義的観点からは一貫性を欠いたものといえる。しかし、協調できる人間とは、そうした利己主義的一貫性が欠落しているがゆえに、利己的であっても非利己的な徳を共有することができ、その結果、他者とともに苦難を乗り越えられる可能性をそなえている、といえる。[51]

私が思うに、ヒュームの「コンヴェンション」をゲーム理論にそのまま適用しようとする議論の中には、こうした点を見過ごしがちであるかのようなものも少なくはない。ヒュームはたしかに経験則のもとで共有されるようなコンヴェンションを指摘し、それは利己的人間同士の間においても共有される互酬的なものであることを示した。しかし、それは本来の状況を克服した後の解説ではあっても、どのように克服したかについての解説というわけではない。簡単にいえば、「囚人のジレンマ」「トムとダン」「穀物の刈り入れ」「共有放牧地の排水」などにおいて、「その状況を克服できていればコンヴェンションをもっている」とはいえても、「コンヴェンションをもっていたからそうした状況が克服できた」というわけではない。ヒュームを過大評価する論者は、「ヒュームは利己的人間であっても繰り返しゲームを行うことで協力できる道筋をすでに示していたのだ（だから偉大な哲学者なのだ）」と主張しがちであ

50　ただし、これは罰よりも個々人のモラルに頼る方が託児所にとって事態がスムーズに運ぶことがある、というだけであって、もはや個々人のモラルでは解決できない「市場の失敗」「モラルハザード」などのケースにおいては、社会全体としてその市場へ「罰」を導入することを否定するものではない。

るが、実際にヒュームがコンヴェンションを用いながら経験主義的に描写したのは「利己的人間同士が克服できてしまっている状況」であって、「いかにその状況を克服できたか」を示すものではない。ゆえに、残された後者の仕事については（ヒュームの言を引くにせよそれ以外の思想家の考え方を援用するにせよ）それぞれの論者が自分自身で取り組むべき問題であって、「ヒュームがコンヴェンションをもちいて説明してくれたのだ……」と安心することは、そこに隠されたものを見過ごすことにも繫がりかねない。

さて、こうした問題意識のもと、私がここで注目するのは、こうした状況において当事者たちに同時に共通する「徳ある態度」は、何らかの「責務 obligation」とかかわっており、各人はそれ以外のことは考慮に入れることなくその責務を遵守しようとすることにある。つまり、協調問題においては各当事者がそうした責務に集中するような――そしてそれ以外のこと（自分の利益など）に集中しないような――強制されることのない盲目的な遵守姿勢が重要ということである。トムとダンのような事例においては、マッキーもそこに「責務」に集中することの重要性を見いだし、次のように述べている。

その責務は、結んだ取り決めは何であれ守るという一般的要求（requirement）の形をとることもあり、また同時に、同僚や組織に対する軍人の敬意および忠誠のようなさまざまな特別の義務の形をとることもある。（Mackie［1977］: 119/173–174）

「結んだ取り決めは何であれ守る」という要求を吞む、ということを利己主義的（そして合理主義的）観点から判断するならば、それは「思考の放棄」というように映るであろう。しかし、この事態は「ロボットになり下がる」と解釈できると同時に、「責務（任務）に集中する」と解釈することもできる。もちろん、無茶な要求に従う道理はなく、それが道理に合うか合わないかを判断したり、当事者たちがロボットになり下がっているかどうかを検証するような批判的観点は必要であり、その観点において、その集団が合理的に振る舞っているかどうかを判定することはできる。しかし、そうした批判的観点は、責務（任務）に集中することが合理的態度であることをも認めうるものであり、「結んだ取り決めは何であれ守る」ということが理に適っていることを拒絶するものではない。すると、大事なことは、責務に集中することが理に適うようなケースにおいて、いかに当事者たちがそのように振る舞えるのか、ということにある。

51　もしかすると、判断において一貫性を備える人の方が「まともではない人」となってしまうケースもあるかもしれない。たとえば、F・フットの有名な「トロッコ問題」において、線路方向をスイッチによって切り替えることで一人を犠牲にして五人を助けるような「スイッチケース」において功利主義的判断を下す人であっても、J・J・トムソンの「歩道橋ケース」においては目の前の一人の人物を歩道橋から突き落として五人を助けることには嫌悪感を示すかもしれない。しかし、それは不合理で非一貫的な態度であっても、もしかすると「まとも」である可能性もある。逆に、サイコパス的人物は功利主義的解決法を選好し、歩道橋ケースにおいても一人の人物を突き落として五人を助けることを支持する傾向にある、という研究結果もある（Bartels & Pizarro [2011]）。他にも、われわれの帰結主義（功利主義）的判断と義務論的判断の違いは、人間の認知メカニズムと感情メカニズムの差異によるものであり、二つを整合的な形で統合するような「規範に関する合理主義的説明」に対し否定的な心理学者もいる（Greene [2008]）。ただし注意してほしいのは、これらの心理学的実験では、道徳的ジレンマ状況における義務論的判断は「目の前の人に対する感情的反応」とみなされがちであるが、本書のここでの「徳ある態度」とは「義務感それ自体のもとで行為へと動機づけられる態度」であり、そこでは目の前に誰もおらず、功利主義的思惑もないままに責務を遵守できることも含まれるので、これが認知的状況か主観的心理状態であるかについては議論が分かれるところであろう。

私が思うに、そうした責務に集中するような態度は、知性によって理解されればすぐさま身につき実践されるかといえばおそらくそれは難しく、実際には経験によって当事者たちが自然とそうした姿勢をとることを体得し、それを「当然である」と感じるようになっている、ということが必要である。だからこそ、「集団訓練」「集団生活」を通じ、レスキュー隊などは迅速かつ正確に命令に従うよう日常的に訓練されるのであろう。二人（もしくは複数人）が分業体制で協力しなければそれなりの利益が得にくいことを経験を通じて体得するのである。

こうした「徳ある態度」とその責務の重要性を理解する能力を「合理性」と呼ぶかどうかは人それぞれであろう。しかし、あえてこれを「協調の合理性」と呼ぶとするならば、それは、個々の主体内在的な（道具主義的な）目的論的合理性ではなく、集団内部における実践理性的な規範的合理性といえるだろう。「たとえ損をしても、嘘をついてはいけないし、約束は守るべきだし、人を傷つけてはいけない」と命じる実践理性は、利己的個々人それぞれの目的論的合理性とは異なる形で、その集団内における義務感とマッチする形で成立した規範的合理性といえる。しかし、そうした規範的合理性は個々人に内面化されてゆかねばならず、そこにおいて、試行錯誤的経験と、それに基づきながら形成されてゆくコンヴェンションが必要であるように思われる。なぜなら、そうしたコンヴェンションを共有しているからこそ、各個人は特定の役割を担うことについての責務の概念、そして義務感というものをそういうものとして理解できるからである。そうしたコンヴェンションのもと義務感に駆り立てられる個々人同士は「合理的な不合理性」のもと協調関係を維持できるであろうし、それができず、たえずその都度自身の目的論的判断のみをあてにしようとする人々は「不合理な合理性」のもとで失敗を重ねてゆくであろう。

私が思うに、ヒュームの経験主義には、そうした個々人の「不合理な合理性」が集団的な「合理的な不合理性」に転じるプロセスが示唆されているように思われる。「一貫性を欠落した利己主義」「強制されることのない盲目的な集中」といった人間本性はそれ自体では合理的でもなんでもないが、しかしそれらが共生的経験から派生した「徳」「責務」「規範」と結びつくことで、利己的合理主義の観点からも正当化可能な協調関係が実現される、ということである。

このように、「合理性」の限界、そしてそこに隠された「不合理性」の種類やその関係性などを理解することで、われわれが何をどこまで克服できるか、そして何を保持しており、何を捨ててはならないのか、ということが見えてくるのではないだろうか。

第Ⅱ部　合理的な選択

第4章　理性とルール

1　設計主義の限界

これまでは当事者間の協調可能性について、「経験」「コンヴェンション」「責務」「報復感情」「罰」「モラル」などを挙げつつ、その役割等を論じてきたが、本章では、社会・経済といった大きな（あるいは広い）視野のもと、合理性というものについて思想史的に論じてゆきたい。その過程において「理性の限界」というものがみえてくるであろう。

理性を重視する合理主義（rationalism）といえば、多くの人は大陸合理主義の代表格であるデカルト思想を思い浮かべるかもしれない。しかし、「理性」とは、近代になってデカルトが唐突に言いだし始めた概念などではなく、今から二千年以上前のギリシア哲学者たちが、それまでの常識であった宗教的な自然理解・世界理解を離れ、ロゴス（logos：論理）のもと世界をありのままに認識することで事物の本質へと至ろうとしていたとき、すでに重宝されはじめていた。それは初期自然科学の精神のもと、先入観や古い慣習にとらわれることのないロジック重視の科学的・論理的態度に備わる知性的性質ともいうべきものであったが、「論理的・理性的人物は自由である」というリベラルな人間観の萌芽はこのときすでに芽吹きはじめていたのかもしれない。その後に登場するソクラテスおよびその弟子プラトンにおいては、ロゴスに備わっていた理知的側面は、人間社会における善・正義の探究、さらにそこでは「規範的合理性」のニュアンスと結びつくこととなった。つまり、「理性的人間であれば、正しいことができるはず」とか、「規範的に正しいことをできるのが理性的人物である」といった人間モデルの登場である。こうした合理主義的人間観は一般的となり、その後現在まで、とりわけ倫理学の分野においては影響力を持ち続けているといってもよい。

しかし、倫理学とは別の分野においても理性重視のスタンスは次第に影響力を増していった。近代に入り、重要な科学的発見や文化的発展が盛んになると、「人間はいかに真なる知識（真理）に到達できるのか？」という知識論（認識論）的な問いかけが重要視され、近代哲学者たちはそれを盛んに論じていった。とりわけ、デカルトはある種の観念（真理）の起源は人間の理性的本性そのものにあり、人間は理性的存在であるがゆえにそうした真理を理解できるという類の主張を行った。[52] そして、そうしたデカルト的思想を継承した近代合理主義では、「人間は真理を理解し、現実においてはこれまで経験されていないような正しいことを実現できる能力をもつ」と想定するようになった（カントやヘーゲルもそうした近代合理主義の系譜に連なるものといえよう）。こうした「理性の時代」の特徴は、「証明できるものこそ確実な知識、すなわち真理である」といった考え方であるが、これが法学・政治学・経済学といった実践的な社会科学分野へと拡張されてゆくにつれ、理性による「理想の実現」「目標への到達」などが

52 『省察』(1641) においては自己、神などについての「真理」は生得観念に分類されている（しかし、こうした主張はロックやヒュームといった経験論の系譜において手厳しく批判されているわけであるが）。

大いに語られ、また、それが学問の目指すべき道標となっていった。「学問とは社会のためのものであり、社会を変えるべき方策を明確に打ち出すようなもの」というわけである。[53]そこから生じた代表的な社会思想として、①ヘーゲル、マルクス、レーニンなどの延長線上にある「社会革命思想」、②ベンサム、J・S・ミル、エッジワース、パレートといった功利主義や経済学の流れを汲む「社会改良主義」もしくは「社会調整主義」[54]、そして、③コント、スペンサー、パース、ジェームズなどの実証主義・進化論・プラグマティズムをベースとした「社会進化主義」などが挙げられるであろう。[55]これらは目指すべき社会設計においていくつかの違いはあれ、いずれも「よりよき理想の社会を実現する」という目的、そしてその目的のためには「理性」が重要な役割を担うという点では共通しており、いわば「合理主義の一族」ともいえる。

もっとも、一九八九年ベルリンの壁崩壊、一九九一年のソ連崩壊以降、①の社会革命思想が下火となるにつれ、それまでの社会主義・共産主義国においても尊重されるべきは「革命」よりはせいぜい「変革」となり、それに伴い、革命思想の論拠でもあった「搾取」や「疎外」、「労働者の権利」といった諸問題は、②の「社会改良主義」「社会調整主義」へと引き渡されたように思われる。それゆえ、合理主義的な社会思想としていまだに勢力を保ち続けているものとしては、②と③といえるであろう（だからといってマルクス主義が無価値になったと言っているわけではないが）。つまり、社会をよりよいものに改良し、人間社会をより進歩させようと積極的に介入する社会政策の根底には、こうした「社会改良主義」「社会調整主義」「社会進化主義」のルーツともいうべき「合理主義」（理性主義）が横たわっているのである。しかし、こうした「合理主義」は社会をよくない方向へと変えてしまうリスクも抱えている。この点を指摘したのが、オーストリアの哲学者でありノーベル賞を受賞した経済学者でもあるF・A・ハイエクである。

ハイエクは、理性の限界を超えた事柄に対して、理性の名をもって介入しようとする（いわば自らをそのように詐称する）合理主義を「設計主義 constructivism」と呼び、それを徹底的に批判する。設計主義は、理性の御旗のもと社会改良に積極的に着手しようとする傾向にあるが、いくらそうした設計主義が心理学・医学・経済学などの学問的裏づけをもって介入しようとしても、社会システムは多種多様な経済主体やそれぞれの価値観、独自のインセンティブなどによって支えられた複雑な構造物であり、人間理性がコントロールできる代物ではない、と警鐘を鳴らす。

私が示したいのは以下の点である。人々は行為において、知っている具体的手段と欲求している目的との因果的繋がりについての理解のみによって導かれるなどということは決してなく、ほとんど意識せずまったく意図的に発明したわけでもない行為ルールによっても同様に導かれているのだが、そのルー

53 こうした考え方は（政治権力側においても社会全般においても）いまだ根強いものである。「その学問って社会の役に立つの？」とか「役に立たないなら学問とは呼べないよ！」と頑なに主張する人は、こうした伝統的考え方に取り憑かれているようにみえる。私の考えでは、現代のような複雑な社会においては、かつてよりもなおさら、どの学問がどのように役立っているのかを正確に測ることは困難であるため、「範囲と時期を限定しながら明示的にその効能を示せるような学問」と「それ以外の学問」とをきちんと区別する良識が必要であるように思われる。これは本書のテーマである、「合理性」と「不合理性」との区別、および後者の重要性を探ることとも関連しているといえるだろう。

54 この「社会調整主義」というのは筆者の造語である。その意味するところとしては、功利主義的な計算・予測を根拠としつつ、効率的な運営および分配のための社会的調整を積極的に肯定する立場というものである。

55 ここにはワトソンやスキナーなどの行動主義も含まれるであろう。

ルの機能と意義の識別は科学的努力によっても非常に困難で部分的にしか成しとげられない仕事なのである。(Hayek [1978]: 6-7/29)

つまり、社会システムにおいて人々が従うところの行為ルールの意義は、因果法則をもって原因から結果を予測するような科学的観点からは判明しないものもあり、しかし他方、一見すると意味不明な(ように見える)行為ルールが社会を支えているという実情がある、ということである。そして社会全体はそうしたよくわからない諸ルールと、そうした諸ルールに従いつつ各々が(社会全体のためではなく)それぞれの目的のために行う活動によって支えられている。ハイエク自身は時折、そうした社会システムを「行為の結果ではあるが、設計の結果ではないもの」(the result of human action but not of human design)と表現している。[56] これが意味するものは、個々人はその活動において社会を維持・発展させようなどと考えずとも、社会における諸活動において重要な役割を果たす「秩序 order」に沿って――特にその意味を意識しなくとも――行為しているかぎりにおいては、社会は維持・発展できる、という考え方である。

このように、人々が暗黙的に従うところの諸秩序について、それがどのような効用をもたらすのかを明確に指し示すことができなくとも、それは複雑な社会システムにおいて重要な機能を担っているとされる。しかし、理性の名のもとでの作為的な推論・予測・変革の意義を過大評価する設計主義は、こうした秩序にいたずらに手を加えたり、あるいは除去・破壊することによって、システムひいては社会全体を危機に晒す怖れがある、とハイエクは警鐘を鳴らす。とりわけ、設計主義は政策的には社会改良主義・社会調整主義の形をとり、明確な目的をもって社会に積極的に介入しようとするので、そこでは意味不明な秩序・ルールは無駄なものとして除去され、効率を計算された明示的ルールが導入されがちとなる。ハイエクからすると、人間理性は有限であるがゆえに社会においてどのルールがどんな役割をしているのかを指し示すことはできないが、そうした意味不明であるが意義のある諸ルールを除去し、そこに合理的な秩序とやらを持ち込んで置き換えることはとんでもないリスクを孕んでいる。これはたとえ、その社会において理性的な知的エリート指導者（たち）が行おうとも同じなのである（ソ連の計画経済や中国の大躍進政策などの失敗などはその端的な事例といえよう）[57]。とりわけ、経済においては、経済主体・行為者・動機・価値観・人間関係などの諸要素が複雑に絡んでおり、それはいわば、さまざまな部位とその独特の機能によって構成された一つの有機体のようなものといえる。その部位自体が無意味のようにみえても、部位と部位との関連において機能的意味があったり、それが全体のシステムにおいて特別な役割を担っていることは十分ありうる。

つまり、「こうすればこうなる」という明示的な因果予測と、それに基づく操作的介入は、限定的条件のもとでの局所的な還元主義的手法としては有効ではあっても、それをもってシステム全体に関して予測・介入しようとすることは理性の限界を超えるような暴挙ということである（もし暴挙でないとする

56　この表現はファーガソンが国家の起源を自然発生的に説明する箇所に由来する――「大衆の進歩と活動は、啓蒙の時代と称されるときにおいてですら、一様に未来へ無知であることによってもたらされる。そして、［そうであるがゆえに］国家というものは、実際には人間の行為の結果ではあっても、なんら人間の設計の遂行によるものではない秩序の確立において躓いてしまうのである」（Ferguson [1767]: 205）。

57　そうした状況においては、科学もまた政治的道具として利用されてゆくなかで、疑似科学化してゆくケースもある。有名なものはルイセンコ（1898-1976, ソ連の生物学者・農学者）の失敗などであろう。

ならば、それはシステム全体について理解していなければならないが、有限な人間の知性では現実的にそれは不可能ともいえる）。たとえば、人間の身体構造には機能的でない箇所もあるし、なぜそこにそのような血管が位置しているのかその理由がよくわからないものもあるだろう。しかし、仮に外科医がそれら「わけがわからないもの」をすべていじくったり取り外したりすることで、人体そのものを効率的・合理的なものへと改良することは容易に可能なのであろうか。ある外科医はたしかに素人よりも人間の身体については詳しいが、全体として秩序づけられたシステムにおいて各部位が果たしている役割を十全に理解しているわけではない。もちろん、医者としての知識はもっているので、どの箇所が正常な機能を失っているか（手術が必要かどうか）などの局所的な原理・現象は理解できるであろう。しかし、全体のシステムにおいて個々の部位が果たす役割・周囲への影響については、その部位に関する知識だけでは理解できないからこそ、特に問題ないような部位を「役に立たないから」といって切除したりすることはあまりしない（もちろん、「明白なリスクがあるから」といって切除することはあるかもしれないが）。そして、これは社会においても同様である。全体においてすでに成立しているような「秩序」というものを軽視し、ある箇所（慣習的ルール）を切り取り、そこに新しい別の組織（恣意的ルール）を繋ぎ合わせるような、いわば自信過剰な外科医のような設計主義というものは、社会改良どころか社会改悪へとつながる、というのがハイエクの設計主義批判、ひいては社会主義批判や功利主義批判のポイントである。別の言い方をすれば、道具主義的合理性への妄信に対する警鐘ともいえるであろう。

もしかすると、こうした比喩だけではわかりにくいという人もいるかもしれないので、経済学的観点から別の説明をしてみよう。経済活動において、各人は作業・労働を分担するなか、それぞれが専門的な職業に特化しているが、そのように特化された経済活動はそれ単体で成り立つものではない。たとえば、職業Aに従事するxであれば、協調的分業関係にあり取引関係にもあるような職業B、職業Cに従事するy、zのような人々がいるからこそ（そしてそれらの人々が職業Aに従事していない「自分とは異なる人々」であるからこそ）、xは職業Aに従事しながら、そのことだけに集中して利益をあげ、その利益をy、zが産出するものと交換しながら生活してゆくことができる。xが職業Aに従事しているのは社会のためでなく自分のためであるとしても、そのことは結果的にはy、zをそのうちに含むような社会的協調関係に寄与しているのであるし、xはy、zとの取引においてすでに――それこそ「設計の結果ではないが相互交流の結果」として――確立したローカルルールに従って行為しているのであって、そこにはコンヴェンションが成立している。つまり、そうしたルールは、普段は特に意識されずとも経済的なインセンティブとしてx、y、zの間で機能し、そうした既存のルールに従うことが当事者たちにおいてよくわからないが正しいと意識されている。もしここにおいて、政治権力的な「合理的判断」によって新たなルール（何らかの課税、もしくは取引量の上限設定など）が業種A・B・Cのいずれか（あるいはそのすべて）に強制的に適用されるとして、もしかするとそうした新ルール導入によってx、y、zはそれぞれの仕事A、B、Cを継続するインセンティブを失ったり、あるいはx、y、zの経済活動は著しく低下するかもしれない。経済においてそうした環境が閉鎖的であることはほとんどないため、x、y、zの経済活動の低下は取引関係にある他の経済主体たち（r、s、t）にまで影響を与え、社会全体の効用が劇的に低下することもある。ハイエクの卓見は、まさに経済主体が「人間」であること、そしてそうした人間が経済活動をするにあたっては、すでにそれぞれが従っているところの既存の行為規則がかけがえのない形でシステム全体にかかわっているという事実を指摘したことにある。まさにこれは「人間理性の限界」を指摘した哲学思想といえるであろう。

2　社会進化論的リバタリアニズムとハイエク主義との違い

理性の限界を指摘したハイエクの立場においては、マルクス的な社会主義はもちろんのこと、功利主義的な「社会改良主義」「社会調整主義」もまた主要なターゲットとして批判されているのであるが、しかし、理性主義と結びついたもう一つの社会思想については言及してこなかったので、ここで言及しておきたい。それは「社会進化主義」というものであるが、本節ではその主張と意義について、ハイエクと比較しつつ考えてみよう。

社会進化主義は、社会が望ましい形で変化することに肯定的な立場である。マルクス主義的な急進左派は、社会が最終的に行き着く理想形を想定しながら社会革命の必要性を説いていたし、前節で少し触れた設計主義も「よりよい社会」というヴィジョンをもっていたことから、これらの社会主義思想は少なからず社会進歩主義をそのうちに含んでいるともいえる。もっとも、二〇世紀後半にかけマーケットが巨大化・グローバル化するにつれ、そこにおいてマルクス主義や設計主義の出番は減少し、結果として、自由主義的な市場経済の繁栄のもと「介入不要」「操作不要」が是とされてきたが（国際貿易や雇用政策などについては一概にそうとはいえないのかもしれないが）、しかし社会進化主義自体はいまだ形を変えつつも生き残り、ときに極端なリバタリアニズム（自由至上主義）の形態をとることがある。それは「自由な市場においては淘汰作用が働き、よりよいものや優れたものが生き残り、結果として社会はよくなってゆく」といった主張であり、そこではダーウィンの進化論が錦の御旗となっているケースが多く見受けられる。

進化論とはダーウィンがその著書『種の起源』(1859)において示した生物学的思想であり、それを簡単に言うならば、「自然選択的な淘汰のもとで環境に適応する種が生き残る」というものである。環境における選択圧が、その環境に適応した種の個体数を増やす一方で、そうでないものは減ってゆき、結果としてそこでの生存競争においては「適者生存 survival of the fittest」がみてとれる、というわけである。[58] 経済・政治思想におけるアメリカの保守主義者たち、すなわち「市場における自由」を極力尊重しようとする論者たちは、基本的にこうした進化論的な世界観には賛同的であり、政府による市場介入よりも、非介入のまま市場の淘汰作用によってよいもの(よい品物や、頑張った人、優れた才能の持ち主)が生き残り、社会はさらに発展できる、と考えがちである[59](アメリカにおける保守主義とリベラル派との対比については表5を参照)。ハイエクもまた基本的には市場における非介入を支持することで、政府による介入よりもよい結果を生じると主張していることから、ハイエクにおいてそうした社会進化主義的リバタリアニズムを見いだすことも不可能ではない。

しかし、ハイエクは進化論そのものには賛同的ではあっても、社会進化主義者というわけではない。[60] その理由としては以下のとおりである。それは、ダーウィンの進化論は、それまでの言語学・法学・動

58 もっとも、「適者生存」という言葉自体はスペンサーが最初に使ったものである(Spencer [1866]: 530; Vol. I, part. III, ch. XII, §164-165)。
59 そこにおいて多少の格差が生じるとしても、それはその後の富の再分配でほどよく解消すればよい、と考えられている。
60 ハイエク自身、いたるところで、「自分の理論は社会ダーウィニズムと誤解を受けやすいがそうではない」と明言している。ここには、社会ダーウィニズムから派生した優生主義思想が、「社会改良」という名目のもと個人的自由を脅かすような介入をしていたことにも理由があるように思われる。

表5　アメリカにおける思想的方向性の対比

	保守派	リベラル派	注意点
経済	・市場の規制緩和・撤廃 ・ケインズ主義に基づくマクロ経済政策には懐疑的 ・政府の市場介入には否定的	・ケインズ主義に基づくマクロ経済政策には肯定的 ・政府による市場介入には肯定的	アメリカにおいて一般的に「リベラル」と呼ばれるものは，社会主義・共産主義ではなく，社会自由主義（social liberalism）というものである（日本における経済的な「保守派」は，規制緩和に慎重な構えをとったりマクロ政策をとることもあり，アメリカでいうところの急進派リベラルに近いという見方もある）．
政治	・小さな政府 ・規制・管理には消極的 ・社会民主主義的政策（福祉，富の再分配など）には否定的	・大きな政府 ・規制・管理には積極的 ・社会民主主義的政策（福祉，富の再分配など）には肯定的	アメリカでは，個人的自由を尊重しようとする保守派の「リベラリズム（自由主義：liberalism）」ではなく，急進寄りの方が「よりリベラルな考え方」となっているが，それは後者が「これまでのアメリカ，ひいては資本主義といった古い伝統的思考法からの開放・脱却」という意味合いを含んでいるからである（日本における政治的保守派の政策には，アメリカの急進派「リベラル」的なものに分類されるものもあれば，保守派「リベラリズム（自由主義）」に分類されるものもある）．
文化・教育	・伝統保持 ・伝統に反するものに対しては規制容認	・多様な価値観を容認 ・伝統に反するものであっても，それを規制することには反対	これについては日米両方においても，脱伝統的な急進派が「リベラル」と呼ばれている．

＊保守派とリベラル派だけでなく，右派と左派，さらに「権威主義」「リバタリアニズム」を加えた詳細な分類もある（森村［2005]: 2-3）．

物学・人間学などといった一社会に関する理論」をバックグラウンドとした理論のうちの一つ（生物学的理論）にすぎない。そうであるにもかかわらず、社会進化論者はその枝葉にすぎない一理論をそもそもの大本である「社会」それ自体に適用しようとし、社会そのものを生物学的に説明できると信じている点で間違っている、としてハイエクは社会進化主義を拒絶する（つまり、局所的領域において有効にすぎないような還元主義的な一理論を、世界全体に適用してすべてを説明できるかのように考えている点で間違っている、ということである）。

では、なぜ進化論だけでは人間社会を説明し尽くすことができない、とハイエクは考えていたのであろうか。ここに、法やルールにかかわる哲学者としてのハイエク像がみえてくる。というのも、ハイエクが人間社会において見いだすものは、単なる適応個体群がもつ環境適性ではなく、世代を経るなかで特定ルールを継承・変化させつつ制度そのものを適応させてゆくような性質だったからである。このことを少し具体的に説明するならば、こういうことである。生物学的な進化論であれば、淘汰圧を通じ、生き残るべくして生き残るような性質を備えた個体が増殖し、その後の環境にはそうした環境適性をもった個体群がさらに子孫を増やすことで支配的となってゆくという事実があれば十分であるが、社会科学における人間社会の発展というものはそのように単純なものではない。もちろんそのような単純な現象もかかわっていることは否定できないが、なにより重要なことは、社会においては個々の個体の性質・能力よりも、自分たちの環境に適合するような制度・ルールを――たとえ意図的にではなくとも――行為を通じて形成・伝達できた集団（あるいはそれを模倣できた集団）こそが繁栄・拡大してゆけるという点であり、そうした「ルール」「秩序」「法」の概念をぬきに異質な人々が共存する「大きな社会 the Great society」[61]を進化論によって説明することはできない、とハイエクは主張する（Hayek [1960]:

59/86, [1978]: 7/30)。ここに、進化論を援用しつつ自由放任主義を正当化しようとするリバタリアニズムと、ハイエク流の自由主義との違いがみえてくる。[62] 前者は、市場における淘汰的な競争のもと個々の優れたもの（商品・生産者・販売者・購入者など）が生き残る、というアナーキズム的なオプティミズムであるが、後者は、市場が健全に機能しているとすればそこでは各人がその営みにおいて従っているところの諸ルール・法が重要な役割を果たしているので、設計主義的な政府の介入はうまくゆかないが、既存のルール・規制が完全に除去されたところでのレッセフェールやアナーキズムもまたうまくいかないであろう、といった保守的リベラリズムといえよう（この点でまさにハイエクはヒューム的といえる）[63]。

さて、ここで社会進化論的リバタリアニズムの内容について考えてみよう。実際、あらゆるルールや法、制約や規制などがないまま、利己的当事者同士が市場においてバーゲンを合理的に行うとして、それは本当にうまくゆき、そして「よいもの」だけが残っていくのであろうか。私が思うに、こうした考え方は実際のところ、生き残りに優位に働くような「優れた理性」というものの想定とその信仰をひそかに抱えている点で、やはりハイエクのそれとはまったく異なるし、間違っているように思われる。こうした社会進歩主義的なリバタリアンは、「囚人のジレンマ状況は複数回繰り返されることによって協調行為へと改善されるのだから、市場も同じである」と主張することで、長期的にみると、みんなが誠実に行動し、きちんとした商品を提供するようになると予測し、法による規制や罰則の導入に嫌悪感を示すことも多い。以前言及したゴティエも、合理的人間同士であれば、完全に透明にではないが半透明な認識のもと、互いがそれぞれ相手を「効用をあからさまに極大化する者 straightforward maximizer」か、あるいは「拘束された仕方で効用を極大化する者 constrained maximizer」かを見抜くことができ、結果的には両者ともが裏切り戦略よりも協調戦略を採る、[64] と主張する点では、その方向性は社会進化論的リバタリアンとオーバーラップするところが多い。もちろん、ゴティエ自身は社会進化論を積極的に唱えているわけではないが、法的・道徳的にもフリーな原初状態において合理的当事者同士がバーゲンを行えば、合理的な（等しい譲歩に基づく）協調関係が実現され、そうした協調関係は法・罰則が導入された状態と結果として変わらない――そうであるがゆえに、法・罰則の導入は合理的当事者同士のバーゲンにおいて余計なコストという点で不合理である――と示唆する点では、やはり「優れた理性」を想定しているように思われる。[65]

しかし、本書第2章でも言及したように、「半透明性」とは信頼し交流し合った結果、相手のことをなんとなく理解できる形で成立するものであり、事態はむしろゴティエが考えているのとは逆であるように思われる（つまり、相手の協調的傾向性がなんとなく理解できるような半透明状態は、バーゲン以後にコンヴェンションが共有できてからのものでしかない）[66]。また、そもそもこの問題の難点は、仮に「半透明性」という想定を認めたとしても、「情報の非対称性 asymmetrical information」そのものは完全には解消できない、という点にある。つまり、うまくいっているように「みえる」場合であっても、一方の情報強者

61　この語自体はもともとはアダム・スミスにおいて用いられているものである。
62　もっとも、進化論とは独立的なリバタリアニズムもあるわけで、たとえば権利基底的リバタリアニズムであるノージックの理論はそれに該当する。
63　ヒュームとハイエクの類似性については、仲正［2011］の第3章でわかりやすく説明されているので参照されたい。
64　「半透明性」とは、利己的当事者同士が透明でもなく不透明でもない状態であり、そこでは各人の態度はいずれも「拘束された仕方で効用を極大化する者」とならざるをえないような、各人同士の思惑が確信的ではないがある程度わかり合っているような状態、とゴティエは考える。

によって他方の情報弱者が搾取されてしまうこと、そしてその結果、まともな取引がなされないケースはもちろんのこと、長期的にみると市場全体が腐ってゆき、より悪いものだけが残ってしまうことすらある。次節ではそうしたケースを分析することで、利益追求のための個人の目的論的合理性には限界があることが示されるであろう。

3 情報の限界、信頼の限界

では、情報の非対称性があるとはいえ、合理的人間同士によって形成された市場自体が腐ってゆき、まともなもの・よいものが淘汰されてゆくとはどういうことなのであろうか。ここでは、「合理的当事者同士が自由にバーゲンしてゆけば、モラルや法、罰則などがなくとも、結果としてよいものが生き残れるはずである」という進歩主義的リバタリアンの主張に対する反証事例を考えてゆこう。

中古車の売り買いが行われる自由な市場を考えてみよう。そのマーケットにおいて出回っているのは、買い手にとっては「粗悪品」か「優良品」のいずれかである。しかし、市場に出回る車のどれが粗悪品でありどれが優良品であるかは買い手にはわからないので、自分が買おうとしている車が優良品である確率（この場合は「期待」）を見込みつつ、目の前の車にいくら払うべきか、といった計算をしながらバーゲンに参加することになる（というのも、何も考えないで大金を払うよりはそちらの方が理に適っているからである）。

では、粗悪品である中古車について、買い手は30万円以下なら買ってもよいと考える一方、売り手は20万円以上でなら売ってもよいと考えているとしよう。そして、優良品である中古車については、買い手は70万円以下なら買ってもよいと考え、売り手は60万円以上でなら自分がもつ優良な中古車を売ってもよいと考えているとする。そして、買い手にとって買おうとする車が優良品である確率をPとすると、買い手は以下の期待値計算をすることになる。

買い手にとっての車の期待値＝（1－P）×30万円　＋　P×70万円

さて、ゴティエがいうような半透明性のもと、それぞれの買い取り希望価格や購入希望価格については当事者が互いになんとなくわかっているとしよう。しかし、買い手であるPにはわからないことが一つだけある。それは、自分が買おうとしている車――おそらくは利己的思惑のみで動いており、二度と今後会うことはないかもしれない他人が売ろうとしているもの――が粗悪品か優良品か、ということである。買い手が合理的であるとすれば、相手を極悪人と疑ってかかるわけでもなく、かといって盲目的に相手を信じ込むわけでもなく、それなりに期待値計算をしながらバーゲンに臨む必要がある。そこで、期待値におけるPを50パーセント（丁か半かのように）としてその値を算出することとする。すると、買

65　もっとも、ゴティエ自身は道徳を無意味なものと主張するわけではないし、合理的な人間は道徳的制約のもとで自己を律することができるとも考えている――「約束する権利を持った動物は、選択や行為の際に、自己の選好を満足させようとする通常の関心を無効にするような理由を自らに与えることによって自己を拘束できる存在者でなければならない。このような動物は、新しい独特な仕方で世界と相互作用することができる。この新しい独特な仕方を我々は拘束された極大化の観念のなかにとらえようと試みたわけである」(Gauthier [1986]: 355/412)。

66　同様のゴティエ批判としては、松嶋［2009]: 176、中村［2010]: 162-165。

い手にとって買おうとしている車は、50万円までなら払ってもよい商品ということになり、その前提のもとでマーケットに参加することになる。しかし、実際に自分の車を売ろうとする売り手は、自分の車の価値を知った上でそれを売ろうとしているわけであり、ここに情報の非対称性がある（つまり売り手は期待値を計算する必要はない）。では、買い手との間で半透明性のもとにある売り手のうち、市場に参加するのはどのような売り手かといえば、それは粗悪品を20万円以上で売りたがっている売り手のみである。なぜなら、優良な中古車をもつオーナーは60万円以上で売りたいと考えているのだが、一般的な買い手は50万円までしか出さないことは半透明性のもとでだいたいわかっているからである。法や罰やクーリングオフ制度もなく、互いに二度と会うこともない一度きりのバーゲンでは、売り手が自分が売ろうとする中古車の優良っぷりをいくら必死にアピールしたところで、合理的な意志決定を行う買い手の期待値を変更させることはできない（粗悪品を高値で売りたがる売り手もそのように振る舞うし、初めて出会う買い手にとってはいずれの売り手も同じように見えてしまうので）。ゆえに、市場には粗悪品しか出回らなくなるという結果に至る。そして、この手の市場の繰り返しにおいては、失敗した（粗悪品を50万円で買ってしまった）買い手は、その後の期待値計算においてPの値を低く見積もることにより、支払ってもよいと考える金額がさらに低下する一方となり、そうすると、ますます優良な中古車を売ろうとする人はそうした市場に参加しなくなり、結果、中古車市場はますます粗悪品で埋め尽くされることになる。[67] ゆえに、半透明性のもとでの合理的当事者同士のバーゲンだからといって、よりよいもの、より誠実な人々だけが市場を埋め尽くすというよりは、むしろ逆になってゆくこともありうるのである。

ゴティエのリバタリアニズムはともかくとしても、社会進化論的リバタリアニズムは、生き残れるための「優れた理性」というものを想定し、それを市場参加者たちのなかに読み込んでいる点でやはり間違っているように私には思われる。そもそも、進化論における適者生存は、優れたものが生き残るのではなく、環境とマッチしたものが生き残るのであり、そのプロセスのもとでは「こんなものが生き残るなんて……」ということも十分ありうる。つまり、「優れていれば生き残る」というのは進化論本来の趣旨とズレているし、また「生き残っていれば優れている」という保証すらない。仮に、欠陥品を売りつけたり、ズルや不正行為をうまくやる売り手がマーケットでしぶとく生き残り、まともな売り手が淘汰され廃業してゆくとすれば、それは「優れた人・ものたちから成るよりよき社会」といえるのだろうか。生物学的な進化論においては、そこには善も悪もなく、個々の生物（群）が環境に適応してゆく事象のみを観察できればそれでよいが、社会科学が目指す「よりよき社会」には、道徳・正義・公平などの性質も備わっているはずなのではないだろうか。というのも、それは「人間社会」の問題であり、単なる生物学的な淘汰の話ではないからである。だからこそ、ルールや法、罰則などによって「よりまともな人（売り手）」が生き残れるような環境をつくりだし、結果として、そうでない状況よりも——効用的にも、そして道徳的にも——よりよい状況をつくりだすべきであるように思われる。社会進化論的リバタリアニズムは、より効用の高い社会へ至るための鍵となる人為的なルール・法を過小評価する一方、「優れた理性」「合理的個人」による自生的秩序を想定しそれを過大評価しているため、これまで人間社会において実際に実現されてきた「よい社会」とは異なる、まったく別の社会的幻想に固執しているようにもみえる。

　以上のことを踏まえると、やはり（設計的ではない）人為的なルール・法の存在意義を認めるハイエク

67　こうした事例を紹介した論文としては Akerlof [1970]。

と、こうした社会進化論的リバタリアニズムとを安易に同一視すべきではないのかもしれない。[68]もっとも、ハイエクの理論自体にも難点がある。ハイエクは設計主義的な法的介入には否定的である一方、慣習法のような自生的秩序に分類可能なものには肯定的であり、後者の方こそが大きな社会における経済活動を円滑に機能させているというスタンスをとる。しかし、そうした慣習的な人為的秩序が「よい社会」を必然的に実現する（している）という保証はない。もしかすると、それは権威主義的で少数の人を抑圧しているかもしれないし、そうした慣習的秩序が機能しているおかげで、不正な利益をやすやすと享受する人々がいる一方、本来発揮できるような努力とそこからの成果を阻害されている人々がいるかもしれない（企業の談合、公務員の天下りなど）[69]。たとえば、運営資金としての補助金をあてにする企業・団体が公務員の天下り先を確保し、それを公務員側もあてにするような共生関係は一種のレントシーキング[70]であり、それは不正の温床のようにもみえる。そうした悪しき慣習は政府が意図的に設計した法や秩序に基づくものではなく、現政府が新たな規制を設け強引に介入すべき問題かもしれないが、しかし、ハイエク主義においてそうした積極的規制・介入がどう扱われるのかは難しい問題である（とりわけ、それによって社会全体に影響があるかもしれないとき、すぐさまその介入が正当化されるのであろうか。そして正当化されるとすれば、そこに功利主義的思惑はまったくかかわっていないといえるのであろうか）。

もちろん、慣習的なルール・法は有益であることが多く、われわれの社会生活を成り立たせ、経済活動を可能としてくれていることには違いない。そのような慣習的なルール・法は「信頼」に基づいており、その信頼が継続するかぎりは既存の法にさらに厳しい制約が課される必要はないかもしれないが、しかし、信頼そのものは――たとえみんながそれを信頼していたとしても――決して万能な基礎ではない。それが限度を超えて広がると、わけのわからない大きなシステムのなかで突然崩壊してしまう。二〇〇七年の世界金融危機[71]においてその発端はサブプライムローン問題であったが、[72]誰もがそれを組み込んだ経済・金融システムについて疑ったりはしていなかった（そして熱狂的にそれに頼っていた）。サブプライムローンにかかわる債券をパッケージに組み込んだ複合金融商品はリスク分散的なものと評価され——まさに「信頼」のもと——多くの銀行、証券会社、投資家たちがそれを購入し、それを元手とした事業・取引がとんでもない規模で行われるようになったが、あてにしていたもの（担保物件としての家など）の価値が暴落すると、やはりとんでもない規模においてそれぞれが抱えていた債券（および債権）は紙くず同然となり、その紙くずでなんとかするつもりであった債務は不履行となり……といった負の連鎖反応が拡がった。[73]直接的な原因は住宅価格の下落であったにせよ、世界規模の大恐慌となってしまったその背景には、リスクを伴うものに対しての度を越えた信頼があった、と分析する論者もいる。[74]もちろん、最終的な恐慌に至るまでには、リスクを承知の上でそれを利用しながらも、そのツケを自分以外

68　ハイエク自身は進化論に肯定的であるし、理性の限界について警鐘を鳴らしながらも、理性的営み自体は有意義なものとみなしている。そして、規則の最適化と連動しつつそうした理性的営み自体も進化してゆくことを認め、自らの思想を「進化論的合理主義 evolutionary rationalism」と喩えることもある（Hayek [1973]: 29/42）。

69　この点については、森村 [2001]: 183–184 でも指摘されている。

70　レントシーキング（rent seeking）とは、生産そのものと結びつかないが、それを行うことでそれを行っていない他者よりも有利に働くような特殊利益追求のこと。政治家へのロビー活動や、首長や行政幹部に対する優遇・接待などもここに含まれる。

71　サブプライムローンの破綻から始まり、そのリスクを請け負うことによって事業を拡大させてきたリーマン・ブラザーズなどの倒産、リーマン株をはじめとした株価の大暴落による信用収縮、融資不足による倒産、経済活動の縮小化、などその影響は広範囲かつ甚大であった。

の他人にうまく払わせることで結果的に儲けた「狡賢い人」や「無責任な人」もいたかもしれない。しかし、恐慌自体は決して歓迎すべきことではないし、およそ大多数の人々は——それこそ金融のエリートであるところの大手の銀行員や証券会社の人々ですら——他人を欺こうという悪意なしに、そうしたリスクのあるものを信頼しながら利用していた。みんなが信頼しており、さらには、自分の商売敵・競争相手ですらそれを信頼することで事業を拡大していっているのであれば、人の性としてどうしてもそれに頼ってしまうのは自然な成り行きといえる。しかし、信頼にも限界があること、そして、限界を超えているような信頼システムに個々人が頼らずにはいられないとき、自由な慣習にまかせるのではなく、どこかで政府が——事後よりはむしろ事前に——リスク含みの「信頼」の過剰な膨張にブレーキをかけるような提言・介入・ルール作りをすべきであったように思われる（ただし、自由市場を経済の基礎とする以上、単に政府まかせにするだけでなく、それぞれの経済主体が、自分たちが依拠する巨大な信頼システムがそうしたリスクを孕んでいるということを自覚しつつ慎重になり、無責任な経済活動——身の丈にあわない博打的な投資や事業拡大、担保に頼りきった借金やそれに対する過剰な融資活動——を控えるべきでもあるのだが）。

二〇〇七年の世界金融危機のときにはハイエクはすでにこの世を去っており、この手の現象はハイエク理論以降の話であるので、この事例自体をハイエク批判として提出しようとしているわけではない。しかし、現代のハイエク主義者たちがこうした問題に対しどのように対応するのかは、私としては非常に関心がある。やはり、ローカルな場面でのそれぞれの自由なやりとりによって形成・醸成されてゆく自生的秩序に期待を寄せるのか、あるいはハイエク主義が有効な市場領域を限定しつつ、グローバルな信用取引については金融取引税といった類の政府による意図的な規制・介入を認めるのだろうか。

また、こうした問題は、ヒューム主義者に対しても「問い」を突きつけることになる。ヒューム主義においては「コンヴェンションを基礎としてルール・法に従うこと」が社会的協調を支えつつそれを成功させることでもあるのだが、グローバルな金融システムそのものは、そもそもコンヴェンションが成立していないような取引関係であるため、そこにおいて派生する責務や義務感をもたないまま人々が利己的かつ自由に活動している状況といえる（成立しているのは、個々のローカル環境における責務やコンヴェンションのみといえよう）。すると、そこでは金融危機などを経験することによってグローバルなコンヴェンションが次第に形成され、人々は自発的に「グローバル経済にかかわる当事者として、いい加減な金融活動をしないようにすべき」という義務感のもとで適正な振る舞いをするようになるのだろうか（これはかなり楽観主義的なヴィジョンのような気がするが）。それとも、自分たちの合理性の限界を踏まえた上で何らかの「統治」に頼ろうとするのか。このいずれかにおいて、もしかするとヒューム主義者たちの意見も分かれるかもしれない。

しかし、いずれにせよ、ハイエクの思想は単なる保守主義に留まらない意味をもっているし、われわれの人間本性に関する重要なことを示唆してくれている。ハイエクが「理性の限界」を指摘しつつ、既

72　サブプライムローンとは信用度が低い人向けのローンであり、住宅を担保とすることで、返済が滞ってもローンが成立する仕組みのものである。最初は低い金利で、その後次第に高くなるというものであったが、アメリカでは二〇〇六年まで住宅価格は高騰していたので、借り手は「金利が上がる前に家を売って返済すれば損はしないだろう」と考えることで、どんどん借り手の数は増加し、貸し手である融資会社は「ローンを組んでさえもらえれば、返済が滞っても住宅の価値の分だけこちらは儲ける」ということでどんどん貸し付けていった。

73　サブプライムローンの貸し手であった金融機関は、大量の不良債権と値下がりした住宅を抱えることになったので、銀行や他の金融機関などはそこに対する融資をストップするなどして、体力がなかった金融機関から次第に潰れてゆき、その後は潰れた金融機関が発行した債券を抱えていた別の金融機関も危機的状況になるという負の連鎖が続いた。

存のルールや法を重視している背景には、人間の合理性についての多面的な理解がある。それは、近視眼的な——いわゆる視野狭窄的な——個々人がうまくやっていくためには、利己的な道具主義的合理性だけでなく、コンヴェンションにおいて共有されているような「すべきこと」を行うための「徳ある態度」や非利己的な規範性も不可欠であり、その結果として、社会全体は協調関係を維持しつつうまくやっていける、ということでもある。こうした主張は一見すると、われわれが実際に規則遵守的でありながら協調的利益を実現していることをうまく説明しているようであるが、しかし、われわれはどうやってその規範性に従うことができているのであろうか。われわれはタダ乗りしたいときや、目の前の取引相手を裏切りたいとき、あるいはリスク含みの金融商品を世間に垂れ流して儲けを得たいときであっても、「それは、やるべきではない！」と考え、己の利己性を抑制できるのであろうか。もしできるとすれば、そこにはどのような人間モデルがあるのだろうか。ここには、「行為者」、そしてその行為者の意図的行為とその遂行、さらに「動機づけ理由 motivating reason」の問題がかかわってくる。つまり、行為時においてわれわれが規範的な意味で合理的であるとき、そのような行為へとわれわれを動機づける「理由」とはどのように与えられているのか、という哲学上の行為論の問題がそこにあるのである。

74 経済学者ポール・シーブライトもその一人である。彼は、「視野狭窄 tunnel vision」の産物としての経済・金融システムに注目し、それが多くのメリットと同時に大きなリスクを含んでいることに注意を促している（Seabright [2010]、とりわけ、第8章「銀行家の信義？——金融危機の原因とは」では、世界金融危機に関する社会心理学的分析がわかりやすく行われている）。

第5章　「幅」のある規範的合理性

1　行為の「理由」と「原因」の区別

「○○すべき」といった規範的理由がどのようにわれわれを動機づけうるか、という問題に入る前に、われわれの「行為」というものについて考えてみよう。人間が行うことは、ロボットが行う単なる作業とは異なる。さらにいえば、それが動物同様の「行動 behavior」ではなく「行為 action」である以上、そこには「意図 intention」がある。このような意図的行為を取り扱った現代行為論の先駆者であるG・E・M・アンスコムの『インテンション』(1957) について少し触れておきたい。

アンスコムいわく、行為の意図とは「ある記述のもと理由を尋ね、そして行為者がそれを述べることができるもの」である。たとえば、水を汲むためにポンプを動かしている男性がいたとして、「水を汲んである家に飲料水を供給しようとしている」とその男性が述べるのであれば男性はそうした意図をもって行為していることになるし、その男性が実は水に毒が含まれていることを知っているならば、その男性は「毒入りの水を飲ませようとしている」と述べることができ、毒殺の意図をもって行為していることになる。結果的に水の供給先である家の住人が死亡してしまったとして、いずれのケースにおいても男性の意図的行為がそれを引き起こしたこと（すなわち「原因」）に違いはないが、大きな違いとして、毒殺の意図をもって行為していたかどうかの違いがある。つまり、どちらも「意図的な身体動作」によってポンプを動かし水を汲んでいる点では同じであるし、それらは同じ因果関係（身体動作の因果的結果としての毒殺）を含んでいるとしても、両者は述べるところの「理由」の点において異なっている。ここから、行為の「原因」と「理由」とは異なるものである、とアンスコムは主張する（Anscombe [1957]: 37-54/70-104)。

行為者の在り方というものにおいて、こうした「原因」と「理由」との区別は非常に重要な意味をもつ。怒り、憎しみ、欲求などの心的原因は「動作の原因」となることはあるが、しかしそれはそのまま「（動機を含んだ）行為の理由」とならないこともある。たとえば「なぜ私が彼を殺したかといえば、彼が私の兄弟を殺したからだ」という場合、「復讐」という動機はその行為の原因（欲求）であり、かつ理由でもあるような印象をもたれがちであるが、アンスコムにいわせると、理由としての「復讐」は、意図に含まれる動機ではあっても、実質的な原因であるとはかぎらない。なぜなら、意図的行為の説明としては、「自分の兄弟を殺した彼を殺すこと」それ自体が「復讐」の理由として記述されれば十分であって、その行為の際に生じた実質的な——心的因果性をともなうような——欲求を述べる必要はないからである。もちろん、述べてもかまわないが、アンスコム的には欲求などを述べようが述べまいが、行為の理由はそれ自身動機として再記述しうるし、また、「彼を殺したい」と欲していなくても——あるいは「彼には生きていてほしい」と欲していても——、「復讐」を理由として彼を殺すことは十分可能であるし、それは別に不合理というわけではない。[75]

通常、「何が行為へと駆り立てたのか？」という動機に関する問いが立てられるのは、その答えが行為を説明してくれると期待されるからである。そして、われわれはこの動機に「実際に動かしたもの」としての因果的理由を読み込み、怒り・憎しみなどの情動を探そうとする。もちろん探したってかまわないのであるが、アンスコム風にいえば、仮にそれを見つけたところで、行為理由を見つけたことになるとはかぎらない。というのも、怒りに我を忘れて嚙みついた犬のように、怒り狂った人間が我を忘れて人を殴ったケースでは、心的原因としての「怒り」を見つけても、それが「行為の理由」とはかぎらないからである（ゆえに、それは意図的行為という類のものではない）。ただし、こうしたアンスコムの主張は、情動に流された人間の行為について、その意図性をすべて阻却するものではない。たとえば、殺人を行った加害者が裁判にかけられる際、その加害行為の理由に付随するところのトラウマや怒りといった情動的要因をもちだして「因果的に決まっていたのだから、それは理由をそなえた意図的行為ではない」と言おうとしても、それが理由のもとで記述されるならば——たとえば「遊ぶ金ほしさ」や「復讐」のためと記述されるなら——その加害者は意図的行為を行っていたといえるのである。さて、こうしたアンスコムの考え方を規範的合理性の話に適用してみよう。

たとえば、約束をきちんと守った人がいるとして、その人は行為直前にもしかすると「それをしない自分を想像したときの焦燥感」などを感じたかもしれないが、アンスコム的にはその焦燥感が根本的な理由とはいえない。その人にとっては「約束を守るべきと信じている」というのがその行為の理由であって、その理由をもつがゆえにその焦燥感が生じていたかもしれない（実際にそうした焦燥感がその人において生じていたかどうかは問題とはならない）。すると、規範的行為においてもっとも大事なことはその

75 この議論については Anscombe [1957]: 18-25/34-46 を参照。

人の「行為の理由（意図）」であって、それが命題化されたようなその人自身の「信念」が記述されることこそ、行為の理解・説明において必要ということになる。ときに、われわれは「そんな欲求をもっている（それをしたがっている）からそれを実行したんでしょ?」という形で意図的行為を理解しようとするが、そうした理解は因果性に傾きすぎたものであり、むしろ意図的行為において本質的な理由を示す「信念」を見過ごしがちといえる。

しかし、アンスコムと異なり、「行為理由は、やはり心的因果性をそなえている」と主張する哲学者としてD・デイヴィッドソンがいる。彼の有名な論文「行為・理由・原因」（1963）でのその主張を見てみよう。デイヴィッドソンは、「理由による行為の説明」を合理化（rationalization）と呼ぶ。それが「行為」である場合、行為主体の理由に着目するという点ではアンスコムと同じであるが、デイヴィッドソンは合理化において「主たる理由 the primary reason」というものをとりあげ、それは「賛同的態度 pro attitude」と「行為に関連する信念」とによって構成されたものと定義づける。

> dという記述を与えられた行為Aを行為者がなす際の主たる理由がRであるのは、以下の場合にかぎられる。Rは、ある性質を備えた行為に対する行為者の賛同的態度と、dという記述を与えられたAがその性質を備えているという行為者の信念から成り立っている。（Davidson [1963]: 5/5）

賛同的態度についてわかりやすくいうならば次のようになるだろう。その人がしたくもないのに身体が動いて（動かされて）ある動作Aをなしてもそれは行為とはいえないので、少なくとも行為Aの理由Rにおいてはその人は「それをしないよりは、むしろしようと思っていた」という賛同的態度が記述可能でなければならない。ただしそのとき、行為者はその動作が何を意味するかを知らなければ、行為としてAをしたとはいえない。たとえば、「明かりをつける（d）」と記述可能な、「壁のスイッチを入れる」という行為（A）について、行為者が理由（R）をもっているためには、そうした明るくする類の行為に対し賛同的態度をもっていて、さらに、「スイッチを押す行為（A）は明かりをつけるという性質を備えているもの」という信念をもっていなければならない（つまり、そのスイッチを押すことが何を意味するかを知らなければ、その行為はその人にとって「明かりをつける行為」としての理由をもっていない、といえる）。

さて、アンスコムの立場としては、「復讐」というのは記述された「理由」に見いだされるものであって、復讐感情が因果的に作用したかどうかは関係ないというものであったが、デイヴィッドソンはこの点に真っ向から反対する。たしかに、「復讐相手を殺害した」という行為理由の記述において、いきいきとした復讐感情が真なる心的原因である保証はないし、またその必要もないが、しかし、その行為理由が合理的なものであるというためには、理由として記述される「復讐」に対する賛同的態度（およびそれを実行するための信念の保持）が必要であることは疑いようがない。なぜなら、行為者本人が「復讐のため、Aに危害を加えました」と自供しているのに、その本人がAへの復讐への賛同的態度をもっていないなどは考えられないからである。どのような感情・欲求があったかについて同定が不可能なケースはあるかもしれないが、少なくとも行為以前の時点においてこうした「主たる理由」が存在しなければ意図的行為というのは成立しえない。そして、意図的行為における「主たる理由」を述べるとき、その記述には「因果性」が含まれているとデイヴィッドソンは主張する。たとえば、「私は復讐したがっており、Aに危害を加えれば復讐できると考えた。そして私はAに危害を加えた」という記述があるとする。論理的には"and"は単なる接続詞にすぎないが、われわれがその「意図」を理解しようとするならば、文法的には「そしてand」は「ゆえにbecause」に変換される。そして、われわれはそこに「行為主体における心的因果性」を想定せざるをえない、というのがデイヴィッドソンの主張である。アンスコム的には「復讐」という行為理由を記述したからといって、「怒り」が因果的に作用したという保証はない。しかし、デイヴィッドソン的にいえば復讐だけがポツンと浮かび上がるようなものを「理由ある行為」とはみなせない。復讐が「まっとうな理由」として記述されるような、すなわち、合理的な意図的行為であるためには、「主たる理由」の時間的先行性および心的因果性をわれわれは想定せざるをえないのである。時間的に先行する「復讐への賛同的態度」、そして「復讐および復讐の実現に関する信念」がまったくその人の心的状態において因果的役割を果たすことなく、「Aに復讐したのだ!」という結果が生じたということを理解できるような解釈的観点をわれわれはもっていない、ということである。こうしたアンスコムvs.デイヴィッドソンの対比を、規範的合理性の話に適用するならば以下のようになるだろう。もし協調的関係のもと、約束遵守などの規範に従う人がいるとして、アンスコム的には「その人がそれを欲していなくとも、「そうするべき」という規範的信念をもっていれば、それを理由とした意図的行為が可能である」となる。他方、デイヴィッドソン的には「しかし、約束遵守に対する賛同的態度を想定することなしに、その人が「約束を守るべき」という規範を単に知っていたところで約束を遵守するなどということは理解できない」ということになる。

さて、われわれは約束遵守やタダ乗り禁止などのルールに沿うような規範的行為を行うとき、アンスコム的な――規範的信念をその理由とするような――意図的行為をしているのであろうか。それとも、デイヴィッドソン的な――規範的信念というよりは、むしろそれに対する賛同的態度を主要な理由とするような――意図的行為をしているのであろうか。この行為解釈の方向性の違いは、道徳心理学における反ヒューム主義vs.ヒューム主義の対立へと継承されてゆく。[76]

2 ヒューム主義vs.反ヒューム主義

「われわれは、合理的存在者としてどのように道徳的行為や約束遵守といった規範的行為ができるのか?」という問いは、その「判断理由」だけでなく、「動機づけ理由」というものもかかわってくる。これは現代の道徳心理学で盛んに論じられているテーマともいえる。そこで、そうした「判断」と「動機づけ」を念頭に置きつつ、アンスコムとデイヴィッドソンそれぞれのスタンスを極端に単純化・再定式化して対比しよう。そうすると、次のような対比が可能となる。

(X) 規範的行為へと動機づけられるためには、「それをすべきである」と示すような規範的信念をもっていることを必要条件とする。

(Y) 規範的行為へと動機づけられるためには、そうした規範的信念とは別に、当該行為への賛同的な「欲求 desire」をもっていることを必要条件とする。

76 注意してほしいのは、現代のヒューム主義者たちがデイヴィッドソン的な枠組みを「動機づけ理由」に導入しているといっても、だからといってデイヴィッドソンをヒューム主義者とみなしたり、アンスコムを反ヒューム主義者とみなすことはまた別の話ということである(本書第7章第2節においては、アンスコムもデイヴィッドソンもある意味「ヒューム的」として取り扱われている)。

さて、行為論における(Y)の考え方は一般的に「ヒューム主義 Humeanism」と呼ばれる立場である。本書における筆者の立場としては――その不備な点を認め、いくぶんかの補足はしているが――基本的には(Y)のヒューム主義を採っている。もっとも、ヒューム主義そのものは、認識論、道徳心理学、正義論と多岐にわたるため、本書においてそれらをすべて説明することはしないが、本章での目的に沿う形で最低限説明すべきは、その行為者モデルにおいて「規範」「合理性（理性）」「動機」がどのようにかかわっているか、という構造であろう。まずはヒューム自身の『人間本性論』（1739-1740）からの重要な関連ポイントをピックアップしてみよう。

(i)「である」と「べき」の区別――事実と規範との区別および、規範的判断の情念由来説

(ii)「理性は情念の奴隷」――行為理由における情念優越主義

まず、(i)についてであるが、ヒュームによれば、理性とはそもそも推論的知性であり、「○○は××である」(is) というような事実的判断しか示さないにもかかわらず、それがいつの間にか、「○○は××である。ゆえに、○○は××であるべきだ」(ought to be) といった規範的判断に置き換えられてしまうことは不当とされる[77]（T 3.1.1.26-27/468-469)。「道徳的善悪が理解されるのはそれが快苦の印象を伴うものであり、端的な事実を示す理性（の推論）のみでは、道徳的善悪の区別を行うことはできない」とヒュームは考えるので、[78]そこから「人が道徳的規範を理解しているとするならば、（たとえ現時点において意識されていなくとも）そこには少なくとも何らかの情念があるはずであり、規範的信念は情念に由来し

ている」ということになる。これをうけ、ヒュームがいうところの「〇〇すべき」という規範的信念には情念的要素（欲求など）が含まれている、と解釈することができる。

次に、(ii)は「奴隷メタファー」としてヒュームを有名たらしめたものであるが、これは「理性は情念の奴隷であり、ただ奴隷であるべきである。そして、それらに仕え従う以外のいかなる役目も称することはできない」（T 2.3.3.4/415）という箇所に基づくものである。この主張は、「人が何らかの目的を意図し、それに動機づけられているとき、そこにはそれを求める情念（欲求）と、その実現のための手段としての理性（推論・判断によって道具的信念を導出する知性）がある」ということを含意しているとみなされる。現代行為論において、こうした(i)、(ii)をベースとする情念優先型のヒューム的な行為者モデル（前述の(Y)）は、前述のデイヴィッドソンの「主たる理由（賛同的態度と信念）」、そして道具主義的な「手段－目的モデル」と結びつけられ、一般的には、意図的行為についての信念／欲求モデルという形式をとる。このモデルは、「合理性のもと、意図的行為へと行為者が動機づけられている」というためには、その目的（end）とするものへの欲求、および、その欲求を実現するための道具的手段を提供する知識

77　事実と規範との混同への警告については、ムーアが指摘した「自然主義的誤謬 naturalistic fallacy」という語の方が一般的にはよく知られたものであろう（ヒュームの「である」と「べき」の区別は「ヒュームのギロチン Hume's guillotine」と呼ばれる）。ただし、ヒュームにおける「事実」と「規範」との区別の趣旨そのものは、ムーアのそれとは異なるものであることには注意が必要である。というのも、ムーアの趣旨は、「快」を望むという事実をもって自然主義的に「善」を定義するような快楽的功利主義を批判することであったが、ヒュームの意図は規範的信念が情念をベースとしていることを示唆することにあるからである（ムーア自身は、「善」が主観的情念（欲求・快楽）に基づくことを否定する立場であることからも、両者の違いは明らかであろう。Moore [1905]: ch.1, sec.10）。

78　「道徳的善悪がそれによって理解されるような顕著な印象というのは、特殊な快や苦痛に他ならない」（T 3.1.2.3/471）

〈信念〉のセットが必要である、という主張を含意する。本書において、このモデルを「ヒューム主義的動機づけ理由モデル」と呼ぼう。[79] ヒュームのテクストを中心的に取り扱う研究者たちは、そうした「信念／欲求」が示す行為理由というものが、ヒュームがいうところの「直接情念（欲求や嫌悪感）」とかかわるものか、もしくは「間接情念（愛や誇り）」にもかかわりうるのかという議論、あるいは、そうした従来の信念／欲求セット以外の行為説明の枠組みをヒュームのテクストからいかに引き出せるのかを模索している。[80]

さて、現代哲学の——とりわけ、行為論や道徳心理学といった——分野において、こうしたヒューム主義的「信念／欲求」モデルは大きな論争の渦中にある。というのも、たとえば「意志の強い人（規範的に振る舞える人）」が欲求を感じることなくそれができている場合、それはヒューム主義に対する反証事例ということになるように思われるからである。さらにいえば、規範的行為をできないような「意志の弱い人」について、その人がそれを欲しているのにできないとすれば、ヒューム主義的「信念／欲求」モデルとして何がいえるのか、という問題もある。[81] これらの難問・反証事例を挙げつつ、反ヒューム主義者は「信念」の重要性を訴えながら、ヒューム主義的モデルを退けようと試みる。反ヒューム主義者たちが強調するのは、ヒュームの用語法における「理性」とはかなり限定的な意味であること、そして、「そもそも理性が示すところの諸事実のなかには、単なる道具的事実のほかに規範的事実もあり、規範的事実に関する信念は道具的信念がもちえない動機づけ理由を含んでいる」ということである。それゆえ、われわれは現時点ではその欲求をもっていなくとも、「そうするべき」という規範的信念をもっていることでその行為へと動機づけられている、と反ヒューム主義者は主張する。以下のケースを考えてみよう。

今はパフェが食べたいわけでもなければ、食べたくないわけでもない。しかし、明日はパフェ好きの友達と一緒にレストランに行く予定なので、そのときにはパフェを食べたくなることはわかっている。しかし、そうするとカロリーオーバーでちょっと太ってしまうかもしれないので、今夜のうちにジョギングをしよう。でも、「ジョギングをしたい」ってわけでもないんだけどな……しなきゃいけないことはわかっているし、だからこそ、しようとも思っているんだけど。よし、とりあえずジョギングやるか！

このケースの場合、ジョギングをするように行為者は動機づけられているが、しかしジョギングそのものへの欲求をそもそももっていないので、ジョギングへの動機づけ理由は「明日友達と食事をしてパ

79　ここでの説明は一般的な（そして少し難解な）ものを簡略化したものである。より一般的かつ代表的な動機づけ理由に関するヒューム主義モデルの説明としては、Smith [1994]: 92-93/123 を参照されたい。

80　直接情念とのかかわりで捉えようとする立場としては Radcliffe [1996]、それとは別に、快苦を伴う間接情念との関連で理解しようとする立場としては Cohon [2008] などがある。他にも、通常の信念／欲求モデルにおいては排除されがちな「事実にかかわる認知的信念」が欲求を引き起こし、それらいずれもが行為理由というものを構成しているとみなす Karlsson [2006] などがある。

81　もっとも、私は「ヒューム主義的モデルは正しいのか？」といった二分法的な問いそのものが現実的な人間描写を不可能にしている、と考えている。私が思うに、〈Aをすべき〉とわかっていながらそのように行為できる人物とそうでない人物は、ともに「合理的行為者」でありうるし、ときにはそれは同一人格においてもそうである。ただし、その可能性を保証するためには、行為者人格がコミットするところの計画、およびそこに内在する「幅」のある規範的合理性という概念をもってくる必要があるが（この説明については次節を参照）。

フェを食べるとカロリーオーバーになるのでジョギングをすべきである」という信念に内在していることになる。こうした解釈的立場を「動機内在主義 motivational internalism」と呼ぶ。[82]この立場から協調的行為を説明する際、「協調は大事なことであるので、タダ乗りをすべきではない」と合理的人物が本気で信じている以上、きちんと協調したいという欲求をもっていないとしても（タダ乗りしたいという欲求をもっていても）、その人は「きちんと協調する」という動機づけ理由をもっている、といえる。当然、この場合、情念という主人が不在であっても、何も問題はないので、それはヒューム主義に対する反証事例といえよう。[83]

こうした反ヒューム主義から寄せられる批判に対し、「信念／欲求」という動機づけ理由の枠組みのもと、情念優位性を確保しようとするヒューム主義はどのように応戦するであろうか。上記のジョギングの例でいうならば、動機づけ理由に関するヒューム主義者は、「明日友達と食事をするとカロリーオーバーになるのでジョギングをすべきである」という規範的信念は、「体型を維持したい（あるいは「太った姿をさらしたくない」など）」といった隠された目的（欲求）を含んでいると主張する。すると、「したくはないが、しなければならない」という状況は、「行為A（ジョギング）をしたいわけではないが、ある状況における結果X（体型が崩れる）が予想できる以上、結果Xに陥るよりは、結果Y（体型維持）を選好しており、それゆえ、何もしないよりも、行為A（体型維持のためのジョギング）を選好している」と記述することで、信念／欲求モデルは保持されるかもしれない。このように、主体にとって支配的な「スリムな体型を維持したい」という本来の欲求、そしてある状況・条件において「目的実現のために行為Aをしたい」という選好をもつと（ヒューム主義的に）想定すること自体は不適切ではないであろう。逆に、「体型を維持したい」という目的や、それを実現するために「パフェを食べるのであれば、なにもしないよりは、ジョギングをしよう」といった意欲や選好がその人にまったく存在しないと仮定しよう。そのような仮定のもと、その人が「私はいかなる目的や選好ももっていないのですが、しかしジョギングしなければならないのです！」と語っているとすれば、われわれは奇妙に思うのではないだろうか。規範的行為を遂行するにあたっては、欲求に基づくところの特定の目的、そしてその実現のための選好体系というものを想定しなければ、その人の意図的行為そのものが理解しがたくなるであろう（こうした点からも、ヒューム主義の多くがデイヴィッドソン路線を継承しているようにも見える）。

この方向に近い形で、動機づけ理由に関するヒューム主義を擁護するのが、マイケル・スミスである。彼の『道徳の中心問題』（1994）における立場は、全体としてみれば「合理的存在であれば、規範的信念を有しているかぎりは、その規範的行為へと動機づけられている」というものであるが、[84] 動機づけ理由における信念／欲求モデルを保持しようとするスタンスでいえばヒューム主義的側面をもつ。彼の戦略は、欲求についての現象論的な捉え方を捨て、命題的内容を含んだ傾向性として、いわば目的論的に欲

82 これは、「Aをすべきである」という規範的信念をもっているという事態は、その人がAをするよう動機づけられていることを含意している、という意味である。簡単にいえば、「わかっていればそうするように動機づけられている」ということである。

83 ただし、動機内在主義のすべてが反ヒューム主義というわけではない。「〇〇すべき」という心的状態について、それが規範的信念として記述されると同時に、動機づけに必要な情念を必然的に含意しているのであれば、規範的信念のもとで物事を判断している状態はそれが指し示すところの規範的行為へと内的に動機づけられている、といえる（こうした動機内在主義的なヒューム主義としては、Mackie［1980］や Coleman［1992］、久米［2006］など）。

84 合理主義であり、かつ、規範的信念が内在的にその行為者を動機づける、というその主張には反ヒューム主義的なニュアンスも含まれている（Smith［1994］, ch. 5）。

求を理解することで、顕現していない（けれども主体が傾向性としてもっている）欲求というものをヒューム主義的観点から重視する（Smith [1994], ch.4, sec.5-7)。つまり、実際に欲求を感じていなくとも、それを目的として欲するという点では信念／欲求モデルには意味があるし、さらにいえば、そうした「信念／欲求」理由をもっているかぎりは、その場では感じていなくとも、通常であればそれを欲していることを（つまり、その「欲求」を）行為者本人が意識しながら動機づけられるのであり、動機づけに関するヒューム主義そのものを拒絶するべき理由はない、というのがスミスの戦略である。

> 実際のところ、望ましさに関する常識的真理はすでにほとんど分析を構成している。私たちがしなければならないことは、この常識的真理が常識的真理であるのはどうしてなのかを確認した上で、この常識的真理に関する理解を洗練することだけである……望ましさに関する常識的真理によれば、私たちがするのが望ましいこととは、もしも私たちが完全に合理的であるならば、私たちがそれをすることを私たち自身が欲求するであろうようなことである……すなわち、この常識的真理によれば、評価される側の世界においてある仕方で行為することの望ましさは、評価する側の世界において私たちが評価される側の世界について持つところの欲求に関する事実によって構成されるのである。（Smith [1994]: 151/203-204）

スミスによれば、合理的存在者が有するところの「信念／欲求」に構成された「動機づけ理由」とは、評価される側の事実的世界において「望ましさ」を示すような規範的信念にかかわっており、概念上そのうちに含まれるゆえに、理想的状況のもと（偏見も錯誤もなく、冷静に判断できるような合理性をもっている状況においては）、「すべき」という規範的理由をもってさえいれば、それを「したい」と欲することができる。つまり、理想的状況のもと、規範的理由が動機づけ理由を包摂するがゆえに、その主張は実質的には合理主義的な動機内在主義であるが、信念／欲求モデルをそのまま動機づけ理由として生き残らせているという点ではヒューム主義を採用しているともいえる。こうして、「したいわけではないが、すべきことをする（できる）」というような意志の強い人物について説明可能となるし、同時に、意志の弱い人物についても説明可能となる。意志の強い人については「今、欲求を感じていなくとも、〈すべきこと〉へと動機づけられているのは目的としての欲求をもっているからであり、理想的状況においてはその欲求そのものを感じることができる」と説明できるし、また、短絡的・刹那的な欲求に流されがちな意志の弱い人については「信念が示す〈すべきこと〉以外のことに欲求を感じてしまっているのでうまくそれへと動機づけられていない。しかし、理想的状況においては〈すべきこと〉に欲求を感じ、そして、きちんとそれへと動機づけられる」というように、それぞれをそれなりにうまく説明できるというメリットをもつ[85]。

しかし、こうしたスミスの主張は、特定の理想的状況において規範遵守的行為を行う行為者については説明できるとしても、本書においてこれまで取り扱ってきたような問題に関する説明としてはいささか不足気味であるように思われる。その理由は以下のとおりである。スミス流の説明では「こんな非理

85　もっとも、スミスは「中毒者」と「意志の弱い人」との概念上の区別は認めてはいる。スミスは「できたcould」の意味を可能世界論的にとらえることで、現実世界に近いものと遠いものとは区分可能であり、それゆえ、後者については責任主体としてみなしうる可能性を認めている（Smith [2003]）。

想的状況においてでさえ、ある人々が嫌々ながらも協調的行為をしているのは、理想的状況においてその人たちはその協調的行為を欲求できるからである」ということになるが、しかしそれは、「そんな非理想的状況において、なぜ人々は欲求をもつことなく協調できているのか」に関する事実的説明ということにはならないからである（つまり、その説明は単なる「反実仮想」にすぎない）。

仮に（反ヒューム主義者が想定するように）、行為Aに関する欲求をもっていないにもかかわらず行為Aへと動機づけられ行為したような人物Xがいるとしよう。その人物Xに関する説明として、スミスのように「理想的状況においては行為Aを行うことを欲するがゆえにXは動機づけられているのだ」と説明したとしても、それは理想的状況におけるヒューム主義モデルの適用可能性を語っているだけであって、理想的ではない現実世界においてヒューム主義モデルが有効であることを意味するものではない。人物Xの「現実の行為」についてきちんと説明するならば、「非理想的状況であるような現実世界において行為Aを欲していないにもかかわらずに人物Xがその行為へと動機づけられているのはなぜであるのか？」という問いに向き合う必要がある。理想的な状況のもとではおよそ誰もが規範的信念のもとで動機づけられるにしても、理想的ではないこの現実において、欲求を感じずとも動機づけられる「意志の強い人」と、欲求を感じているのにうまく動機づけられない「意志の弱い人」がなぜ存在しうるのか、これについてスミスの合理主義的内在主義は区別的に説明していないように思われる。つまり、現に規範的行為への欲求がないにもかかわらず、まさにこのような非理想的状況において当事者を動機づけるものがなんであるのかということを説明しなければ、規範的行為へと動機づけられている行為者（人物X）に関する事実的説明としてはやはり不十分なのである。スミス流の説明はヒューム主義的モデルそのものの整合性をおよそうまく保つものであることは認めてもよいが、現実の行為者というものを分析するにあたってはまたこれとは別の理論的枠組みが必要となるであろう。

3 計画、ポリシー、「幅」のある規範的合理性

では、非理想的状況において、欲求をもっていないにもかかわらず「すべき」行為を遂行するような――タダ乗りをしたいけど我慢しているような、あるいは、目の前のケーキを食べたいがダイエットのために歯を食いしばって目を背けるような――規範的合理性とは一体どのようなものであろうか(「理想的状況においてそれを欲する」というスミス的定義とは別として)。

私がここにおいて注目すべきと考えているのは、以下の二点である。それは、(1)「したくなくともできる」という状況には、個々の時点において「したいこと(欲求)」を実現するための道具的合理性よりも、どこか特定の時点における「ゴール(目的)」を実現するための目的論的合理性が機能している、ということ(ゆえに、規範的合理性は目的論的合理性に包摂されている)、そして、(2)そうした目的論的合理性に含まれるところの規範的合理性は、「したくない行為をさせる」という「指示(誘導)」だけでなく、「する必要がないような場合にはしなくともかまわない」という「許可」、および、「これ以上の逸脱は許さない」という「禁止」、さらには「とにかくすべきことをさせる」という「強制」の役割も果たす、ということである。とりわけ重要であるのは、(2)の「許可」が示すところの「他可能性」にある。というのも、そうした「許可」の機能のもと、「したくないことをできる」ような人が、別の状況においては「したくないからできない」と振る舞うことを合理的に可能としているからである。

たとえば、ダイエットをしている人にとってはなるべく糖分と脂質を控え、有酸素運動をした方がよ

い。その目的のもと、合理的な人物は、たとえそれをしたくなくとも、なるべく糖分と脂質を控え、ジョギングを朝30分程度行うかもしれないが、しかし、毎日そうしなければならないわけではない。時には、朝のジョギングをさぼり、夜はテレビを見ながらポテトチップスとケンタッキーフライドチキンをつまみに、コーラをガブ飲みしてもよい。目的へと至るまでの一連の流れのなか、合理的な人物とは、規範が命じる「指示」に禁欲的に従うだけでなく、逸脱しない程度の許される範囲で欲求に流されてもかまわないのである（この文脈においては、意志の弱いヒューム主義的行為者であっても、すぐさま不合理ということにならない）。すなわち、反ヒューム主義的行為者モデルとヒューム主義的行為者モデルは、それぞれが実践理性の捉え方、そして動機づけ理由における支配的役割の位置づけ（規範的信念or欲求）の点で違いはあるものの、一連の行動において両者が調和的に共存することはありうるし、それを可能とするのは、当該行為者をその枠内において「合理的」とするような「幅のある計画」といえよう。

いくら規範的な人間であっても、通常の人間であればそこまで聖人君子ではないのでまったく誘惑・欲求に流されないなんてことはないが、目的へのルートから常に逸脱するほどまでに流されることもそうそうない。つまり、規範的人間というのは「幅のある枠組み」のもと、程度の差はあれその内部においては「合理的人間」として自由に振る舞っているのである（もちろん、目的達成まで一切欲求に流されない人もいるかもしれないが）。逆にいえば、こうした「幅のある目的論的枠組み」にはゆるやかな合理性が備わっている、といえるかもしれない。本書において、これを「「幅」のある規範的合理性」と呼ぶことにする。私がこの合理性において特に重要と考えるのは（前の分類で簡単に述べたが）、この合理性は、「すべきこと」について、その理由や根拠を考慮することなく**とにかく**させるような「強制」の機能を備えており、それはある意味では「不合理な人間本性」ともかかわっている、という点である。

通常、「合理性」と呼ばれるものは、目的実現のために具体的・明示的な指示・誘導の役割を担うものとみなされがちである。それは目的実現のための手段、すなわちその実現に必要な行為を示すものであるが、そうした「理性からの指示」に行為者が実際に従うためには、その指示は具体的かつ決定的なものでなければならない。たとえば、ヒューム主義的な「信念／欲求」理由のもと、ある行為者が実際に――道具主義的合理性に従う形で――目的論的に行為するためには、どの手段を選択すべきかが信念のもとである程度明確なものとなっていなければならない。しかし、それでは「ビュリダンのロバ」[86]のようなケースではどうなるのだろうか。ビュリダンのロバとは、左右に完全に等しい距離で、完全に等しい量の干草を空腹ロバの前に置いておくと、ロバを動機づける要因がまったく等しいそのような二つの選択肢の前では、自由意志をもっていないロバはいずれの干草を先に食べるかを決定できずに餓死する、という事例である。もっとも、そのようなロバは実際にいないであろうし、ましてや、合理的な人間であれば餓死を避けるために何がしかの決断をとにかくするであろうが、しかし、そこで選択的決定をうながす「合理性」とはいったいどのようなものなのであろうか。「目的実現（飢え死にしない）のために目の前の干草を摂取しなければならない（すべき）」と伝えるのはたしかに目的論的合理性（に含まれる規範的合理性）かもしれないが、しかしそれは「どれでもよいので、どちらかの干草を食べなさい」と命じるものではない。つまり、「どれでもよいのでとにかく決定する」という決断は、通常の（道具主義的合理性を軸とした）目的論的合理性からは導出不可能なのであって、そうした合理性だけに頼るよ

86 「ビュリダンのロバ Buridan's Ass」というのは、一四世紀のフランスのスコラ哲学者ジャン・ビュリダンの名前に由来する。

うなヒューム主義的行為者モデルだけでは現実の事例についての説明としては失敗してしまう。こうしたケースにおいて必要となるのが、「強制」の機能をもつところの「幅」のある規範的合理性、ということになる。

このことを理解するには、われわれの「合理性」というものが具体的・明示的な意図的行為のみに備わっているだけではなく、計画のもとでのアバウトな行為にも備わっている、ということも確認しておいた方がよいだろう。たとえば、今日現在の時点において私は釧路で暮らしており、明後日の17時から鹿児島で講演を開くことになっているとする。今日の夕方に出発しようが明日出発しようが、それに、自分の車で行こうが電車で行こうが飛行機で行こうが「明後日の講演」という目的に差し支えなければどれでもかまわない。つまり、その計画の枠組み内においては何をしてもかまわないが、裏を返せば、計画の枠から逸脱するような選択（もしくはその組み合わせ）は「してはいけないこと」として禁止されている、といえる（そしてこの禁止には「強制」も含意されている）。たとえば、自転車で北海道から九州へ向かうことは計画実行に支障を生じさせる可能性は大であるし、最初はそうしてもよいが、その後の選択肢の幅はかなりかぎられてくる（おそらく、最終的には飛行機に乗らざるをえなくなる）。何かしらトラブルがあった場合も同様で、時間が差し迫ってしまい講演の6時間前にやっと釧路から移動開始するときには、「とにかくどんな航空会社でもいいから間に合う便に乗る」という「強制」に従わねばならない。これらはすべて、「幅」のある合理性がもつ機能であって、それら機能は、計画の枠組み内において行為者の一連の行為を整合的にすることに寄与している。この点については、意図的行為を「計画」という観点から考察したブラットマンが以下のように指摘している。

計画は、調整を支え、熟慮の影響を組織だった仕方で後の振る舞いに拡張するものである。計画が——他の条件が等しいとするなら——これらの役割をうまく果たすためにどんな要請を満たす必要があるかについて考察するとしよう。

第一に、**整合性についての制約**がある。ある期間にわたる活動を調整するには、——他の条件が等しいとするなら——**計画は内的に整合的**でなければならない。大ざっぱに言えば、全体としての計画をうまく遂行できるのでなければならない。(Bratman [1987]: 31/58)

しかし、これを逆に考えるならば、計画に賛同的態度をもつ合理的な人物は、計画の整合的枠組から逸脱しないかぎりはどんな選択肢を選んでも自由であるし、それ自体は不合理ではない、ということになる。つまり、こうした計画に関する規範性は、「幅」をもつものであり、「信念／欲求」を理由としながら意図的に行為する主体は、そこから逸脱しないかぎりは自由に行為することが——ときに「すべきこと」がある時点においてはできないまま欲求に流されてしまうにしても——「合理性」の名の下に保証される（つまり、「理に反していない」とされる）[87]。この手の「幅」のある規範的合理性は、通常想定されるところの実践理性における規範的合理性とは異なるものである。

目的達成のため、逸脱禁止ルールを命じる規範に従うことが合理的であることはおそらく多くの人が

87　だからこそ、ヒューム的な行為者というものは、情念の作用を受けながらも理に反しているわけではなく「合理的」でありうるし、その枠組み内において「自由」でありうる（そして責任主体ともなりうる。この点については、本書第7章で論じる）。

直観的に理解可能であろう。ダイエット中の人は、それを食べるとダイエットとは呼べないような——ダイエットからの逸脱となるような——スナック類やラーメン類を食べないことこそが合理的な態度といえる。しかし、だからといって「合理的行為者」というものがそこまでガチガチに拘束される必要はない。逸脱しないかぎりはその人が何をしようが自由であるし、そのかぎりにおいて、その人は「信念／欲求」の動機づけ理由にのみ従って自身の欲求に従うような行為をしてもかまわない。しかし、だからといってヒューム主義的行為者モデルこそが合理的行為者の説明に寄与するというわけではない。というのも、やはりこの「幅」のある規範性は、特に「したい」と欲するわけではない行為へと動機づける「強制」の性質をもつからである。たとえば、ダイエット中の人は野菜スティックを食べたいわけではないがそれを食べるかもしれない。明日九州で講演予定の人物は、当日正午の飛行機に乗りたいわけではないが、他の仕事でドタバタしていて、それに乗らないと間に合わないので否応なくそれに乗るかもしれない。つまり、その状況において選択のための決定的要因が存在しない場合、行為主体にとって特にそうするべき理由がなくともそれを強制的に選択するよう動機づける役割も果たす。考え込みすぎて餓死するビュリダンのロバよりも、何も考えない普通のロバの方が合理的であるのは、そのような不合理な動機づけられ方がその合理的枠組み内において目的達成に寄与しているからである。同様に、われわれはどうすべきかよくわからないときにも、計画の枠組みに沿ってとにかく行為するよう動機づけられるかぎりにおいて、合理的態度をとっていると解釈することも可能である。このような「幅」のある規範的合理性は、規範・ルール・法を理解できる人間に特有のものであるようにも思われる（犬や猿などは、信念／欲求モデルにおける行為者でありうるかもしれないが、「明日」や「一週間後」の概念を理解し、計画し、自分自身を将来のために意図的に制御し、欲してもいない選択肢を自発的に選ぶことで計画を実現しようとするのは不可能であろう)。ただし、この種の合理性においては、行為者はある程度は「おおよその目標」「自身の意志の強さ(弱さ)」や「誘惑に対する抵抗力」について蓋然的に把握している必要がある。ここでいう「蓋然的把握」とは、可変的な自分自身、環境、そして目標などのブレ幅についての感覚的理解といってよい。

こうした「幅」のある規範性と、その枠内での合理的生き方は、われわれの日常的な協調的行為を理解することを助けるものである。たとえば、「したくないけど、子どものケアをする」という人がいるとして、マイケル・スミス的解釈では、その人は「理想的状況においては、それを心から欲するような人」ということになる。しかし、たとえそれが正しいとしても、現にその人が子どもをケアできている事実について、非理想的状況に実際にいるその行為者自身の実践理性(に含まれる規範的合理性)がどのように機能しているのかはやはりわからない。しかし、ここで提唱した「幅」ある規範的合理性の考え方によれば、「したくないけど、子どものケアをする」という人がどのように規範的に動機づけられているのかを現実的に説明できるように思われる。たとえば、子どもをケアする人は「子どもがある程度大きくなるまでは、きちんと世話をする親でいよう」という計画・プランをもっているが、しかし、「子どもの食事の世話」「子どもの排泄物の処理」などへの欲求をもっているとはかぎらない(現実的にはそれをもっていないケースがほとんどであろう)。しかし、そうした欲求をもっていない人でも、「幅」のある規範的合理性によって、「子どもへのケア」からの逸脱禁止を命じられながらきちんと子どもをケアできる。それゆえ、その人は——ときに息抜きのため、子どもを親に預けて外出するにしても——子どもへのネグレクトともいえるくらい頻繁に遊びに外出しないよう動機づけられるし、子どもへの食事を最低限用意するよう動機づけられるであろう。ただし、その枠内では、子どもにどのような食事を与

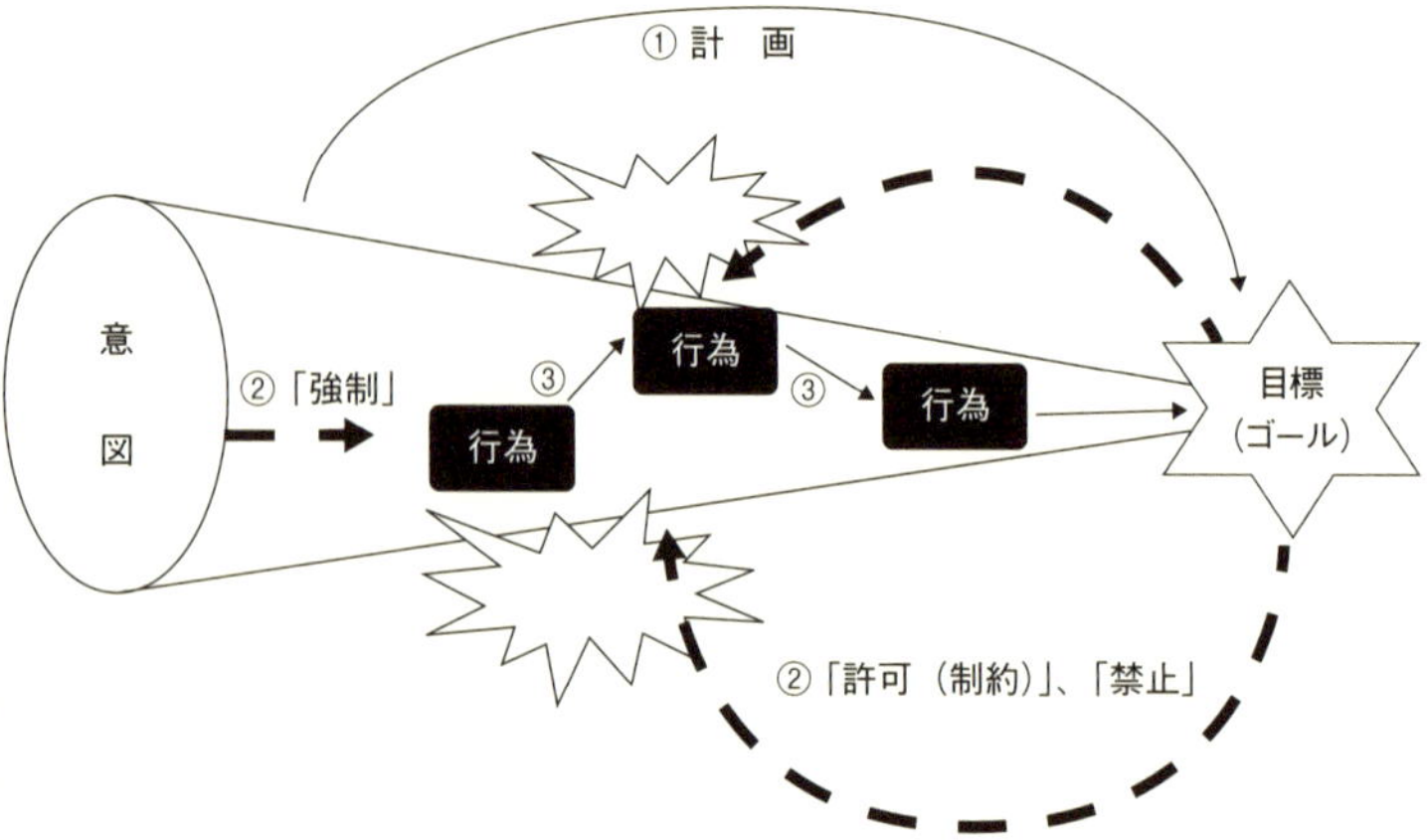

図2

・①の「計画」については，ヒューム主義であればそれに対する賛同的態度を示す心的状態としての「欲求」を目的論的に想定するのに対し，反ヒューム主義であればそうした欲求はなくとも，「規範的信念」さえあればその計画を設定することは可能であると主張する（そこでは，「欲求」は単なる付随的なものにすぎない）．本書における私の議論の前提として，この点についてはヒューム主義的立場を採っている．

・②の点線矢印は「幅」のある規範的合理性の性質である．枠ギリギリもしくはそれを超えるような逸脱的行為については「××はすべきではない」と明示的に禁止するが，そうではない場合には，「△△は今はしてもよい」というように，状況に応じた判別・許可の機能を果たす．

・③の各行為は，通常はヒューム主義的な「信念／欲求」理由に従うものであり，行為者自身はその行為の意味するところ（目的実現のためのプロセス）を知り，かつそれに対する賛同的態度をもっているといえる．しかし，該当する行為そのものへの欲求が欠落している場合，あるいは，道具主義的信念が決定的な答えを示していない場合には，ヒューム主義以外の説明の仕方が必要となる（「規範的信念が動機づける」など）．もちろん，②の「幅」のある規範的合理性による説明もその一つであり，個々の事例においてヒューム主義的「信念／欲求」モデルが適用できない事例を説明するためのものである．しかし，だからといって，枠内部の諸行為に関するヒューム主義的「信念／欲求」モデルが有効であることを否定するわけではないし，「計画」そのものへの賛同的態度（もしくは欲求）こそがその規範遵守の動機となっているからこそ，そうした「幅」のある規範的合理性が成立しているといえる．

えるかについてのチョイスは自由にまかされていると同時に、必ずなんらかの食事を与えねばならない(この場合、「不作為」も逸脱行為として禁止される)。そうであるがゆえに、「幅」のある規範的合理性は、特定の状況のもと、それに応じた程度の動機づけを与える、といえるのである(図2参照)。

私がここで強調したいのは、こうした「幅」のある規範的合理性は、利己的当事者同士の協調的行為をも可能にしている、という点である。囚人のジレンマ状況や公共財ゲーム状況では、多くの人が、自分以外の相手がどのような人物であるかわからない不安もあるし、自身においてタダ乗りをしたい気持ちがないわけでもない。しかし、多くの人にとって、自身が暗黙のうちにコミットするところの「コンヴェンションに従って無難に生きる」といったリスク回避的なポリシーとその計画に対し、逸脱的行為を積極的に行いながら利得最大化を図りたいとはかぎらない。そうすると、そうしたリスク回避的当事者同士はコンヴェンションを共有しながら「同じ計画」にコミットしているわけであり、それぞれの思惑・性向が異なるとしても、そのコンヴェンションに逸脱しないよう命じるところの「幅」のある規範的合理性によって、その枠内で自由を認められていると同時にある種の規制を課せられている、といえるのである。前章において紹介した「各人が自由に経済活動を行うような自由主義的社会の繁栄が、慣習的に形成されたルール・法などの規範によって成り立っている」というハイエクのリベラリズムも、こうした規範性の「幅」の重要性に基づいているといえよう。

もしかすると、われわれは社会が拡大かつ複雑なものとなるほど不安になってしまい、かぎられた知識や推論能力しかもたないにもかかわらず、「これをこうすればこれだけ利益・効用が生じる」という設計主義的合理性にすがりつく傾向にあるのかもしれない。あいまいな状況のもと誘惑に流されやすい行為者が自身の目的論的合理性にのみ依拠してしまうこともこれと同様であろう。つまり、社会レベルであれ個人レベルであれ、実際にうまくやっていくためには、因果的予測を含んだヒューム主義的「信念／欲求」モデルにおける道具主義的合理性のみならず、自らコミットした「計画」の枠内における自己拘束的な規範性にも従う必要があるということである（しかし、なぜそれをしているのかについて、主体自身は義務感以外にはっきりとした「理由」をもたず、主体外部の観点からは、それがその計画に内在する目的論的合理性に適ったものであることが理解されるのである）。

私が思うに、こうした規範性が実際に機能的役割を果たすためには、やはりある種のプロジェクトへの——それが明示的な仕方であれ暗示的な仕方であれ——コミットメントが重要なポイントとなるが、それが協調問題において自由な行為者たちそれぞれに共有されるためには、そこにはやはり何らかのコンヴェンションが必要であるように思われる。ここでわれわれは、コンヴェンションの問題に再び立ち戻ることになる。コンヴェンションとはヒュームの定義では「共通利益の一般的感覚」というものであるが、この手の感覚は、自由で合理的な利己的な行為者同士の営みによって果たして培われるものなのであろうか。あるいは、そこでは取り扱われないような「なにか」によって得られゆくものなのであろうか。次節においては、「協調的共存」という、おそらくはわれわれの多くがコミットしている計画のもと、なるべく現実的な利益を欲しながら活動する当事者たちが、経済学的に本当に合理的に判断・計画しているか、ということを確認してゆこう。

第6章　不合理な交流から合理的な共存へ

1　不合理な利己性

ヒュームがいうところの「コンヴェンション」とは、協調によってより大きな利益が得られる状況において、経験によって形成（そしてときに変化）してゆく「共通利益の一般的感覚」である。人間は他人を裏切ったり、チャンスがあればタダ乗りしたりする傾向性をもっているが、社会内にコンヴェンションが形成・共有されると、それに沿った責務遵守的な態度を義務感のもとでとれるようになる。これらの点はこれまで論じたとおりである。しかし、そもそもその「一歩目」、すなわち、コンヴェンションが形成される以前の協調行為はどのように達成されるのであろうか。第3章の後半部分では、コンヴェンションに沿った教育や訓練によって「徳ある態度」を身につけることが重要であることを論じたが、しかし、そうした教育・訓練が依拠するところのコンヴェンションがどうやって形成されたのかについては、実はここまでにおいても明確に述べられたわけではない。「協調が繰り返されることでコンヴェンションが生じ、さらに協調が繰り返されやすくなる」という循環論を述べてきただけであり、これがいくら正しくとも、まずは初めに第一回目の協調が成立していなければ話が始まらない。そうすると、

「非協調の状態にいた人々が、どのように最初に協調へと向かうことができたのか?」という最初の、しかし根本的な問題にわれわれは再度突き当たることになる。もちろん、「たまたまだよ」と言っていいのかもしれないが、しかし、もう一歩だけそこを掘り下げて、その「たまたま」が起きる状況・原因というものを本章では描き出してみたい。

これを「協調への一歩目の問題」とここでは呼ぼう。たとえば、互いに何の道徳観も持ち合わせておらず、また、互いに思いやりや共感を向ける見込みがない場合、一回きりの囚人のジレンマ状況において協調的行動を取れる見込みはかぎりなく少ない。すると、一回目も協力できないと不信感は増すばかりで、やはり二回目も協力できなくなり、それが繰り返されることになる。しかし、なぜか、そうした二人きりの囚人のジレンマ状況では、繰り返すうちにどこかで、協調への一歩目を各人が同時に踏み出すようなタイミングが生じ、それが頻繁なものとなり、肝心要のコンヴェンションが形成されてゆく。一体、この「一歩目」には何が起こっているのであろうか。

合理主義と呼ばれる立場は、各人が共通して保持する(と想定される)ところの合理性によってこの問題は乗り越え可能であると主張するが、それは可能ではあっても、現実的にはかぎりなく難しい。もちろん、一旦乗り越えてしまえば、各当事者たちは協調するのが合理的であるのを悟るであろうし、そこで「幅」のある規範的合理性などが機能したりするかもしれないが、その最初の一歩目については、それが当事者たちにとって絶対確実にうまくいくと保証されていないため、その一歩目を踏み出すのはやはりある種の「賭け」ともいえる。これは、合理的個人にとってもそうである。かといって、いきなりよく知らない相手との間に「取り決め」「統治」をつくりだすこともなかなかできない。しかし、われわれは囚人のジレンマ状況をなぜか乗り越えてしまった(そして、そこには「取り決め」と、義務感による自発的遵守、もしくは統治が成立してしまっている)。ここに最大の疑問がある。この「一歩目」の問題は、コンヴェンションがどのように形成されたのか、という問題ともかかわっている。後者に関する説明としては「家族→小集団→社会」というような段階的な社会形成論などがポピュラーなのかもしれないが、[88]ここではそれとは別の、個々人の「不合理な利己性」と、それに基づく「相互扶助的な連帯的関係の構築」、という観点からそれは説明可能であるように思われる。この「不合理な利己性」に支えられた協調において、利己的当事者たちはそれぞれ満足(効用)を得ようとして参加していることには違いないが、それは経済学的な利得最大化を実現するような交流とはかぎらない——そのような意図をもって参加しようとする当事者にとってはまともな交流となりえない——というところがポイントとなる。抽象的に論じてもわかりにくいので、ここでは具体例を挙げつつ説明してゆこう。

経済学的にはわれわれは利益を求める生き物であり、その増減によって効用というものが変動する。利益が多ければ多いほど効用は高まるし、少なければ低くなる。市場やバーゲンに参加する各当事者は、自身の効用を高めるために利益を得ようと活動する点ではみな利己的である。しかし、利益から満足を得るその在り方が日常において常に合理的であるとはかぎらない、ということが行動経済学のいくつかの実験において証明されている。たとえば、われわれは「無料」の品の誘惑に弱いことは直感としてわ

88 ヒュームのコンヴェンションを取り扱うものとしては、「最初は近親者などへ向けられがちな利他的情念が、共感原理によって次第に家族以外にも向けられながらコンヴェンションが形成されるようになった」という説明(森[2013])、あるいは、「コンヴェンション形成においては知性的な推論のみが介在する」といった説明がある(林[2015])。ここではそれらの可能性を否定するものではないが、利他的情動や知性的推論とは別の、通常見過ごされがちな「不合理な利己性」の意義を強調するものである。

かってはいるが、しかしそれが「得になるから」だけでは説明がつかないこと――つまり、経済学的な合理性と常に合致しているとはかぎらないこと――を示す面白い実験を紹介しよう。「ハーシー」という安価なチョコレートと、「リンツ」という高級チョコレートを、それぞれ1ドルと15ドルずつの値段をつけてMITの学生食堂のレジの傍に陳列し、その行動をチェックした（有料条件）。この条件では、14パーセントのMITの学生がハーシーを購入し、36パーセントの学生がリンツを購入した[89]（リンツの方が一般に美味しいと考えられていることと、それが15ドルという格安価格で購入できるという二つの理由が考えられる）。では、今度はそれぞれに0ドルと14ドルずつの値段をつけるとする（無料条件その1）。これは、それぞれがたった1ドル安くなっただけであり、リンツを格安で購入できるチャンスとしては先の有料条件と変わりないのであるが、結果は、チョコを手に取った学生の42パーセントが無料のハーシーを選択し、19パーセントしかリンツを購入しなかった。もっとも、これだけでは「もっとリンツが安くなれば、MITの合理的な学生は無料に流されることなく、リンツを格安で購入できるチャンスを逃すことはないだろう」と思う人がいるかもしれない。そこで、それぞれを0ドルと10ドルずつの値段にしてみる（無料条件その2）。しかし、学生の40パーセントがハーシーを選択する一方、12パーセントの学生しかリンツを購入しないという結果になり、無料条件1の結果とさほど変化することはなかった（Shampan'er and Ariely [2006]: 10-11, Figure 3）。この実験から明らかなことは、ハーシーが「無料」となると、そこでは価格が示すところの利益とは別のインセンティブが働く、ということである。そして、この「無料」への魅惑というものは、ときに合理的計算・判断に狂いを生じさせながらの利己的交流、そして互酬性というものを生み出す。

別の事例においてそのことを確認してみよう。アリエリーは、ハロウィンに子どもが「トリック・オア・トリート？」と尋ねてきたときにチョコレートを渡してから、「交換条件」と「無料条件」の取引をそれぞれ持ちかける対照実験を行った。まず、先にハーシーのキスチョコ三つ（一つあたり4.5ｇ）をあげたあと、手をそのまま出したままにしてもらい、小さいスニッカーズ（30ｇ）と大きいスニッカーズ（60ｇ）の二本を見せながらこう言った。「もし君の手に乗っているハーシーのキスチョコを一個くれるなら、小さい方のスニッカーズと交換するよ。もしキスチョコを二個くれるなら、大きい方のスニッカーズと交換だ」と。この「交換条件」では、ほとんどの子どもが合理的に後者の取引を選んだ（キスチョコ二個⇔スニッカーズ（大））。他方、「無料条件」では、「キスチョコ一個と大きなスニッカーズを交換するか、ただで小さいスニッカーズを受け取るのとどっちがいい？」と尋ねたが、およそ子どもたちの七割が分別をなくし、後者の損な取引を選んだ（無料で小さなスニッカーズを選んでしまう）。これは何も「子どもは合理的でないから」というからではなく、アリエリーによると、同様の実験をＭＩＴの学生に対し行っても同様のパターンが観察されたということである（Ariely [2008]: ch.3）。おそらく、この手の「不合理性」は、市場における取引においてその本人に損をさせたり、商売人にカモにされてしまうリスクを高めるかもしれない（実際、無料でついてくるオマケに釣られて不要な品物を買わされている人もたくさんいるだろう）。しかし、無料に喜んでしまう、あるいは、安心感を感じてしまう、というわれわれのそうした不合理な傾向性は、プレゼント交換などの文化的交流を可能とする点で何らかのアドバンテージをもっているように思われる。

89　残りの50パーセントの学生は、レジを通過しながらも「その陳列に気づかなかった」、もしくは「どちらのチョコも購入しなかった」ということである。

たとえば、先日Bさんの誕生日にAさんは10万円のワインをプレゼントした、としよう。そこで、Bさんは今度はAさんの誕生日に10万円の時計をプレゼントしようとしているとする。しかし、実はAには時計を扱う宝石商の友人がいて、Bからもらう時計と同じものを5万円で購入できるし、その一方で、Bは有名なワイナリーの株主で、Aからもらったのと同じワインを半額の5万円で購入できたとしよう。すると、時計好きのAとワイン好きなBにとって、時計とワインはそれぞれ自分で買って楽しむ方が金銭的には得をするわけであるが、もしどちらかが（あるいは両者が）そうした案を提案・採択すると、両者における「不合理な交流」は成立しなくなってしまう。つまり、Aからタダでもらった無料の品物（ワイン）にBは喜んでしまい、Bからもらう無料の品物（時計）にAも喜んでしまうからこそ、AとBとの間には「お誕生日会」という二回の交流イベントと互酬性が——経済合理性からするとデメリットしかなくとも——成立する（そしてそこでは両者の間に、互酬的責務や義務感を示すコンヴェンションも生じるであろう）。これとは異なるケースとして、そうしたプレゼント交換が当事者のコスト的にもメリットがあるケースを考えることもできる。これまでもっていた1万円の包丁が刃こぼれしてしまい新たな包丁を欲しがっているCさんと、これまで持っていた1万円のコーヒーカップが割れて新たなカップを欲しがっているDさんがいるとしよう。Cさんは、DさんがコーヒーカップをTを欲しがっているのを知っており、1万円のではなく5千円のコーヒーカップをプレゼントしたが、「無料」に喜びやすいDさんは自分で購入しようとしていた1万円のものと同じくらい喜んだ。その後、DさんはCさんに対してやはり1万円のではなく5千円の包丁をプレゼントしたが、同様にCさんは自分で購入しようとしていた1万円のものと同じくらい喜んだ。こうしたコスト削減的な交流によって満足感が得られるのは、両者が「無料」のプレゼントに喜べる人物であればこそといえよう（もっとも、刃の切れ味が少し悪かったり、カップの舌触りが気になることもあるだろうが）。

私が思うに、こうした贈与的相互交流の特質とは、市場的バーゲン（およびトレードオフ）において何かを失う「痛み」とはまったく別の「与える喜び」と「安心感」にあるように思われる。もちろん、交流が相互的であるかぎり、AとB、CとD、それぞれの間に互酬性が成立していることには変わりない。しかし、これは市場的バーゲンにおけるトレードオフとは異質のものである。贈与的相互交流は、結果的・長期的にみれば「交換」でありそこではトレードオフの関係を見いだせるが、短期的には「何も失うことなくものを得られる喜び」を双方が味わえており、これは市場的バーゲンでは味わえない感覚である。この感覚を味わえる関係こそが、非市場的関係であり、そこにおいてこそ「安心」そして相手方への「信頼」という感覚的経験が醸成される。人間同士の社会的関係は複雑な網の目であり、そこには市場的関係だけでなく、このような非市場的関係も編み込まれており、だからこそ、われわれは互いを「互酬性を共有する人間」とみなし、互いが協調的に連帯することが可能であると思い込むことができる。しかし、ここで気をつけてほしいのは、A、B、C、Dはいずれもある程度は利己的であり、しかもそれぞれ「理由」をもって意図的に行為している、という点である。もちろん経済的合理性という点ではそれは効率が悪く、市場原理的に必ずしも正しいものとはいえないかもしれないが、そうした「不合理な利己性」に基づく活動は、マーケット、さらには日常的営みにおいて基本的には「自由意志」をもった合理的主体のものとして認められている。つまり、個々の自由を認めるリベラリズムにおいて、経済合理的に「不合理」であっても、「信念／欲求」といった理由に沿った行為であれば、それは一応合理的な主体のそれと認められる、ということである（私が、ヒューム哲学の基礎部分にはリベラリズムがある、と考える理由もここにある）。このことは以下のヒュームの言からも見て取れるであろう。

私がまったく知らないインド人か誰か他人のわずかな不快を防ぐために、自身の完全な破滅を選択したとしても理性に反するわけではなく、より大きな善と認めているものよりも、より劣った善と認めている方を選び、前者より後者に対してより熱烈な感情をもつことも［他のケースと］同様に理性に反するということはまったくない。（T 2.3.3.6/416）

自身の破滅を望むようなケースはそこまで頻繁にはないであろうが、たとえそんなケースであっても、それを選択するその人にとってそれは「理由ある行為《ワケアリ》」と理解できる観点をわれわれは持ち合わせている。この社会的事実は重要なポイントといえよう。つまり、実践的行為には数量的な快楽計算や経済的な損得勘定以外の要素も多分に含まれており、「不合理な利己性」に基づく交流は人間社会の実践において幅広く遍在している、ということである。私がこれを踏まえ、協調問題において強調したいことは、①そうした「不合理な利己性」を互いにもっているからこそ成立する互酬的交流もあること、そして、②そこで繰り返された互酬的交流において形成されたコンヴェンションの経験・共有こそが、囚人のジレンマ状況の「一歩目」を乗り越えるための鍵となっている、ということである。というのも、そうしたローカルエリアでの交流において、「当事者たちが自身の利益最大化をガツガツ求めすぎることなく、互酬的・互恵的交流自体を継続してゆくべき」というコンヴェンションが成立・共有されているからこそ、同種の他者と市場で出会ったとしても、「まあ、こういう時には協調する方がよいのかもなあ……」といって、互いに協調するという賭けに出ることができるからである。仮に、同じように利己的でありながら、市場に参加する当事者たちがそうした「不合理な利己性」をそなえていなかったり

（つまり、生まれついてのホモエコノミクスであったり）、それに基づく交流の経験が欠落したままでは、なかなか最初の一歩目を踏み出せなかったり、協調問題において短期的に自己利益に固執しすぎて長期的に社会的関係から排除されることになるだろう。

もちろん、よっぽど余裕がある合理的経済人たちであれば、ほんの気まぐれで協調的選択をとり、それが偶然的に一致することもあるし、そこから協調関係が継続してゆくこともあるだろう。囚人のジレンマ状況が繰り返されるなか、互いが利己的であってもその問題は解決されるというのは広く知られた話であるが、基本的にはそれと同じである。しかし、そこでのゲーム参加者たちにはそれを繰り返す体力、時間、経済力などが備わっており、一回の失敗（裏切られること）によって決定的な痛手を負うわけではないからこそ、それが可能だといえる。[90] では、本節で紹介した「不合理な合理性」やコンヴェンション、「取り決め」や「統治」がなくとも、経済的強者同士であれば純粋な経済合理性だけで彼らにとっての囚人のジレンマ状況を乗り越えられるのか、といえばそうは思えない。経済的強者同士の取引で多額の金が動き、裏切られた場合の損失がかなりの痛手になるようなケースでは、結局は、その取引を保証するような第三者的介入、もしくは裏切り者への処罰をしてくれる何らかの統治が必要となるし、その正当性を保証するようなコンヴェンションも必要となるであろう。純粋な経済主体同士にとって切実な意味合いをもつ囚人のジレンマ状況では（公共財ゲーム状況などもそうであるが）、協調を実現させる

90 「余裕ある当事者、あるいは復讐心や名声欲に流されることのない経済人同士であれば、繰り返しのなかで協調関係が実現されやすい」という話は、本書とは別のテーマにおいて重要な意義をもっている。これは、「社会の近・現代化にともない、暴力的闘争・殺人の割合は減少していっている」という現象とも関連しているが、Pinker [2011] は、こうした現象について詳細な資料と緻密な分析をもって論じている。

役割を請け負うところの第三者（としての統治体）に頼るより他はなく、それができなければ非協調的戦略を採るしかない（だからこそ、「統治」に頼ることもまた「合理的」といえるわけであるが）[91]。仮に「統治」に頼ることなく、自発的に協調関係が構築できるとするのであれば、ところどころにローカルで不合理な交流を差し挟みながら、地道に協調的関係を――「一歩目」の問題をクリアしながら――積み重ねるより他はないし、実際、われわれはそのようにして（ときに裏切られたりする失敗をしながらも）見知らぬ他人をある程度は信用し、互いに協調する態度を身につけてきた。

つまり、われわれ人間は元来利己的であるにもかかわらず、ローカルな場面においては不合理にもみえる相互的活動を行っているが、そこでの信頼－安心を重んじるスタンスこそが市場取引の成立・維持のためには不可欠ということである。しかし、重要なことは、そこでの「信頼」というものは互酬的活動の経験を通じて醸成されるものであって、そうした経験が欠落しているような（あるいは不足気味な）ローカルエリアの住人たちは、他人を信頼するような感覚が醸成されていないがゆえに非協調的な度合が強いまま、見知らぬ他人となかなか協調できにくい、という点には注意する必要がある。このことを示す実験として、「信頼ゲーム」の世代別比較がある（Sutter & Kocher [2007]）。信頼ゲームとは、原則的には被験者AとBがいて、Aが持ち金のうちの好きな額を投資し、その額が数倍に増えて相手Bの手に渡る。Bはそのうちの好きな額をAに支払うことができる、というものである。この信頼ゲームを世代間比較した実験では、Aにまず10ドルを渡し、その投資額が三倍となってBの手元に渡る、という条件であった。協調が両者の利益をともに増大させるためには、AはなるべくBを信頼して多くの額を投資し、Bはなるべくその期待に応えるように、増えた額のなるべく多くをAへ送り返す必要がある。さて、世代別の結果がどうなったかというと、8歳、12歳、16歳、平均22歳、平均32歳のそれぞれのグループでは、年を重ねるごとにAの投資額とBからAへの配分額が増加する傾向が見られた（Sutter & Kocher [2007]: 372-374）。つまり、人生経験・社会経験の実践を繰り返せば繰り返すほど、「信頼」とそれに応える「返報」の傾向は強くなる、ということである。そして興味深いことに、仕事をリタイアした高齢者世代は、現役世代よりも信頼－返報の度合が低下気味であった。ここから、「協調するのがあたりまえ」というコンヴェンション的感覚は、実践的活動の継続にその多くを負っている、ということがいえるであろう。

さて、これまでの話をまとめるとすると、以下のようになるだろう。「非協調」から「協調」への一歩目を踏み出した後では、協調を続けることが長期的に当事者すべてにとって有益となることが合理性によって理解可能となる。しかし、「一歩目」それ自体は、「不合理な利己性」のもとでの日常的交流[92]、それをベースとした実践的活動の継続のもとで醸成されたコンヴェンションによって乗り越えられている、という仮説を私は提唱したい[93]。ただし、ここで私は「合理性などは不要である」といっているわけではない。一歩目が乗り越えられた協調関係においてルールに従うことが長期的な利益を実現すると理

91　この点は、本書第1章第3節で論じたものである。

92　ここでいう「不合理な利己性」とは、利己的ではあるが、市場におけるホモエコノミクスとはズレているような人が持ち合わせるような性質のことである。もちろん、そうした人はホモエコノミクスにおいて想定されていない利他的感情を持つこともあるが、ここでの「不合理な利己性」においてそうした利他性やモラルといったものは本質的要素というわけではない。「不合理な利己性」の本質的要素はあくまで非市場原理的な「人間本性」であって、たとえば、それは互酬的な「無料」の交流に惹かれたり、自分でも詳細がよくわからないような「計画」を立てたり、コストを払っても他人に報復しようとしたり、などのものである。

解したり、その関係をルールや規範的意識のもとで継続してゆくためには、道具主義的合理性はもちろんのこと、規範的合理性なども不可欠であるという点で、私は「合理性」という概念を全否定するつもりはない。しかし、合理性によるそうした「導き」は、一歩目によって乗り越えられた「非協調→協調」のギャップを、すでに乗り越えた側から舗装しつつ誘導するようなものであって、まずわれわれはそのギャップをどうにかして飛び越えねばならない。われわれの「不合理な利己性」とはまさにそのためのものともいえるのではないだろうか。

2　リスク回避的協調

前節では、囚人のジレンマ状況、もしくは市場での見知らぬ相手との出会いなどでの「一歩目」の問題は、人間本性に備わるところの「不合理な利己性」、およびそれによって醸成されたコンヴェンションの共有こそが解決の鍵となる、ということを述べた。しかし、そうした「不合理な利己性」とは、「無料のものをありがたがる」という傾向性にしか見いだせないものではなく、それは別の事柄にも見いだすことができる。それは不確かであいまいな状況において、利己的なわれわれがその利己的態度を崩さないまま、しかし、いつの間にか連帯しているような事象にみられる。ここでみることができる不合理な人間本性について、私はそれを「不安げな利己性」と呼ぼう。

たとえば、自動車の盗難保険を考えてみよう。今、あなたは100万円の新車を購入したとする。あなたは現在暮らしている町の犯罪件数から、この一年以内に自分の車が盗難に遭う確率をおよそ1パーセントと見積もっているとしよう。そして、ある保険会社の勧誘員が、「あなたのそのリスク見積もりはまったく正しいもので当社もそのように考えております。さて、当社おすすめの保険では、年間保険料2万円でご加入されますと自動車が盗まれても100万円がそのままお客様へとお支払いできます。万が一ならぬ、百が一に備えた方がよいと思いませんか?」と保険加入を勧めているとしよう。この状況における期待損失額を計算してみると以下のようになる。

(1パーセント×100万円) + (99パーセント×0円) = 1万円

盗まれる確率 → 1パーセント
盗まれない確率 → 99パーセント

すると、保険料2万円は、この場合の期待損失額1万円よりも大きいので、保険に入る方が損をする、というようにも見える。すると、この保険の勧誘員はあなたを騙そうとしているのであろうか[94]。

まずは保険の勧誘員(保険会社)の立場に立って考えてみよう。この町の住人の車のすべてが同様に100万円の価値をもち、それぞれが盗難に遭う確率1パーセントを正しいものと仮定しよう。保険会社にしてみれば、あなた一人だけに年間2万円の保険に加入してもらったとしても、その一台が盗難にあった場合にはまるっきり会社の損になるので、なるべく多くの人に加入してもらいたい。大数の法則

93 ただし、この仮説が妥当であるかどうかは、その時点における「安心感」にかかわっている。そして、リスク回避的な当事者同士がこの安心感を得るためには、やはり第三者的な「統治体」、もしくは次節で触れるような、リスクを請け負ってくれる「保険会社」などが必要となるであろう。

94 この例は、Gilboa [2010]: 35/58-59 によるもの。

によって、できるだけ多くの人が加入すればするほど、盗難率は1パーセント付近に近づくのでそれを当てにしたまっとうな保険料設定ができる（つまり、期待損失額1万円を考慮して、それよりも多めに――しかし、そこまで高額ではないような――保険料を設定できる）。そうであるからこそ、保険会社は自身（自社）の利益を確保しつつ、盗難に遭った不幸な人へ保険金を渡すこともできる。つまり、ここでの「保険」というシステムが機能するにはある程度の加入者数が必要といえるし、そのために運営する側が期待損失額以上の保険料を設定すること自体は不当でもなんでもない、ということである。

もちろん、保険会社がむやみに保険料を高く設定すると、それは各人が加入を控えるようなインセンティブとして働き、必要な加入者数がそろわないことも考えられるので、適正な保険料とは、期待損失額以上ではあるがある程度の許容可能なものでなければならない（これは、統治における税金についても同様であろう）。だとすれば、ここでの問題は、支払う側が何をもって適正とみなすか、という点にある。保険加入者にとっての「期待損失額以上の保険料を支払う」という選択的判断を可能とするような適正さは一体どのようなものなのであろうか。ここにこそ、経済合理性とは別種の、「不安げな利己性」がかかわっているように思われる。

ルソーの「鹿狩り」を思い出してほしい。そこではナッシュ均衡は二つあるが、そのうち、〈うさぎ、うさぎ〉を選択してしまう集団における各人は、〈鹿、鹿〉を選択する集団の各人と比べ「合理性」の点で劣っているといえるか、といえばそうではない。[95] 両者の違いは、リスク回避的か利得追及的かの違いにすぎない。モラルもルールも思いやりもないような自然状態のもとでは、協調への一歩目を乗り越え損なってしまった人物は（つまり、自分は鹿を追いかけるが、相手がうさぎを追いかけてしまったようなケースでは）、誰にも助けてもらえることなく飢え死にする形で淘汰されることもあるだろう（当然、その場合、その人は「不合理」ということになる)。だが、タダ乗りや裏切り的選択を採択する者に対し罰を与えるような統治体があるとすればどうであろうか。その場合には、リスク回避的な諸個人は喜んで協調しながら鹿狩りをしようとするであろうし、さらには、手に入れた鹿肉のうちのある程度までを統治体に――それこそ、税金や保険料のように――渡すことに賛同するだろう。ここで大事なことは、統治体に鹿肉の一部を「税金」として渡した後の「残りの期待利得」より、相手が協調するかどうかが不透明な状況において自発的協調がもたらす期待利得の方が数字的に大きいとしても、リスク回避的な個々人は不透明な状況を嫌うことで、より期待利得が低めな「統治体を頼る」という選択をとるかもしれない、ということである。これは、あいまいさを嫌う人間本性に基づいているといってよい。

あいまいさを嫌う人間本性については、「エルスバーグの(壺の)パラドックス」という思考実験がわかりやすい(Ellsberg [1961]: 653-654)。たとえば、ここに90個の球が入った壺があり、そのうちの30個は「赤」であり、残りの60個は「黒」もしくは「黄」としよう(その比率は不明)。さて、壺を使った「賭け」を行うとすれば、あなたはⅠとⅡの選択肢のうちどちらを好むであろうか(「自分はギャンブルしないから!」という人も、あくまで仮定の話であるので拒絶しないで考えてほしい)。

選択肢Ⅰ 「赤」のボールを取り出せば100ドルもらえる。

---

95 もちろん、〈鹿、鹿〉グループは、集団的合理性という観点からは、〈うさぎ、うさぎ〉グループより「うまくやっている」ので、より合理的なグループといえる。しかし、だからといって、その集団内部の諸個人間の合理性という点では優劣はつけがたい。というのも、ある選択そのものは、別の選択よりも「うまくやれる」という保証はなく、うまくやれるかどうかは選択を行う個人の外側にある外的状況に依存しているからである。

選択肢Ⅱ　「黒」のボールを取り出せば１００ドルもらえる。

それでは、上記いずれか好む方を選択したとしよう。さて、では同じ壺を使って別の賭けをするとして、あなたは以下の二つの賭けのうちどちらを好むであろうか。

選択肢Ⅲ　「赤」もしくは「黄色」のボールを取り出せば１００ドルもらえる。
選択肢Ⅳ　「黒」もしくは「黄色」のボールを取り出せば１００ドルもらえる。

エルスバーグがいうには、頻繁に見受けられる反応パターンとして、最初の賭けでは選択肢Ⅰの方が好まれ、次の賭けでは選択肢Ⅳが好まれる、ということであった。しかし、これは一見すると不整合な選好パターンといえる。というのも、最初の賭けでⅠを選んだ人物は、「「黄」が30個以上あるかもしれない」と考えているわけであるが、次の賭けにおいて同じ壺とボールを使う以上、整合的な推論のもとでは「「赤」と「黄」をあわせれば60個以上あるかもしれない」と考え、Ⅲの方がⅣよりも蓋然性が高いと判断し、そちらを選好するはずである。しかし、そうであるにもかかわらず選択肢Ⅰと選択肢Ⅳを選ぶ人物が多いとすれば、多くの人々が「理に適わない人々」ということになるのだろうか。

私が思うにそのように断定することはできない。あいまいで不確実な状況においては、少なくともある程度の情報がそろった選択肢をとることにはそれなりの意義がある。たとえば、首尾一貫した（自称「合理的」な）ギャンブラーは選択肢Ⅰと選択肢Ⅲを採るかもしれないが、しかし、実は黒のボールが59個であるとすればどうであろうか。こうした人物は二つの賭けのどちらとも負けてしまう見込みが高くなる。他方、ⅠとⅣを選ぶ人物は最初の賭けでは負けても次の賭けでは勝つ見込みが高くなるので、「勝つ」「もうける」ということを目的とするのではなく、「賭けを通じてなるべく負けない（ハズレの回数を少なくする）」ということを目的とするのであれば、それは整合的ではないが理に適った態度といえるであろう。繰り返される賭けのなか、いかに自分の負けを少なくして生きてゆくか、というのは協調問題においても（あるいは、協調問題だからこそ）重要な意義をもつものであり、このようなリスク回避的な人間本性は、通常重要視されがちな「合理性」とは異なる形で、われわれの生存や日常の継続を可能にしているように思われる。

だからこそ、ルソーの「鹿狩り」の状況において、リスク回避的な個人は〈鹿、鹿〉よりも〈うさぎ、うさぎ〉を選好することもあながち間違いとはいえないのである。しかし、できればもっと利益があれば望ましい。すると、条件が変わることであいまいさが消え、利益がわずかながらも増えるならばどうであろうか。もし、自然状態におけるP（〈鹿、鹿〉）よりも、P（〈鹿、鹿〉―統治体[96]）の方が蓋然性が高いとすれば、そこでの期待利得値が多少低くとも、人々は利益と安心とのバランスのとれた状態を選好するように思われる（「統治」が人間同士の自発的同意のもとで生じるというホッブズ的説明が説得力をもつとすれば、おそらくこの文脈においてであろう[97]）。ハナシを「保険会社」に戻すなら、「期待損失額以上の保険料を支払う」という選択を行うのも、これと同様にリスク回避的な「選好の問題」といえる。つまり、リ

96　これは条件つき確率を意味する。条件つき確率P（A｜B）とは、ある事象Bが起こるという条件の下で別の事象Aが起こる確率のこと。この場合、「統治体をおくとすれば、当事者たちが〈鹿、鹿〉の選択をする確率」のことである。もっとも、この場合、双方の裏切りのリスクは下がるかもしれないが、統治体が課す税金やその指示の仕方によっては被統治者側のベネフィットが低下するので、それ自体が合理的であると決まっているわけではない。

スク回避的な選好をもつ個人は、あいまいな状況における期待値計算に頼るのではなく、より安心感が得られる状況そのものを選好しているのであって、だからこそ、保険会社がリスクを自分の代わりに請け負う見返りとして、2万円の保険料を払うことに同意するのである（この観点からは、統治体もある種の保険会社の一種ともいえる。ただし、現実問題として、保険の解約や、他の保険会社との競合、選択の自由というものはなかなかないわけであるが）。

こうしたリスク回避的な諸個人は、別に他人のことを配慮しているわけではないし、特に助け合い・支え合いの社会を作ろうとしているわけでもない。さらにいえば、そのかぎられた情報と能力ゆえに保険会社や統治体の管理・サポートに頼らざるをえない。「わがままさ」「弱さ」「不自由さ」の点からすると、経済人モデルが想定するホモエコノミクスよりも、現実の個々人は不合理のようにもみえる。しかし、そうした不合理な利己的諸個人が集まることで、リスク回避的なシステムをつくり、結果として社会的連帯が生じているという事実は決して軽いものではない。自分がどうなるかわからない状況、そして、その状況のなかリスク回避的な選択を行えるということは、他者に対する情愛や共感などを欠くような状況であっても、社会的連帯のもとで安心感を与えられながら、ときに自分を含め不運な人を助けることにも繋がるのである。

この類の主張は、第2章で紹介したロールズの「無知のヴェール」を思い出させる。われわれはどうなるかわからないからこそ、マキシミン・ルールのもと、自分が最悪の状況に陥ったときに一番ましであるような「取り決め」に同意する。しかし、それは「合理性」によるものかどうかは定かではない。ロールズ批判で有名な共同体論者であるサンデルは――「合理性」によるものとみなすことなく――、不完全な人間同士は「わからない」という状況に放り込まれているからこそ、そこに社会的な連帯が実現している、と主張する。

たとえば、保険のことを考えてもらいたい。人々は、いつ何時さまざまな病気に襲われるかわからないからこそ、健康保険や生命保険を購入することによってそうしたリスクを負担し合う。人生の大団円を迎えたとき、健康な人々は健康でない人々に助成金を与えていたことになり、十分に天寿をまっとうした人々はそうでない人々の家族に助成金を与えていたことになる。結果としてみれば、そこには期せずして相互扶助が成り立っているのである。相互扶助の責務を負っているという実感を伴わずとも、人々はリスクや資源を負担し合い、お互いに運命を共有し合っているのである。(Sandel [2007]: 89-90/94)

もしかすると、ここでのサンデルは「自分は納めた保険金を使わなかったが、その分だけそれは他の不幸な人を助けたのだからよしとするか」といった寛容の徳をそうした偶然的状況に見出しているのかもしれない。それはともかくとしても、「よくわからない」「ある程度の利益は望んでいるが、利益最大化に固執してリスクを負いたくはない」「他人はあまり好きではないが、しかし完全に孤立したくはない」といった態度が、結果としてリスク回避的な社会的連帯を成立させている、ということは十分理解できる話である。もっとも、相互扶助的システムそれ自体は、ロールズ流の合理主義を排除するものである。

97　もっとも、統治体に支払う「税」(手に入れたときの鹿肉の一部など)があまりにも多く要求される場合には、いかにリスク回避的な人物であってもそうした「強欲」な統治体にかかわることを拒絶するであろう。すると、やはり各当事者(統治される側)と統治体(統治する側)とが利害関係のもとで共存体制をとるには、互いの利益を基礎とするところのコンヴェンションが必要ということになる。

はない。そうしたシステムに加入している人のなかには、情動的理由からリスク回避的選択を採る人もいれば、ロールズの想定するようなマキシミン・ルールを合理的に採用する人もいるだろう。しかしここで大事なのは、「無知のヴェール」や「合理性」をわざわざ想定しなくとも、自分自身の行く末があいまいであるようなリスク回避的人間たちが暮らす社会であれば、社会的連帯というものが各人の利己性から生まれる、という点にある。この場合の社会的連帯は、その社会環境では淘汰されてしまうかもしれない「弱い人」や、思ってもいないトラブルに巻き込まれてしまった「不運な人」に対し、「弱くない人々」や「不運に見舞われない人々」の利己的な配慮が、直接的ではないにしてもそれなりの恩恵をもたらす、という意味である。[98] ともあれ、ここで私が主張したいのは次のことである。それは、社会的な協調的連帯のためのシステムを構築してゆける人間モデルには、「合理性」や「利他性」をその核とした人間モデルだけでなく、あいまいさのなかでのリスク回避を求めるような不安げな利己的人間モデルも含まれる、ということである。これは人間本来の多面性を示している、ともいえるであろう。

3 共感の拡大と限界

さて、ここまで述べてきたことを少しまとめてみよう。それは、無料の品物に喜んでしまい、より利得の高い選択肢を見過ごすような「不合理な利己性」、そして、あいまいな状況のもとではリスク回避的選択を採ってしまうような「不安げな利己性[99]」、これら人間本性のもとであっても、われわれは社会的協調・連帯へと至ることができる、というものであった。もっとも「不安げな利己性」についていえば、そこを出発点としてコンヴェンションが形成されるかどうかは不明ではある。不安を感じやすい人がいるとして、保険に加入することで―この条件において年額2万円の保険料を支払うことは、保険加入者としては当然のことだろう?」という共通感覚が生じるかといえば、むしろ順序は逆で、保険加入以前にそれとは別のコンヴェンションが形成・共有されているからこそ、「この条件において年額2万円の保険料を支払うことは保険加入者として当然のことだろう」と考えることができる。しかし、それは確定的な「信念」というよりは、蓋然的な「感覚的判断」というべきものである。なぜなら、コンヴェンションは共有されながらも、それが指し示すところのルールや義務、行為内容の妥当性というものは、情報の伝達や交流を通じながら変化しうるものだからである。そして、「不安げな利己性」「不合理な利己性」は経済合理性などと渾然一体となりながらそうしたコンヴェンションの維持・変化・洗練化などに一役買っている、と私は考える。というのも、「不安げな利己性」だけしかもたない人間がいるとすれば、保険会社がべらぼうに高い年間保険料を提示してもそれに飛びついて、到底容認不可能な損失を被ってしまうかもしれない。保険をはじめとする各種契約――「統治」などもそうであるが――が

98　ただし、保険には収めた保険料を掛け捨てるタイプのものだけでなく、払い収めた保険料の全額払い戻しのタイプもある（おそらく契約期間途中の解約では全額は戻ってこないものがほとんどであろうが）。この場合、事故や病気に見舞われなかった幸運な人々の保険料が、事故や病気に遭った人に保険金として支払われるというわけではない。この場合、保険会社は集めた（掛け捨てタイプよりも多めの）保険料を長期的に運用し、その利益を不運に見舞われた人への保険金の支払いや、契約期間ずっと保険料を払い収めた人への払い戻しに充てているわけで、幸運な人から集めたお金が不運な人へ流れているわけではなく、保険加入者間の相互扶助とは言い難いかもしれない。しかし、保険会社のそうしたシステムが成り立つためには、一定数以上の「病気に遭わない人」「事故に遭わない人」が必要であり、そうした人たちはそうでない人たちに比べてそのシステムに大きく貢献しているといえよう。このことから、そうしたシステムにおいて、保険会社の人たちを含め、さまざまな立場の利己的な人々が協調的連帯をしている、ということには変わりない。

妥当であるかどうかを判断するとき、われわれは「不安げな利己性」だけでなく、「不合理な利己性」のもとでの交流や、あるいは経済合理性のもとでの取引によって培われてきたコンヴェンションの観点から、いかにリスクを回避しつつ、利益・安全をバランスよく実現できるかを総合的に考えなければならない。

しかし、ハイエクがいうような慣習や既存のルールのようなものの意義もそこでは忘れるべきではないだろう。保険には保険のコンヴェンション、統治には統治のコンヴェンションというように、それぞれの協調的状況においてコンヴェンション、およびそれが示す規範的ルールは複数あるのだが、大事なことは、それ以前の段階において形成されたプロトタイプ的コンヴェンションや秩序を経験的・感覚的に保持しつつ運用しているからこそ、われわれはさまざまな協調的関係を――リスクは残ってはいるものの、大きなリスクを回避でき、かつそこで支払うべきコストを妥当なものとして判断しながら――構築し、そこからさまざまな協調関係を形成・保持してゆくことができる。先人の知恵や習慣などを現代風に改良・調整してゆくことは現在に生きるわれわれに求められていることでもあるが、しかし、そもそもそれが可能となっているのは、「よくわからないがとにかく受け継ぐ」という規範的な不合理性もかかわっていることを忘れるべきではないであろう（それはうまくゆけば、「幅」のある規範的合理性に従っていた、ということになるのだが）。

しかし、このような「利己性」をベースとした協調問題についての説明に対し、「人間には、他者に共感するという能力もあるんだ！」と不満を抱く人もいるかもしれない。第1章で紹介したド・ヴァールは動物行動学の専門家ではあるが、彼は高等哺乳類と人間との類似性に着目しつつ、人間だけを特別視するような経済合理的モデルに頼るだけでは社会的連帯は不可能であるとし、「エンパシー empathy」

こそがその不備を補う鍵であると主張する。

事実上、社会は第二の見えざる手に頼っている。それは他者へ差し伸べられる手だ。共同体という名に真にふさわしい社会を築き上げたければ、他者に無関心ではいられないという気持ちが、他者との関係を支える、もう一つの力なのだ。この力が進化史上どれほど古いものかを考えると、それが無視されることの多さがなおさら以外に思えてくる……まず、他者が助けを必要とし、私たちが食料銀行や災害救援、高齢者介護、貧しい子どもの夏季キャンプなどのかたちで手を差し伸べることができる場合がある。ボランティアの地域奉仕で測ると、欧米の社会はじつに素晴らしい状態にあって、隅々にまで行き渡るだけの思いやりを持ち合わせているようだ。次に団結が重要なのは公共の利益の領域で、これには医療や教育、インフラ、交通・運輸、国防、自然災害対策などが含まれる。ここではエンパシーの役割はより直接的だ……エンパシーは人々を束ね、一人ひとりを他者の福利にかかわらせるから、「私の取り分は?」という直接的な利益の世界と、把握するのにもう少し考えを要する集団の利益の橋渡しをする。エンパシーは、集団の利益に感情的な価値を付け加えることによって、集団の利益に私たちの目を開かせる力をもっている。(de Waal [2009]: 222–223/312–313)[100]

99　しかし、この「不安げな利己性」そのものが不合理と言っているわけではない。リスク回避的選択が合理的であったかどうかが判明するのはそれを決定する環境次第であるので、この場合、それが合理的か不合理かは未決定である、と考えられるべきであろう。

ド・ヴァールの主張はたしかに正しい。われわれはホモエコノミクスかもしれないが、しかし、利他的感情や同情を欠落しているわけではないし、日常生活においては、経済合理性よりもむしろそちらの方に沿って行為しているケースもある。とりわけ、「エンパシーは、集団の利益に感情的な価値を付け加えることによって、集団の利益に私たちの目を開かせる力をもっている」というのは、まさにヒュームが強調する共感（sympathy）の特徴でもある。共感と道徳的価値（是認）についてのヒュームの説明をみてみよう。

［コンヴェンション成立以降の］一般規則はそれが生じたところのそれら事例を超えて行き渡り、同時に、他の人々がわれわれにいだくところの情感においてわれわれは自然と彼らに共感する。このように、自己利益は正義確立への原初的動機であるが、公的利益への共感は、そうした［正義の］徳に伴う道徳的是認の源泉なのである。（T 3.2.2.24/499-500）

われわれはコンヴェンションを共有すればそれで終わり、というわけではない。コンヴェンションを共有しながら社会的協調を継続するなかで、他のメンバーに何かあった場合にはそれに対して感情移入して助けたり、あるいは被害者に危害を加えた加害者に対し応報感情をもったりする。また、公的利益を支えるような一般規則に反する――それこそ「タダ乗り」のような――振る舞いに対し非難の感情を向け、逆に、公的利益に尽くすような振る舞いには称賛・是認の感情を向ける。そしてこうした現象は、その対象が身近でない人であっても同様に生じうる。こうした広い共感は「正義」という徳にかかわるもの、とヒュームは位置づける。

［他人の不正義から生じる損害を観察するような］この場合、われわれは情念によって盲目になりもせず、［社会的正義と］反対の誘惑によって歪められもしない。いや、不正義がわれわれからとても遠く、われわれの利害に少しも影響を与えないときですら、不正義はやはりわれわれを不愉快にする。なぜなら、われわれは不正義をもって人間社会に有害で、これを犯す人物に近づくすべての者に害がある、と考えるからである。［この場合］われわれは、不正義を犯す人物に近づく者の不快を共感によって共有する。（T 3.2.2.24/499）

こうした人間の共感メカニズムは人間本性に備わるものである。もともと、共感は習慣的・因果的な同調原理であって、慣れ親しんだ人たちや、類似・近接した人たちとの間での感情共有を助けるが（T 2.1.11.2-6/317-318）、相手が人間として類似しているものであれば、かなり離れた他人に対しても共感することもできる。[101] ド・ヴァールは、近代経済学が見過ごしてきた——しかし、ヒュームやアダム・スミスが重視していた——こうした共感・エンパシーをクローズアップすることで、経済人モデルに頼りすぎるような自由市場主義的社会に警鐘を鳴らし、複雑かつ巨大化した現代社会にこそそうしたエモーシ

100　ド・ヴァールの著書の日本語訳においては“empathy”は「共感」と訳されており、日本語のニュアンスとしてそれ自体は問題ないが、本書においてはヒュームの著作・翻訳に従いつつ“sympathy”を「共感」と訳する立場であるため、“empathy”はそのまま「エンパシー」という表記にした（「同情」「同感」といった訳語は、「慰め」や「同意」などの意味合いを含み、感情移入というニュアンスが伝わりにくいこともあるので）。

101　「すべて人類は互いに似ており、人間の心は感じにおいても働きにおいても類似している」（T 2.2.5.5/359）

ヨナルな連帯が必要であると示唆している。私が思うに、こうしたド・ヴァールの主張は方向性としては間違っていないのだが、しかし、あまりにもエンパシーや共感というものを過大評価しているようにも思われる。

まず、動物と人間との類似点としてのエンパシーが広範囲へと適用可能であるかどうかが疑わしい。「人間も動物と同様のエンパシーの持ち主なんだ。だから、そのエンパシーに基づく社会的連帯が必要なんだ!」という主張は、経済的交流の縮小化・ローカル化を目指す議論においては有効かもしれないが、広い社会における問題解決としては不足気味であるように思われる。もちろん、ある群れの犬が別の群れの犬に同情するように、人間だって見知らぬ人間に同情・共感することもあるが、そこには個体差もあり偶然的要素が強いし、それだけでは、道徳・ルール・法のもとで共存するような社会的連帯を構築・維持し続けることは難しい。というのも、道徳・ルール・法のもとでの連帯においては「なぜそうするのか」という理由こそが言語化・伝達・共有される必要があるからである。「社会的弱者を救う」「餓えた人たちを救済する」「地球の反対側の子どもたちに教育を受ける機会を与える」というのは、その根っこにエンパシーがあるとしても、その実践においては個体的・個人的思惑を超えたコンヴェンションが共有されなければならないし、そのためには何らかの社会的・文化的・経済的交流が不可欠であるように思われる。ド・ヴァールが示唆するように、エンパシーぬきの(大きくなりすぎた)市場型社会がこのままうまくいくとは思えないが、しかし、そこにいきなりエンパシーの概念を持ち込むことで、市場のトラブル、グローバルな問題が円満に解決したり、見知らぬ人間同士がうまく連帯できるとも思えない。そもそも、エンパシーや共感とは、社会関係や人間関係を拡げてゆくような「能力」であると同時に、それらの関係が拡がりゆくなかで社会的に可能となってゆくような「原理」、あるいはそれに基づく「現象」という面もあるので、能力としてそれらを強調するばかりではうまくいかないように思われる。それに、人間は動物よりもそもそものエンパシーの射程が長いような「思いやりに溢れた感受性ある生き物」かといえばそうではない。

人間のエンパシーや共感には本性的な制約があることは、最近の行動心理学のリサーチによっても示されている。なかでもここ最近注目を集めているのが「心理的麻痺 psychic numbing」にかかわるスロヴィックの研究であり、それを簡単に言うならば、助けるべき対象（相手）を統計的観点から認識した場合、その相手に対する共感の度合いが低くなる、というものである。顔写真付きで特定の人物が貧困に苦しんでいることを伝えて寄付金の額を提示してもらうのと、アフリカで何百万人もの飢餓で苦しむ人々の存在を統計的情報のもとで伝えて寄付金の額を提示してもらうのとでは、前者の方が寄付金額の平均値が高かった（Slovic［2007］: 87-88）。われわれは、顔も見えない「その他大勢」に対して共感できるほどの感性を持ち合わせているわけではないし、また、顔が見えていたとしても、それが統計的情報のもとで現れるならば、その人は「その他大勢」として取り扱われることもある。[102]

もっとも、「実際、われわれは見知らぬ被害者に同情し、加害者に対して応報的感情をもつではないか」と反論する人もいるかもしれない。先ほど引用した箇所においてド・ヴァールが意識しているであろうアダム・スミスも、共感のことを「他の人々の悲哀に対する同胞感情（fellow-feeling）を示すもの」（TMS 1.1.1.5/5）とみなしており、それは立場交換のもと、被害者の言い分さらには加害者の行為理由を

102　特定個人の顔写真に統計的情報をつけて提示した場合の寄付の平均金額は、特定個人の顔写真のみを提示するケースよりも低かった（Small, et al.［2007］: 149, Figure 3）。

理解するためにも重要であると主張している（TMS 1.1.1.10-11/7）。たしかに、「現象」として、社会的連帯を支えるそうした共感が確認できる以上、共感の役割を過小評価すべきではない、という主張自体はもっともである。

ただし、彼らスコットランド啓蒙思想家たちが言うところの「共感」を、生得的ニュアンスが強い「エンパシー」と混同すべきではない。というのも、後者はおよそ動物にも認められる本能的能力ではあるが、前者はそれを含みつつ、さらに人間特有のものとして経験主義的に拡張してゆく一種の「原理」だからである。スミスは「われわれの感情が、たいていの場合には何に対応するかについての、われわれの先行する経験からひきだされた一般的諸規則が、われわれの現在の諸情動の不適宜性を訂正する」（TMS 1.1.3.4/16）と言っているが、これはつまり、共感が「適切な理解」を示す機能を果たすためには、それがわれわれの経験則に依拠している必要があることを意味する。社会が複雑化・巨大化するにつれ、生得的なエンパシーに頼るだけでは、何が適切であるかについてバラつき・混乱が生じる。だからこそ、それまでの相互作用を通じて形成・醸成されてきたコンヴェンションを共有し、それに沿ったある種の行為には道徳的称賛を、そこから逸脱するようなある種の行為について道徳的非難と処罰を与えようとするような「共感」が必要となるし、そこにはある種の経験的メカニズムをみてとることができる。われわれは共感能力やエンパシーを進化させることで共感の範囲・対象を拡げた結果、そこからコンヴェンションを形成して社会を拡張させてきたわけではない。事態はむしろ逆で、コンヴェンションを共有するような拡張された社会の中で暮らしてきた結果、共感の範囲・対象が拡張されてきたにすぎない。

「共感」―「エンパシー」は人間本性の重要な一部であり、それが欠落していれば日常生活を円滑におくることはできないが、しかし、日常生活を超えたところにそれを持ち込んで、そこでの道徳的難問や正義の問題をいきなり解決できるとも思えない。もちろん、そこでは「いまだコンヴェンションを共有することのない——それこそ統計的な数字にすぎないような——貧困や戦争に苦しむ「他者」に対し、いかにわれわれは、(頭ではなく) 心から「助けるべき」と思うことができるだろうか」という課題は残っているし、「では、実際に顔の見えない他者に対して寄付を行っているような、いわば、われわれの本能の限界を乗り越えた共感的営みを行っている人物はいったいどのように動機づけられているのか」という問いにも答える必要がある。こうした課題や問いについては本書のメインテーマではないのでここで腰を据えて論じることは控えたいが、本書でこれまで論じたことに沿う形でいえば、以下の二種類の説明が可能であろう。一つは、スロヴィックの実験で示唆されているように、人間の本能ともいうべき「顔の見える特定個人への共感」という原理を利用し、あえて特定個人のみのイメージを強調しつつ、自らをその人 (および類似したその他) の救済へと動機づけている、という説明の仕方。もう一つは、本書第5章で論じたように「計画」を設定し、その計画内において機能する「幅」をもった規範的合理性に頼る形で、それをしたいと常に欲してはいないが、その「計画」のもとでそこに向かう行為へと自らを動機づけるというやり方、である (後者の「計画」については、「世界をよくしたい」「功利主義者でありたい」といった道徳的計画というものもありうるだろう)。

いずれにしても、「エンパシー」「共感」そのものは重要ではあるものの、しかし、それは「合理性」と同様、決して万能なものではない。すでに問題が乗り越えられた時点においては——すなわち、コンヴェンションが形成された後では——それを補強・継続するという役割を果たす点で有意義であるが、問題を乗り越える前にそれに頼りすぎるべきではないように思われる。乗り越えようとする最初の「一歩目」以前においては、多くの人にとってその理由があいまいであったり、特にすべき理由があるものではなく「なんで、それに共感しなければならないの？」とか、「なんでそれを行わないといけないの？」と言う人もいるかもしれない。われわれは「一歩目」以降においてやっとその理由をはっきりと意識できるようになり、多くの人にとってその理由は理解可能となってゆくのだろう（しかし、時々それを忘れることもあるが）。エンパシー・共感といった人間本性上の情動メカニズムの有効活用自体は私も積極的に推進すべきだとは思うが、しかし、そこにもある程度の限界というものがあることを理解しておく必要があるだろう。

第Ⅲ部　自由な社会

第7章　不自由な責任主体

1　「合理的」だから「自由」であるのか？

前章までは、個々人の計画遂行や目的実現、さらには協調関係の実現のための「一歩目」の踏み出しに寄与する「不合理な人間本性」をいくつかの角度から論じてきた。本章では、そうした「不合理な人間」であるわれわれが、いかに「自由な行為者」でありうるか、について考えてみたい。

通常、動物は「不自由」と考えられている。それはなぜかといえば、動物は本能的な情動に――たとえそれが攻撃欲求であろうが仲間内のエンパシーであろうが――支配されがちであり、自身について反省したり、自身や社会（さらには世界）を変革することはできない、とされているからである。さらには、動物は出来事の記憶や因果予測はできても、「時間」という概念をもってはいないため、「一年後の自分」や「一〇年後の展望」といった計画にコミットできない、という点も挙げられる。これらの点を踏まえ、人間という存在は他の動物と異なるような「合理性」をもっており、そのあり方は動物的な情動の束縛から逃れ、自分自身、そして世界をも思うように変革してゆける「自由」をもっている、と考えられている。

しかし、「理性は情念の奴隷」と言ったヒュームは、そこまで人間の理性を特別視しているわけではない。実際、「理性だけでは何の行為も生み出すことができず、また意志作用を生むこともできないので、この同じ能力〔理性〕は意志作用を妨げることも不可能であり、また、情念や情動と優先権を争うことも同じく不可能である」(T 2.3.3.4/424-425) と言っていることからも、理性のことを、単なる「情報を伝えるメッセンジャー」「欲するところの目的を実現するための効果的手段を教えてくれる使用人」程度にしかみなしていないように思われる(もちろん、これは「理性」「合理性」という語の使用法の話なのかもしれないが)。しかし、なによりヒューム哲学において重要なポイントとしては、理性それ自体は目的を持ちえないので、人を動機づけることはできない、という点がある。人間は他の動物とは異なり、正義の徳を理解することができるなどの特徴はあるものの、意志や意図的行為そのものはやはり情念なしでは不可能であるため、理性ではなく情念こそが実践的行為には不可欠である、というスタンスをヒュームはとる。

しかし、こうしたヒュームの主張は妥当なのであろうか。「計画」などのケースにおいては、「幅」のある規範的合理性のもと「したくもないこと」をするよう動機づけられる点では理性に優先権があるようにみえるケースもある。もちろん、計画そのものは主体の「欲求」に依拠しているのであろうが、しかし、いくら欲求しているとはいえ、およそ「ふつうの人」であれば、少し考えれば明らかに無理なことを計画したりはしないであろう。たとえば(ここだけの話であるが)、私は子どものころから現在まで世界征服を欲求しているのであるが、それを真剣に検討し、自分の人生すべてをその計画に費やそうとはしてこなかった。この場合、ある種の合理性ともいうべきものが計画の枠組みを調整し、私の欲求を抑制してくれているのではないだろうか(もっとも、有限な知性しかもたない私のそうした「合理性」は、もしかすると本当は実現可能であった世界征服を妨げたのかもしれないが、ポイントはそこではなく、欲求が知性的判断によって制約を受ける、という点にある)[103]。すると、やはり私は動物以上に合理的な存在であり、「自由な存在者」としての在り方は「合理性」に依拠しているようにも見える。では、こうした私の自由意志は合理性によって保証されるものなのであろうか。実は、ここには大きな問題がある。

たしかに、現在の私は、世界征服をしたいという情念に囚われることなく、自分自身の意志のもと、大学そして大学院に進学し、現在は大学で倫理学などを教えているのであるが、もしそうした意志がこれまでずっと「私にプログラミングされた合理性」によって規制・コントロールされているとすれば、それは「私」本人の意志とはいえないように思われる。つまり、その行動が合理性によって制御されているとすれば、結局のところ情動に支配されるか合理性に支配されるかの違いでなく、ただ後者の方が利益が大きいから正当化されているだけで、どちらにおいても結局「私」は不自由なのではないか、という疑問が生じる。

もしかすると、これに対し、ヒューム主義者は「まったく、合理性というのはすぐ枠を設定して人を制約しようとするからねえ。しかし安心していいよ。実際に活動するにあたっては、欲求などの情念が「理由」を与えているんだし、あなたはその枠を飛び出すこともできるんだから、合理性に囚われないあなたならではの自由意志がそこにはあるよ」と慰めてくれるかもしれない。たしかに、こうした慰めには説得力がある。私が研究職を意識し始めたのは修士課程二年生の秋以降だったが、それは「就職活動をし忘れた」「知り合いの先生が皆から尊敬されていてカッコよかった」「好きなことしかしなくてもよさそう」などの理由からであった（実際になってみると悲しい現実が突きつけられたが）。そして大学院進学に三回も失敗し、さらには一旦就職した公務員まで辞め、いろんな職を転々とするなか、多くの人が

「おまえは世間の常識（枠）にとらわれないなあ」と言ってくれたものだった（もちろん、それは皮肉・批判だったのだろうが）。とすると、私が研究職を志したその意志とそこに含まれる情念（欲求）とに鑑みるに、そこには「私」の独自性があるようにもみえる。さて、これにて私の自由意志は認められるであろうか。

いや、こうした経歴や意志の在り方が世界においてたとえ私一人であったとしても、それが「自由」の証ということには決してならない。なぜなら、そうした「私」という人間の独自性も、私の両親が性行為を行い、その後で母が身ごもり出産し、そこから両親が教育を与え、さらに周囲との人間関係や環境の中で育まれた成果にすぎないわけで、結局のところ、私という人間およびその意志は「私以外の要因」によってつくられたものにすぎないからである。このように、「私がどのような人間になり、どのような意志をもつのかも、すべて他の出来事によって因果的に決定されていた」という考え方を「決定

103　無茶な行為へと動機づけられるような人物は、その計画そのものがその行為者自身の在り方との間でバランスが取れていないケースといえるので、計画そのものを見直すべき知性的判断が必要となる。しかし、ヒューム主義的な情念優越主義では、やはり知性的判断だけではその人の生き方（計画）を変えるには足りない、と主張するであろう。もしヒューム主義として、こうした人物がより理に適った生き方へと軌道修正することが可能であるとするならば、次のような快楽主義的な説明を採用するかもしれない。つまり、通時的な観点からその人が後悔するかもしれないような「苦痛の見込み」が示されることで、「なるべく快が多くて苦痛が少ない人生を送りたい、という計画の方をあなたは欲していたのではないですか？」というように、その人本来の欲求に気づかせる、という説明である。しかし、この説明では、「より大きな善と認めているものよりも、より劣った善と認めている方を選び、前者より後者に対してより熱烈な感情をもつことも［他のケースと］同様に理性に反するということはまったくない」（T 2.3.3.6/416）と主張するヒューム本来の情念優先主義と大きく乖離しているようにも見える（つまり、ヒューム的ではないようにみえる、ということである）。

論 determinalism」という。さて、この考え方のもと、行為者の「自由意志」というものは一体意味をもちうるのであろうか。

決定論のもと、自由意志を認める立場は「両立論 compatibilism」と呼ばれるものである（文脈によっては、「ソフトな決定論 soft determinism」とも呼ばれる）。これに対し、決定論と自由意志との両立を認めない立場は「非両立論 incompatibilism」と呼ばれるが、後者はさらに、決定論を認めつつ自由意志を否定する「ハードな決定論 hard determinism」、あるいは逆に、決定論を否定しつつ自由意志を認めるような「形而上学的リバタリアニズム metaphysical libertarianism」に分類される。哲学上の議論でいえば、ヒュームの立場は両立論に分類されるが、それを簡単にいえば、「決定されていても、自由意志は認めることができる」という立場である。しかし、それは一体どのようにしてであろうか。言葉だけでは一見矛盾しているような主張でもあるので、ここで少し解説してゆこう。

ヒュームは、「無差別の自由 the liberty of indifference」と「自発性の自由 the liberty of spontaniety」とを区別し、前者はあらゆる因果性を超越するような形而上学的なものとして否定する一方で、後者および後者に属する行為者の意志（will）そのものは因果的必然性と両立するものとして認める（T 2.3.2）。つまり、「自由」を「何事からも影響を受けない」と定義するような「無差別の自由」についてはそれに該当するものは存在しない、と主張する一方で、影響は受けるが自分自身で自発的に意志決定している行為者は存在する、と主張しているのである[104]（この点で、ヒュームは形而上学的リバタリアニズムではない）。つまり、われわれが「行為者」として認識できる人格は、欲求などの情念やいろんな情報・知識などによって因果的影響を受けながらであっても、「その人なりの自由意志」をもって行為をしている存在、ということになる。興味深いことに、ヒュームと対比されがちなカントの倫理学であっても、自由意志の在り方についてはヒュームと同様の主張をしているようにみえる。というのも、カントにおいては、因果性をそなえた物理法則を認めつつ、それとは別の法則、すなわち道徳法則に沿った行為を行うような善意志をもった人物こそが自律的で理性を備えた行為主体とされるので（Kant [1785], [1797]）、この点から、カントもまた「実践」においては主体の自由意志を認める両立論者でもあるように思われる。[105]

しかし、ヒュームとカントの違いとしては、欲求に流された結果の意図的行為について、それを実践理性的とみなすかどうかで大きな違いがある。ヒュームであれば、欲求（情念）に基づく反道徳的行為であっても、「（理由に沿っているので）理に反していない」となるし、ヒューム主義においても、その欲求とそれを満たすための道具的信念を動機づけ理由としているならばそれは（広義の）実践理性に沿った行為といえる。しかし、カント的には、それは動物同様、規範的な道徳法則から逸脱し、情動や快楽に支配されがちな因果法則にとらわれている点で実践理性に反するものとなる。ここでの差異は、「特

104 これは、われわれが認識しているこの世界において「実体 entity」の存在は直接知覚できないし、それを想定することに意味はない、というヒュームの哲学的スタンスを示している。ヒュームにおける因果的必然性とは、「決定（されている）という印象が、われわれに因果的必然性の観念を与える」（T 1.3.14.1/156）と表現されるように、主観的知覚の一種であり、それは認識上の産物にすぎない。これだけきくと、「ああ、それなら因果的必然性は虚構ということになるから、それを超越した実在的な「私」を認めるのかな」と思う人もいるかもしれないが、同様のロジックによって――すなわち「自己」ですら知覚の連合がもたらすところの造られた知覚（概念）にすぎない、という理由から――「人格同一性」それ自体も認識上の産物とされてしまうので、結局のところ、実在論的主体概念は拒絶される。つまり、それが実在論的なものであるかぎりは、主体概念を否定しようが肯定しようがすべて却下する（というより、認識上の問題に還元してしまう）のがヒュームの哲学的スタンスであるので、ヒュームの認識論上、因果的決定論を認めたとしても、実践的な行為主体の話を拒絶することにはならない。

定の道徳規範に囚われることなく、しかし、その人自身の理由（欲求）に沿ってきちんと意図的行為をしている点で実践理性的な存在者」というヒューム的行為者モデルが、カント的には「反道徳的な理由（欲望など）に囚われている点で不自由であるような、実践理性が機能していない存在者」となってしまう点にある。両者におけるこうした差異は、現代の行為論や道徳心理学における「ヒューム主義vs.カント主義」の対立にも継承されており、それはさらに「自由」や「責任」を取り扱う日常的実践についてまったく異なる見方を提示するという点で重要なものといえる。

興味深いのは、洗脳もなく偏見もなく、自分が考えていることをきちんと実行できる「合理性」というものに対し、哲学者をはじめとして、われわれ人間はそこに「自由」という概念をくっつけようとする傾向にある。その一つの、しかし大きな理由として、「合理的で自由な人間」というものが市民社会における所与的な行為者モデルとなり、その活動領域が拡大する一方、国家的コントロールには制約が課せられてきた（少なくともそのように求められてきた）ことにあるだろう。そして、そこでは、それぞれが合理的人間なりの「責任」を負うべき存在であることが意識されるようになった、といえる。つまり、自由と責任の「間」には、自分なりの意図をもってうまく選択的決断を可能としてくれるような「合理性」が想定されているが、実は基礎的である「合理性」に「自由」というイメージが付着してきたようにも見える、ということである。だからこそ、「合理的人間であれば自由に振る舞えるし、その責任を負わねばならない」と言説が一般的にとられているし、実際それは日常的実践において多くの人が採用しているのだろう。しかし、ここでもやはり根本的な問題は、「何が合理的であるか」、そして「誰が合理的か」というところにある。「お金をうまく稼げば合理的である」ならば、アメリカの所得上位10パーセント以下の多数者は不合理な愚民ということになるのであろうか。あるいは、体系的知識であるところの「学問」を修めた研究者であれば合理的となるのだろうか。「何が合理的であるか？」という問題は、どこかでなにがしかの基準を設定・導入しなければ議論が永遠に続きかねない難問であり、ここでそれを定義づけようとも思わないが、しかし、われわれの実践においては、「合理的かどうか」の基準はどこかで想定されているはずであるし、だからこそわれわれは「行為者Aには責任があるが、行為者Bには責任がない」と判別できているように思われる。しかし、そうであるとすれば、それは一体どのようになされているのであろうか。「責任主体とは合理的行為者である」というわれわれの常識的直観の構造を理解するために、現代的な自由意志‐責任論の文脈でこの問題を考えてみよう[106]。

2　理性と責任

まずわれわれの日常的実践における「責任」という概念についてあらためて考えてみよう。一般的な責任判定ルールとしては、「べし」は「できる」を含意する、というものがある[107]（簡単にいえば、できないことに対し「それをすべきだ」といっても仕方ないということである）。すると、「合理性」を「うまくできる知性（能力）」とみなす強い合理主義は、うまくいかなかった人は規範的合理性を欠落している点で

105　もちろん、カントの倫理学説においても形而上学的想定が含まれてはいるが（現象界と叡智界の区別、物理法則と道徳法則の区別、他の意志に比べた場合の「善意志」の特権性など）、しかし、それは思弁的哲学としての純粋理性批判とは異なり、「実践」そして「行為主体」が強く意識されていることには違いないであろう。

106　現代の自由意志‐責任論についてわかりやすくまとめられているものとして、Kane [2002], 成田 [2004] などがある。

107　これは Kant [1793]: A50 や、Kant [1781, 1787]: A548/B576 において言及されている。

「できない側」に分類されるので、「べし」を期待できるような責任ある行為者としてはみなさない傾向にある（もしかすると「行為者」ですらないかもしれない）。そして、それが自由－責任論にそのまま適用されてしまうと、道徳規範に背いて他人に害を加えた強盗殺人犯であっても「責任ある行為者」ということにはならず、その責任を負う必要はない、となりかねない。[108] しかし、こうした合理主義的免責論はわれわれの日常的・道徳的直観と激しく対立しがちなものである。なぜなら、われわれは「その人は規範に従ったのではなく、悪意（およびその欲求）に従いながら行為選択したのだ！」というように、悪意に基づく意図的行為をそこに見いだしてしまうからである。

こうしたわれわれの直観については、およそ二種類の説明が可能であろう。一つは、われわれの応報的感情がそうした行為－責任主体の認識を成立させている、というもの。もう一つは、決定論がどうであれ、行為者における「理由」が記述されるような行為であれば（理性に反してはいないので）合理的存在者による意図的行為である（ゆえに責任主体のそれといえる）といった、ヒューム主義的行為者モデルをベースとしたもの、である。

第一の説明については、人間の応報的本性にかかわるものである。第3章でも述べたが、人間本性には仕返しの本能ともいうべきものがあり、ある意味それが社会的協調を成立させている、といえる。もちろん、個人レベルにおいてはその仕返しの理由が一般性を欠落するがゆえにそれは「応報」とは言い難いものも多いが、社会レベルにおいて応報の意味をもつ「刑罰」というものが成立してしまっている背景には、個々の人間が他者の不快な振る舞いをみる際、それが「たとえ自分と無関係であっても、その行為は処罰（あるいは非難）に値する」と認識してしまうことにある。その認識は個々人でズレがあるかもしれないが、それが社会的に調整された形で用いられるものこそ「刑罰」といえるであろう。わわれわれの道徳的直観において「罪のある人は、その罪に応じて非難され罰せられるべきだ」という応報主義は根が深いものであり、それこそが、「悪意ある責任主体」という概念を成立させてしまう、という説明もできる。[109]

しかし、そうした応報的感情をもってのみ意図的行為、ひいては責任主体を認定することはわれわれの道徳的直観に反することでもある。というのも、本人にはどうしようもなかった事故にかかわってしまった人に対し、関係者もしくはその他大勢が「許せない！　おまえも同じ目にあうべき責任者なんだ！」と決めつけることに道徳的正当性は見いだせないからである。たとえば、飛行機がエンジントラブルで墜落し、パイロット以外は全員死亡したとしよう。パイロットは全力を尽くし、一人でも多くの乗客を助けようとしたが、乗客全員が残念なことに亡くなった。そのパイロットに対し、亡くなった乗客の遺族たちが「お前も死ぬべきだ！」といって訴訟をおこし、裁判によってそのパイロットに死刑判決が下されるとすれば、そこに正義がある、といえるであろうか。とてもそうは思えない。もちろん、われわれの応報的な道徳的直観そのものが拒絶される必要はない。しかし、その行為者が「責任者」として非難や処罰を向けられる前に、そこにはその人自身がある理由のもとそれを意図していたかどうか、が重要となる。ここにおいて、第二の説明の仕方、すなわち、ヒューム主義的行為者モデルをベースと

108　もっとも、合理主義者（カント主義者）であっても、反省能力を備えた人格同士の相互交流において積極的に責任を負う姿勢こそを「合理的」と位置づけることで、安易な免責論には否定的な立場をとるものもある（Korsgaard [1992]）。

109　われわれの道徳観においては、そうした積極的応報主義は肯定されると同時に、それが求める積極的な「応報的措置（社会的な「仕返し」）」というものについては「良心に反する不道徳な行為 wrongness」として否定されるので、そうした積極的応報論を正当化することにはパラドックスがある、とマッキーは主張する（Mackie [1982]:7）。

したものが登場する。

アンスコムがいうには、ある行為の「原因」がたとえ情念であったとしても（つまり、情念の因果作用があったとしても）、その行為の「理由」はそれとは区別して考えるべきであって、理由が記述できる以上はそれを意図的行為として認めるべきである、ということであった（本書第5章第1節）。そしてヒュームは、「行為は情念に基づくもの」としつつ、その人自身の意図的行為は——たとえ情念に流されながらも（というより、情念に流されるより他はないのだが）——たとえ因果的決定論のもとでも可能である、と主張した（前節の「自発性の自由」を参照）。つまり、アンスコム＝ヒュームラインでは、規範に従うことなく欲求（情念）に流された人物であっても、記述された「理由」に基づいて行為していればそれは意図的行為となるのである（「復讐」と記述されるのであれば、それが怒りに流されたものであろうが悲しみに突き動かされたものであろうが関係なく、意図的行為として復讐に手を染めたということになる）。しかし、それだけではない。われわれは誰かの行為の意図を理解する際、「その人が何を望みつつそうしたのか」というようなその人自身の心的状態において実際にそのように突き動かしたような動機づけ理由（欲求を含むもの）をも理解しようとする（たとえば犯罪行為における主観的構成要件など）。ここにおいて、デイヴィッドソン＝ヒュームラインの説明が加わることになる。デイヴィッドソンがいうには、われわれが意図的行為を理解する際、意図的行為へと因果的役割を果たすような「主たる理由」、すなわちある目的に対する賛同的態度と、それに寄与する信念というものを想定しなければならない、ということであった（本書第5章第1節）。これはヒュームの情念と理性との区別に対応している。ここから、ヒューム主義的な信念／欲求モデルのもと、行為者の動機づけ理由が理解可能となる。たしかに、合理主義者（反ヒューム主義者）が重視するように、その人が規範的信念に動機づけられるような人間であれば「合理的な人間」として望ましいかもしれないが、たとえそうでなくとも、「信念／欲求」理由をもって行為している以上は意図的行為者と認定できるし、最低限の実践理性（道具主義的合理性）をもっているとみなすことができる。こうしたヒューム主義的行為者モデルは、問題となる事柄について非道徳的な――あるいは反道徳的な――行為を行った情動的人物の責任を問うようなわれわれの常識的直観に暗に採用されている、といってよい。

すると、ある事柄においてそこでかかわったような人物の「責任」が問題となるとき、①第二の説明（ヒューム主義モデル）が示す形で、われわれの常識とマッチするような「行為者」というものが認められ、②その後、第一の説明が示すように、「その行為者が非難や罰に値するかどうか」という応報的判断が下される、というプロセスがあるように思われる。ここでの意図的行為者の「合理性（実践理性）」というものは、「（信念／欲求に構成される）因果的なものとして記述可能な理由に沿って行為している」という程度のもので十分であり、それが第一の説明のバックボーンである応報的感情と結びつく形で責任論に導入される場合、それはかなり多くの人を責任主体としてみなしがちなものとなるかもしれない（当然そこでは、「未成年の責任はどうするのか？」「病的なまでに意志の弱い人を責任主体とみなすのか？」という問題が生じるであろう）。

他方、「合理性」を強く捉えながら「責任」との関連性を保持しようとする反ヒューム主義的な合理主義もある。そしてそれは、「（責任能力のない）情動的な加害者に対して責任を問おうとするその直観こそが間違いである」と主張するかもしれない。合理主義者であるスーザン・ウォルフは、その著書『理性内部の自由』（1990）にて「責任を伴う自由意志とは、情動に流されるような人間にではなく、理性的な人間のみに認められるものである」と主張する。この主張は、非常にカント的ではあるのだが、しかし、因果法則を超越した「自律 autonomy」をその本質とするカントの合理主義とは異なり、ウォルフは因果法則のもとでの決定論を受け入れたうえでの両立論をとる。[110]「自律」にこだわらないウォルフの立場としては、現実における責任と実践理性とのかかわりが重要であって、単なる行為選択ではなく、真・善という価値認識に沿って実践を行っているかどうかが問題となる（Wolf [1990]: 70–71）。つまり、因果的決定論が正しかろうが主体が自律していようがいまいが、そうしたこととは独立的に真・善を認識しつつ行為しているのであればそれは自由－責任主体であるし、そうでなければ不自由－無責任主体となる（非常にわかりやすい）。こうした彼女の立場では「合理的であれば、真・善に沿って行為できるので責任があるし、そうでなければ責任はない」となり、真・善に沿って行為できない「愚か者」「悪人」は責任主体ではないことになる。

　こうしたウォルフ流の責任論を支えるのが「非対称性の議論」であるので、これを少しみてみよう。この「非対称 asymmetry」が何を意味するかといえば、それは「うまく物事を成し遂げたり道徳的規範を遵守したりできればその功績や徳性は認められる一方、物事を失敗したり道徳規範に従わなかった場合にはその責任は免除されるべき」というものである。これに対しては賛否両論いろいろあるかもしれないが、ウォルフによればこの非対称的な主張はわれわれの日常的直観を論拠としている。たとえば、「私はやむをえなかった」「彼には選択肢がなかった」「彼女は抵抗できなかった」などの文は、非難を浴びせられた際に免責的弁明としての機能を果たす傾向にあるが、称賛においてこの類の文がその行為者の功績を拒絶することはない（「私は嘘がつけない」「彼は敵を傷つけることができなかった」などの文は、行為主体が称賛に値することを示していても、その逆ではない）。ウォルフがいうには、われわれの言語的直観においてそうした非対称性は否定できないものであるので、真・善をきちんと尊重する――そして、それを動機づけ理由としてもつ――行為者のみが責任主体であり、それ以外は責任主体とはなりえない(Wolf [1990], 79-81)。しかし、私が見るところ、こうした非対称性の議論にはいくつか問題点がある。

まず、ウォルフが論拠として挙げるような非対称的な言語用法が日常的に観察可能であるからといって、それが責任の非対称的性質の根拠となるわけではない。というのも、ある場面においては「そうせざるをえなかった自分にも責任がある」とか「彼を傷つけるような欲求に抗うことができなかった彼女には、その道徳的責任がある」というような言語使用は見いだされるし、そこにおいて責任は対称的に取り扱われるからである。責任の非対称性のもとで免責論を訴えるのであれば、単なる口語的事実だけでなく、非対称的な口語的用法に内在する正当化理由を示す必要があるが、結局のところこの手の免責論は「その人はどうしようもなかった」というような決定論に基づく同情論に頼らざるをえない。しかし、本当に決定論をきちんと採用する以上、真・善を理解して行為する人もまた「そうするように決まっていた」だけの話となるし、さらにいえば、そもそも端的な事実のもと、等しく決定づけられているはずの人間全般において、その一部が真・善を理解する、とみなすその根拠はどこから生じるのであろうか。ウォルフの場合、形而上学的説明を拒絶して認識論的説明を意識しているが、本当にそうであるならばその根拠を与えるのは「人間の観点」に他ならず、するとそれもまた端的な事実として、「その観点もまた、そのように(一部の人間が真・善を理由として行為しているとみなすよう)決定づけられている」

110 この場合、「カントは因果的決定論を排除するような叡智界を設定し、そこにおいて自由意志をもった「自律」する主体を認めている」ということになるので、ウォルフとカントを対比する文脈でいえば、カント倫理学は非-両立論(であり、かつ形而上学的リバタリアニズム)ということになる。

だけの話となる。すると、なぜその観点のみが真・善を根拠として「称賛」を与える特権をもっているのだろうか。決定論を本当に等しく適用しているのであればその答えはでないはずであり、ここにおいて、ウォルフが真・善という概念を利用する際、決定論以外のものが密かに導入されているようにもみえる。

私が思うに、実践における責任の非対称性とは、それを捉える「観点の差異」に基づくものであって、責任そのものが非対称的性質をもっているわけではない。つまり、ウォルフのいう「非対称性」とは、責任を論じる諸観点間の相対性にまつわる話であるにもかかわらず、それを責任概念の性質として理解しようとする点で、ウォルフは間違いを犯しているように思われる。たとえば、合理的存在者として「すべきこと」「すべきでないこと」についての知識を備え、これまでずっと善行をなしてきたリンチさんがいるとして、そのリンチさんが今しがた隣人を意図的に殺害して逮捕され、「かなり昔から殺そうと計画していた」と供述したとしよう。リンチさんは自由意志をもった行為主体としてずっと道徳的に功績ある人物であったと同時に、彼はずっと悪意に流されながら殺害計画を練っていた責任能力のない人物ということになるのだろうか。もっと簡単にいうならば、この場合、非対称性のもと「リンチさんは褒められこそすれ、道徳的に非難されるべき性質などはもっていない」となるのであろうか。もし、そのように非対称的に彼を評価できるとするならば、それは彼の人格や自由意志が有する性質ゆえにではなく、むしろ、彼の人格を評価する際、互いに相容れることがないような、それぞれ異なるパースペクティブを並べた場合の非対称性に由来しているといえる。つまり、自由意志-責任認定型パースペクティブと、決定論-免責型パースペクティブの非対称性があって、ウォルフのような合理主義者は、道徳的行為者に対しては前者を、反道徳的行為者に対しては後者を使い分けながらそれぞれ異なる評価をしていると、すぎない、といえる。

さらにいえば、私自身は、因果的決定論というものが、われわれの実践において、意図的行為や主体性、さらには責任概念をも消失させるべきものとは考えない。「このように決まっていたから、その人に責任はない」といった因果的命題は、具体的な検証を通じるとともに、それが反証可能性を備えているならば有意味であるが（だからこそ、その因果推論が外れることもありうるが）、全称命題的な因果的決定論においてはそもそも反証可能性がまったくなく、われわれがある事柄についてその在り方を識別するような営みそのものが無意味なものとなってしまう。「すべては決まっているから誰にも責任はないのだ」というタイプの因果的決定論では、「意図があるのかどうか」「悪意があったのか」という問いはもちろんのこと、「行為があったのか」「行為者がいたのか」といった問いですら無意味となる。「それを為したのが誰であろうが、どんな意図であろうが、どんな結果であろうが、そうなるように決まっていたのである」というのであれば、われわれの社会で実際に行っている取り調べや裁判そのものが無意味となってしまうであろう。しかし、日常的実践において無意味なものは、むしろ、そうした全称命題的な――ある種の運命論ともいうべき――因果的決定論のように思われる。

そもそも合理主義はその合理性基準が強くなるに従い、因果的決定論および決定論的免責論と癒着しやすい特徴をもつ。というのも、「その人が合理的であれば、〇〇のような行為をする」という立場を採る以上は、「〇〇のような行為をしていないのだから、その人は不合理である」という判断を下さねばならない。すると、「〇〇のような行為をしていないその理由（たとえば「欲望に流された」など）」はすべて免責事由となる一方、うまく行為できれば合理的なその人の功績といった非対称性の様相を帯びやすくなる。しかし、これは本来、決定論と自由意志（および責任）についての両立論がとるべき形とは思えない。両立論の意義とは、因果的に決定されたこの世界内での実践において、いかに自由‐責任主体を見いだせるかの視座を提供するものであり、そこでは「決定されているその人の悪徳的行為の、どの部分が仕方ないもので、どの部分がそうでないか」という決められ方について議論すること自体は拒絶されるものではないし、その議論は常に開かれているべきであろう。ゆえに、両立論を採るのであれば、ヒューム的な両立論——すなわち、道徳感情論および、ヒューム主義的「信念／欲求」モデルの組み合わせ——の方が、より現実的な妥当性をもつようにも思われる。

3　道徳的な証拠

では、われわれが実際に有するところの、「責任」および「責任主体」という概念は、一体どのようなものなのであろうか。合理主義的倫理思想が決定論的免責論と癒着した場合、ありとあらゆる反道徳的行為者は「不合理な存在者」となってしまいその責任可能性は排除されることとなるが、これまで説明してきたように、それはわれわれの常識的・道徳的直観に反するものであるし、そうした決定論自体受け入れがたいものである。結局のところ、われわれは日常において何らかの責任を問われがちな存在であるといえよう。しかし、本書で繰り返し論じてきたように、われわれは不合理な存在であるがゆえにときに規範的信念に反することもするわけで、わかっていてもできない、ということはたくさんある。もちろんそれは意図的行為であることに違いはないのかもしれないが、そのように「不合理な行為者」であるわれわれが責任主体である、という見方はどのようにして可能なのであろうか。つまり、「不合理な責任主体」という概念はどのようにして有意味たりうるのか、ということについて本節では考えてみたい。

「合理的であろうがなかろうが、決められていようがいまいが、およそ人間であれば責任主体といえる」という言い方は少々乱暴かもしれないが、しかし、この方向で責任主体というものを捉えるような哲学的主張もある。それは、ストローソンの論文「自由と怒り」(1962)で述べられるところのものであるが、ストローソン自身は両立論や非両立論、決定論などにコミットすることなく、それらのいずれがどうであろうが、われわれの道徳的実践はそれとは無縁のものとして「責任」というものを認める立場に立つ。ストローソンにとって重要であるのは、当事者(被害者もしくは受益者)が当該行為者に対して抱くところの、「怒り」や「感謝」、もしくは観察者がその状況における当該行為者に対して評価的に抱く反応的態度(reactive attitudes)であり、これらが存在するかぎりにおいて道徳的責任を論じるわれわれの実践は成立しうる、とストローソンは主張する。[111] つまりは、われわれの道徳的実践における「責任」の概念は、われわれの情念の産物であること、そしてわれわれはそうした情念を物質に向けることはなく、意図的行為者に向けることでそれを「責任主体」と呼んでいる、ということである。こうした「責任」および「責任主体」の捉え方については、アダム・スミスやヒュームを彷彿とさせるものであるが、[112] しかし、われわれはこうした説明のみをもって「責任」という概念を十全に捉えることはできな

111　本書で述べた「強い合理主義」の免責論的態度は、これとは対照的なものであり、それはストローソンがいうところの「客体への態度(他者を社会的な措置の対象として取り扱う態度)」といえる。これは反応的態度と対立するものであるが、しかし、人間社会の実践において完全に一方が他方を排除しているというわけではない(Strawson [1962]: 9/46)。

112　こうした論点はヒュームの『人間知性論』(1748)にも見受けられる――「あらゆる法律は、報償と罰に基づいており……憎悪と復讐心との唯一の適切な対象は、思惟と意識が備わっている人物または生物である」(Hume [1748a]: 98/137)。

い。というのも、「怒り」をその対象に向ければその人が「責任主体」となる、というだけではわれわれの日常的実践は大混乱してしまうからである。大勢の人々がその振る舞いに対し反応しやすいような行為者は責任を負いやすく、たくさんの人にとても寛容に接してもらっている行為者であれば多少の不始末でも問題にならない、とすれば、それはもはや法治国家ではなく「情治国家」のようであるし、そこにおいて「公平」「公正」な正義の徳を見いだすことは不可能となるであろう。反応的態度や市民感情が「正義」に反映されるにしても、そこにはきちんとした論拠、根拠、証拠が必要となる。ゆえに、われわれは再び、「責任」を理解するための「合理性」を探るという課題に立ち戻る。この課題に取り組むにあたり、再度ヒュームの哲学から知恵を借りてくるとしよう。

通常、われわれは、ある種の法則性のもとで決定されている対象を「不自由」とみなし、決定されていない対象を「自由」とみなす。これはまあよい。しかし、いかなる法則性のもとでも決定されていないように見えてしまう人間について、それを実践において「自由な行為主体」とみなせるかといえば、むしろ逆である、とヒュームは主張する。

> 通常、狂人は自由ではないと認められている。しかし、彼らの行為によってわれわれが［何らかの］判断を下すとすれば、これら［狂人の行為］は賢人の行為ほどの規則性（regularity）と恒常性（constancy）はなく、結果的に必然性からはなおさらかけ離れている。（T 2.3.1.13/404）

つまり、日常的実践においては、その人が何をしているのかを何らかの行動原理のもとで理解できるかぎりにおいてその人は自由な行為主体となり、そうでなければ意味不明な狂人としてしかみなしえない、ということである。ここに、自由な行為主体がもつと想定される「合理性」というものはそれ自体で成立するものではなく、それを観察する側における社会的な理解を必要としていることがわかる（他人の行為の意味を理解するためには、それを観察する側が何らかの解釈スキーマを有している必要がある）。すると、そうした観点からの観察によって、意味ある行為というのは何らかの「証拠」を示すものでなくてはならない。たとえば、カントのように毎日規則正しく、ある時間になればある行為を行うような機械的人物に対しても（『エミール』を読みながら散歩の時間を忘れることもあるかもしれないが）、観察者にとって理解可能な人格性（「きちんとした人物」など）を示す証拠のもと、理性的で自由な行為主体というものをそこに見いだすことができる。われわれはたとえその人の行為において「原因（情念）」と「結果（行為）」との因果的連関を見いだしたとしても、その人格性にかかわる証拠のもと、そうした人物を合理的存在者とみなすことができるのである。

この恒常的連接から、それ［精神］は原因と結果の観念を形成し、その作用によって［観察される人物の動機と行為との間に］必然性を感じる。ちょうどそれは、われわれが精神的証拠（moral evidence）と呼ぶもののうちにおいて、同様の恒常性が存在し、そして同様の作用が存在するようなものである。（T 2.3.1.16/406）

このような「精神的証拠」それ自体はその観察者において、観察されるところの行為者の性格（character）を示すものであり、称賛・非難の根拠として観察者に何らかの道徳的快苦を与えるものである。この場合、そうした「精神的証拠」は、観察される行為主体の人格性を示すところの「道徳的証拠」ともいうべきものを観察者に与え、それによってある種の（情念や快苦に基づくところの）道徳的判断をも与える。[113]

ある行為、感情、性格は徳もしくは悪徳である。なぜか。それは、その観点が特殊な種類の快もしくは落ち着かなさを引き起こすからである。したがって、理由を語る際、快や落ち着かなさによって、われわれは十分に悪徳もしくは徳を説明できるのである。徳の感覚をもつことは、ある性格を熟慮することからの特殊な種類の満足を感じることに他ならない。まさにその感じが、称賛や敬服と等しいものなのである。（T 3.1.2.3/471）

ここでの重要なポイントは、観察者において、何らかの明証性をもつような（行為者人格に関する）証拠に基づきつつ、意図的行為者の「性格」が示されることにある。ある人物の性格を理解することは、その行為者が引き起こした行為および結果の「意図」を理解することでもあり、悪意や害意をもってその行為・結果が生じたことが認識されると、それが因果的・必然的に決まっている（ようにみえる）にしても、そのような行為者はわれわれに不快や落ち着かなさを引き起こすところの悪徳的人間ということになる（そして非難の対象となり、責任主体とみなされる）。このように、その行為者の意図を探る際、われわれは「行為者の性格を示すところの証拠」を集め、その責任を見定める。その際の基準とは、①行為者がその性格を示すような行動原理・行為指針に従って実践的行為を行っているか、そして、②実際に意図的行為のもとで当該結果を引き起こしたという因果的事実があるか、というものであろう。これら基準に該当しないような人は、まさにそのように決定づけられた「狂人」であるか、あるいは「どうしようもなかった人」のいずれかであり、社会的な称賛・非難の対象とはなりえない（つまり、責任を追及されることはない）。だが、それ以外の人は、その行動原理ともいえるその人自身の行為の整合性・規則性のもと（しかしこれにも「幅」はあるのだが）、「合理的行為者」と認識・評価・称賛・非難される可能性をもっているのである。そして社会的に意味のある「自由」はそこにおいてのみ見いだされるものである。

　こうしたヒュームの行為論・道徳論においては、その行為者モデルは反合理主義的なもののようにみえるが、しかし決して荒唐無稽というわけではない。ヒュームからすると、あたかも「無差別の自由」をもつかのように、「すべての因果性を超越しながら完全に自律した行為者」や「個人的経験を超越するような真・善を理解できるような行為者」の方こそ理解不可能で荒唐無稽なものである。なぜなら、そうした「行為者」「真理」などの実在性をわれわれは直知しえないし、因果的に決定されたこの世界のなかで拾い集められた、その人の人格性を示すような「道徳的証拠」を採用することなくある人格の善悪を論じる実践こそがまさに不合理だからである。[114] こうした点を考慮するならば、悪徳的な行為主体

113　もちろん、ここでの“moral evidence”は主体の意図や心的状態を示すものであり、訳書のとおり「精神的証拠」と訳すべきものである。ただし、観察者が観察するところの行為者人格が徳義に基づいているかどうかを示すとき、そうした精神的証拠は、観察される人格に関する「道徳的証拠」を示すものともなりうる。

114　「この奇妙な［無差別的な］自由のシステムにその判断が固着するあまり、精神的証拠の説得力を認めないような哲学者などはいないし、合理的根拠（reasonable foundation）に基づくのと同様、思慮と実践の両方においてそれ［精神的証拠］に基づいて議論を進めないことなどはないのである」（T 2.3.1.15/404）。また、こうした議論は、Hume [1748a] の第8章第2節でも展開されている。

の責任概念を一切捨象する決定論的免責論を採用するよりは、その行為者の性格を示すような証拠、論拠、理由を重視しながら責任を検証する道徳的実践の方が、非難と称賛の感情をもつわれわれの「人間本性」とマッチしているのではないだろうか。[115] 社会哲学的にある理論を人間の実践的営みに導入しようとするならば、少なくとも、その理論は（たとえ人間の本性をそのまま認めるものでなく、それを改良しようとするにしても）人間本性と接合可能でなければ現実的なものとはいえないであろう。この意味でも、合理主義的免責論よりは、ヒューム的な行為－責任論の方にいくらかの分があるように思われる。

4　愚行の自由

ここまではヒューム的な行為－責任論のアドバンテージについて述べたが、だからといって、合理主義免責論が局所的に有効であることは否定されるものではない。合理的判断のもと、個々の事例においては、責任阻却事由を示す因果性とそうでない因果性とは区別されねばならない。たとえば、あるパイロットが乗り込んでいた飛行機が機器の故障などにより操縦が困難となってしまい、その結果墜落してしまって多くの人命が失われたとする（パイロットだけが生き残っていたとしよう）。その場合、「どうしようもなかった」ということでパイロットはその責任を免れうることをわれわれは認めるべきであろう。これは、合理的判断のもとでの責任免除といえる。しかし、それとは別に、結果がどうなるかが因果的に決定されていたとしても、その状況においては道徳的義務を負った責任主体は存在しているようにも思われる。このことを理解するために、以下の三つの可能世界を考えてみよう。

可能世界A　t_1でのパイロットの努力の結果、t_2において飛行機は通常どおり運行している。
可能世界B　t_1でのパイロットが努力せず、t_2において飛行機は墜落した。
可能世界C　t_1でのパイロットの努力にもかかわらず、t_2において飛行機は墜落した。

さて、世界Cにおいて墜落してしまった責任はパイロットにはないが、世界Bにおいてその責任は問われるであろう。たしかに、世界Bにおいてパイロットが努力したとしても墜落するかもしれないが（世界Cが可能である以上）、パイロットが努力すれば墜落しないケース（世界A）もある。しかし、本質的に重要な点は、現実世界におけるt_1のパイロットは、いまだ事故が起きていない時点において自らが世界A、B、Cのいずれのなかで生きているのかはわからないし、わかるような観点に立つことはできないが、それぞれが自らが生きているそれぞれの世界において「パイロット」である以上、職務上の努力義務および責任を負うものとされていることにある。因果的な関与の仕方については、結果が生じた時点より遡及的に判断されるにしても、行為者としての関与の仕方については行為が生じる時点よりその解釈可能性が発生する。つまり、パイロットとしての責任は「うまくいくかどうか」以前の問題なのであり、ゆえに、決定論と行為者責任というものの両立論が可能となっている。

私が思うに、物事をうまく遂行できたり、真・善を理解するよう行為者に備わっていると想定される

115　この点については、ヌスバウムも同様の主張をしている――「まず感情に訴えかけない法など実際に想像不可能である……より深いレベルでは、感情を考慮に入れなければ、多くの法的実践の根拠は理解することが困難になる」（Nussbaum [2004]: 5-6/6）。

ところの「合理性」というものは、そもそも行為－責任主体の前提条件というわけではない。「うまくやる」というのもさまざまな程度があるし、真・善というのも一概に決まっているとはかぎらないが、しかし、そうであっても行為－責任主体は多様な形で存在しうる。道徳的実践において「人間」というものは単一的な合理主義モデルで表現されることはおよそ困難であり、そこには動機内在主義や動機外在主義、カント主義やヒューム主義それぞれが想定する人間モデルが実際に混在しながら共存している。そして、われわれが暮らす社会において「リベラリズム」を採るかぎりは、それぞれが道徳的実践においては「行為者」、そして「責任主体」として判定されるべき地位をあらかじめ保証・尊重されていなければならない。仮に、カント主義的モデルを採用する観察者（あるいは権力者）が、それ以外のタイプの行為者に対し、「あ、それは不合理だから」という理由をもって非難・干渉・コントロールすることが正当化されるとすればどうであろうか。「道徳的でなければ可哀想な人であり、そんな人に対しては干渉・コントロール的に保護する権限が（自分たち）合理的存在者にこそある」という考え方は、リベラリズムにおける個人尊重的な実践とズレたものなのではないだろうか。もちろん、合理主義が免責論を展開すること自体がいけないということではない。「理性の有無の判定」が、その個人が責任を負うための行動規範・パターンを有しているかを論じることには十分道徳的な意味がある。しかし、そうした合理主義的な議論が、「決まっていたので仕方がなかった」という決定論的免責論と癒着してしまうと、善悪を論じる道徳的実践上のパースペクティブそれ自体を無意味にしかねないし、理性の名のもと、権力的な介入・管理を正当化することにもなりかねない。

また、本書でこれまで論じてきたような協調問題については、合理的であるかどうかはよくわからないが、その人なりの「理由」に基づく行為主体として当事者たちをみなさなければ、その振る舞いの意味を理解・説明することは困難であるように思われる。その理由としては、協調問題において一歩目を「合理性」が乗り越えるとはかぎらず、むしろ、それぞれが――少なくともその時点においては――合理性の観点からは説明しきれない理由をもってそれぞれが主体的に行為しているからこそ乗り越えられることもある、ということにある。われわれは「不合理な利己性」「不安げな利己性」のもと、不足気味な情報や「情報の非対称性」といったあいまいな状況のなか、協調関係へと一歩目を踏み出しながら賛同するところの計画に自発的に参加し、その結果としてうまく協調・共存している。しかし、そこでのすべての人々が同じように合理的であるとはかぎらないし、もしかすると、能力も立場も異なる人々がそれぞれ「なにが合理的かわからない!」と苦悩しながらも、リスクを請け負い合い、競争しながらも分業体制のもとで助け合っているからこそうまくいっているのかもしれない。さらに、コンヴェンションを共有しているような協調的関係のもとであっても、そこでは、内面化された規範的合理性に「きちんと従える人」「従えない人」とに分かれるかもしれないし、「きちんと従えるとき」「きちんと従えないとき」もそれぞれあるかもしれない。しかし、いずれの人たちもそれぞれの意志のもとで実践的に行為し、責任を負うという在り方のもとでコンヴェンションを形成・共有しているのであり、真・善・理性の名のもと、個々人を「自由あり」「自由なし」と判別するような強い合理主義のそのやり方は、これまで積み重ねてきた社会の多様であいまいな基礎部分を軽視するような「リベラリズムの否定」のようにも思われる。たとえば、ヒュームは以下のようにも言っている。

すべての人が同意するところの上述の定義[116]によれば、[因果的必然性と同様]自由もまた道徳性には本質的であり、自由が欠けている場合には、いかなる人間的行為も道徳的性質を認められないし、また、是認あるいは反感のどちらの対象にもなりえない、ということの証明は〔因果的必然性のケースと〕等しく容易であろうし、また、同じ〔形式をもった以下の〕議論からも証明することは容易である。というのも、行為は、それらが内的性格、情念、情愛の指標であるかぎりにおいてのみ、われわれの道徳感情の対象であるからである。ゆえに、それら〔諸行為〕がこれらの原理から生じることなく、まったく外的な暴力に由来する場合には、それら〔諸行為〕が称賛や非難を引き起こすことは不可能なのである（Hume [1748a]: 99/138-139)。

ここでの「自由が道徳性には本質的である」というのは、「自由であれば道徳的に振る舞う」というカント主義的な主張と混同されてはならない。ここではむしろ、人間における「自由」とは、強制的束縛がない状況において、道徳的にも悪徳的にも振る舞えるもの、と理解されるべきである。簡単にいえば、道徳を捨て去った人間が自由であるわけでもなければ、道徳を遵守できる人間こそが自由であるというわけでもなく、道徳的に評価されうる人間にこそ「自由」という性質を見いだせる、とヒュームは主張しているのである。「道徳的に評価されうる」という状況では、その行為者の意図・性格が有徳的にも悪徳的にも解釈可能ということであるが、その行為者は一定の範囲内において諸々の「理由」ある行為を「自由な主体」として行うことが許されている。つまり、「自由な人間」といわれる行為者の在り方には「枠」があり、その「枠」の範囲内でブレながら、ときにモラルや常識に反していたとしても「理に反しているわけではない」ので、それはある程度合理的とみなされるような責任主体ということになる（ここでの「枠」は、「幅」のある規範的合理性の範囲と一致しているとはかぎらない）[117]。もしかすると、ある人は「適当に人生を楽しむ」という計画のもと自己利益を享受しながら、ときに気まぐれに人助けをしたりすることもあれば、モラルに反することをするときもあり、しかし、そのように彼がさまざまに評価されるという事実こそが、彼を自由‐責任主体としているのである。私が思うに、J・S・ミルの「愚行権」が概念的に成立可能であるのもまさにこの点とかかわっている。

自由な存在者が「愚行」という形で不合理に振る舞うことを権利として許されるのは、その愚行が（他者危害原則に違反することがないという条件つきのもと）[118]社会的に許容されているからに他ならない。もし「愚行（すなわち不合理な行為）をするのであれば不自由な存在であり責任能力が欠落した主体である」というのであれば、そもそも、「愚行の自由」という概念自体が矛盾した無意味なものとなってしまう。しかし、そうではない。われわれはコンヴェンションのもと、行為‐責任主体として道徳的な判別・評価を受けいれるような存在として他者と共存しており、そのなかで限度を超えないかぎりにおいては「不合理に振る舞う自由」、すなわち愚行権を保持・行使できるのである。ここに、「自由な存在だから、責任をもつ」ではなく、「責任をもつから、自由な存在である」という事態が確認できる。しかしこれ

116　ここでいう定義とは、「自由によってわれわれが意味することができるのは、ただ意志の決定に従って行為する、あるいは行為しない力……である」（Hume [1748a]: 95/133）の箇所を指す。

117　これについては、図3を参照。

118　ミルの他者危害原則については下記の説明などがある――「個人は他人の迷惑となってはならない。しかし、もしも彼が、他人に関係のある事柄について他人に干渉することを慎み、単に自分自身に関する事柄について自分の性向と判断とに従って行為するに止まっているならば、彼が自身の責任においてその意見をなんの干渉も受けずに実行に移すこともまた許されねばならない……他人に害を及ぼさないかぎり、さまざまな性格に対して自由な活動の余地が与えられること、また、誰かが異なった生活様式を試みたいと思う場合には、異なった生活様式の価値を実地に証明させるということ――それはいずれもみな有益である」（Mill [1859]: 62-63/114-115）。

は、認められていた自由を意図的に逸脱した形で用いたとき、その責任は自らが負うことを含意している。[119]

これに対し、決定論的免責論を採用しつつ「本人たちは決定されているので責任がないし、間違いも犯すから、政府による合理的統治のもとで最大幸福を実現するべきではないか」と論じたがる人もいるであろうし、それも立派な正義論といえるかもしれない。しかし、そこで想定されるところの「合理的な正しさ」はどこの誰がどのように導出したもので、暗に前提とされるような「合理的な存在者」とはどのようなものなのであろうか。「合理的な正しさ」を導出した人もまた因果的に決定されているとしたら、なぜその人が語るものだけが正当なもので、同様に尊重されるべき人格である他の人々のそれよりも優先されるべきなのであろうか。それが理性に基づくか感情に基づくかはさておき、「人間社会における正しさ」を取り扱っている以上、「正しさ」とは、人格として等しく認められるような人々がある程度は共有的に理解し、議論しあい、ときに修正したりできるような規範でなければならない。

私が思うに、社会における「合理性」とは一つの正解を導出するものではないし、実際、協調問題というものが解決されるにあたってはそこには多様な在り方があるように思われる。個人においても、時間の移り変わりのなかでその行為様式を変えていくことは十分ありうるし、そうした可変的な個々人同士が新たな協調的関係を構築したり、既存の協調ルールを変化させてゆくこともあるだろう。そこには当然失敗もあるだろうし、あるいは、「愚行」と思われていたものがあるときには「合理的な方策だった」となることもあるかもしれない。重要なことは、仮に「合理性」を想定するにしてもそこには「幅」があり、多種多様な合理的存在者が存在することはもちろん、不合理な行為-責任主体をも存在することを認めること、そしてその「幅」というものは価値中立的なものというよりは、普段は意識されないながらも暗にわれわれの責任概念の基礎ともなっているモラルに依拠している、ということを忘れるべきではないであろう。多元的価値や多様な在り方を認めるリベラリズムというものの背後には、道徳的存在者としてのわれわれの本性とコンヴェンションとがそこにあるように思われる。[120]

119　「責任というシステムのもとでの自由の認定」という同様の論点は、小坂井の『責任という虚構』(2008) においても見受けられる――「責任の正体に迫るためには、自由に関する我々の常識をまず改めなければならない……実は自由と責任の関係に関して論理が逆立ちしている。自由だから責任は発生するのではない。逆に我々は責任者を見つけなければならないから、つまり事件のけじめをつける必要があるから行為者を自由だと社会が宣言するのである」(小坂井 [2008]: 156-157)。

120　通常の「リベラリズム liberalism」とは、国家や社会、共同体とは独立的な「個人の自由」を議論の出発点とするもので、それは基本的には多様性を許容するような「寛容」の性質を持ち合わせたものである。しかし、社会的協調・連帯などにおいては、そうしたリベラルな個々人同士であっても、統治的ルール・法の介入や制約に従うことを全否定するものではない(この点でリバタリアニズムと大きく異なる)。ヒューム的リベラリズムも同様に、統治的ルール・法に個々人が従うこと自体は許容されているように思われる。しかし本論考の重要なポイントとして、その制約の仕方がある程度「幅」をもっており、各人はその範囲内においては道徳的にも悪徳的にも(さらにはニュートラルにも)振る舞える「自由」をもっていなければならない、という点をここでは強調しておきたい。

第8章　膨張する自由、変容する社会

1　自由の膨張

さて、前章までの議論をここで少し振り返ってみよう。自由‐責任主体であるかどうかを判別する「合理性」とは、その行為主体に内在する性質というよりは、むしろ実践における第三者的観点からの「理解」に見いだせるものでもある、ということであった。たとえば、目の前に何をしでかすか、どのような意図をもってそのようなことをするのかわからない人物Xがいるとしよう。Xは時折、われわれも使うような「よい」という言葉を用いているのであるが、その対象が定かではなく何の規則性も見いだせないとき（つまり、解釈スキーマをわれわれが持ち合わせないとき）、われわれはXとの間で協調行為へと踏み出しコンヴェンションを共有できるかといえばそれは難しい。そしてそのような場合、われわれの社会においてXは合理性が欠落していると判断され、何か犯罪的なことをしでかしたとしても、悪意に基づく選択的決定をしたとはみなされず、責任追及は行われないであろう（隔離・治療・排除されるかもしれないが）。逆にいえば、道徳的パースペクティブを共有するようなコンヴェンショナルな状況のなか、利己的なわれわれはそれぞれ責任ある行為者として利己的思惑を実現するようある程度の限度内においてある意味では規則的に活動しており、その限度内でうまく協調できているかぎりにおいて、個々人は「合理的」と評価されるのである。そして、そこにこそ「自由」は見いだされる。

しかし、昨今の応用倫理学分野での諸問題においては、本来認められているはずであった「自由」のもとでの行為が無制限に拡張してゆき、その結果、協調的関係を支えていたコンヴェンションそのものが揺らぎかねない、という懸念が生じている。それを行う「自由な人々」は合理的に、かつ、その責任を自分（たち）が負うことをよしとしているのであるが（しかも他者危害原則を守っているのであるが）、問題は、そうした人々によって新たなコンヴェンションが形成・共有されはじめ、それが既存のコンヴェンションと大きくズレるとき、われわれの社会がどうなってしまうのかといった不安が生じている、ということである。このことについて簡単に触れてみよう。

医療現場における出生前診断による胎児選別、あるいは着床前診断による受精卵選別などといった事例は、程度の違いこそあれ、いずれもが優生学的意味をもつものとして批判の対象となりうるものであるし、実際それに対する批判的な意見も少なくはない。これは歴史的に行われた優生学的政策への嫌悪感、あるいはそこで自由を侵害された被害者たちへの同情といったものに由来するかもしれないが（少なくとも頻繁に言及されている点では無関係ではないであろうが）、しかし、それと同時に、「人間をランクづけすること」、あるいは「親・保護者・社会にとって都合のよい形で〈生命〉を取捨選択すること」に対する道徳的非難もあるように思われる（これらの嫌悪感が生得的なものか、社会化されたものかはわからないが）。しかし、それらが批判可能である——かつ批判を実際受けている——といって、実際社会に多数存在するような「健常な子どもを出産したい」という目的をもった親（候補）たちを「なんて悪徳的なんだ！」と責めることはできない。また、何らかの事情によって目的実現がそのままでは困難なケースにおいて、それらを実現する医療技術がすぐさま「悪の錬金術」となるかといえばそうではないだろう。少なくとも、そうした親（候補）の「理由」というものをある程度は理解するパースペクティブをわれわれ社会成員たちは共有しているように——少なくとも現段階では——思われる。もちろん、自身の目的、願望に病的なまでにこだわりつつ、健常ではない子ども（およびそこから成長した成人）を忌み嫌うような差別的人物は道徳的非難の対象となるが、少なくとも、われわれの社会においてはそうした偏見をもつ人であっても（非難されながらではあるが）自身の「理由」に従った行為を自分自身のために他人に迷惑をかけることなく行うことは許容されているといえる（だからこそ、リベラリズムのもと、そうした医療行為は各人の選択的判断のもと利用されたりされなかったりしているといえる）。ここまでは、こうした事柄は「個々人の問題」で済むかもしれない。[121]

しかし、こうした医療行為がさらに「優秀な子どもがほしい」「子どもへ特殊能力を付与したい」といった目的のために無制限に利用されるようになると、それは「個々人の問題」では収まらなくなってしまう。学歴、出世、成功などと、親から受け継いだ遺伝子との因果関係がそこまで強いかどうかは不明ではあるが、もしそこに強い関係性があるとすれば、優秀な——ということになっている——大学生たちの遺伝子を買い求める新たなマーケットは今後拡大してゆくかもしれない。実際、一九九三年の時点ですら、スタンフォード大やＭＩＴといったアメリカの超有名大学にて、「身長約１７８センチ以上（5フィート10インチ以上）、家族に病歴がなく、ＳＡＴ[122]の総得点が１４００点以上の卵子提供者に5万ドル提供します」という内容の広告が出て世間を騒然とさせたことがあった[123]（Kolata [1999]）。ＳＡＴの最高得点が２４００点であることを考慮すれば、スーパーウーマンの遺伝子に固執しているようにも思えないが、しかしある程度以上の能力をもった子どもを欲していることは明らかといえよう。

これに対し、正直なところ抵抗感をもつ人も多いだろうが（私もその一人であるが）、しかし、持ち主の意に反して卵子を無理やり奪ったりしているわけではないし、当事者の誰にとってもメリットがあることである（いわゆる win-win 関係）。それに、わが子を優秀にするために塾にいかせたり、スポーツの英才教育、栄養管理をすることが許されるならば、産まれる前にわが子をできるだけ優秀にしようとする工夫がすぐさま拒絶されるべき理由はなかなか見当たらない。しかし、この論理のもとさらなる医療的エンハンスメント（強化）が進められてゆくと、子どもへの薬物投与、さらには遺伝子改良なども正当化されるようになる。

さて、ここで国家が同様のエンハンスメントを強制的に行うとすればどうであろうか。おそらく大多数の人は、それを「設計主義的だ！」とか「自由の侵害だ！」といって反対するであろう。「遺伝子のスーパーマーケット」（Nozick [1974]: 315/511）を肯定的に捉えるノージックは、国家が企画する画一的な優生主義的ユートピアに対し、「そこでは多様性が欠落しているし、個々人の多様性を消し去るものである」と批判するが、各人がそれぞれの思惑をもってわが子を優生主義的に改良することには賛同的である。しかし、そうしたリバタリアニズムを突き詰めるならば、親（候補）がどのような目的実現を

121　もちろん、マイノリティーである非健常者がさらに少なくなることで、「より偏見の目がきつくなる」とか、「非健常者へのケアにかかる予算が削減されるかもしれない」などの不安もあるだろう。

122　SATとは Scholastic Achievement Test の略。大学進学時において受験するものであり、日本でいうところのセンター試験に該当する。

123　しかし、実際にそれを求める夫婦は匿名であり、代理人であるピンカートン女史が実際には広告を打ち出していたのであるが。

目指そうとも他人に迷惑をかけないかぎりは自由であり、その結果、国家が望むのと同様の画一的な――しかし実際には政策的な介入がない――「改良された優秀な子どもたち」で溢れかえった社会になるのではないだろうか。

おそらく、リバタリアニズム的には個人の自由が侵害されない以上、結果はどうなろうが何の問題もないのかもしれない。しかし、社会において個々人は自身の（そして自分の子どもに関する）生き方を自由に決めるとすれば、そこにおいてこれまでと同様の協調的連帯は維持されるのであろうか。もしかすると、リバタリアニズム的な自由が行き着く先には、非協調・不道徳、そして不自由が待ち受けているかもしれない。

たとえば、遺伝子改良による優れた子どもたちが世に溢れてくると、社会全体において子どもの遺伝子改良が「あたりまえ」となってくるかもしれない（コンヴェンションの変容）。すると、その「あたりまえ」をしない親は、「無責任」「虐待」という非難をうけるようになるかもしれない。たとえば、40人クラスで、39人の子どもが遺伝子改良していて、期末試験で80点以上をとっている。しかし、残りの一人は遺伝子改良をしておらず、しかし必死に努力をしていても期末試験で50点くらいしかとれないとしよう（あるいは、スポーツ競技などでも決して上位に食い込めない）。すると、その責任は、頑張っているその子どもではなく、遺伝子改良を子どもに施さなかった親（保護者）に帰属することになる。おそらく、「なんで遺伝子改良をしてあげなかったんだ！　可哀想じゃないか！」などという非難がその子の親（保護者）には寄せられるであろう。当然、リバタリアニズム的には、その可哀想な子の親（保護者）は遺伝子改良にかかる経済的負担を避けたか、あるいは何らかの子育てのポリシーゆえにそうしたエンハンスメントを行わなかっただけなので、そこに何の問題もない。しかし、そうした反エンハンスメント的態度というものが「子どもが当然享受すべき権利を侵害したものである」という形でそのコンヴェンションにおいて理解されるとすれば（おそらくそうしたスキーマはすぐさま形成されるであろうが）、次に現れるのは、予防接種や義務教育と同様、国家のもとでの遺伝子改良の義務化であろう。その移行段階は下記のとおりである。

エンハンスメント社会の各段階

第1段階　個々の保護者における自由選択であって、やってもやらなくてもよい。
第2段階　差が生じ、第1段階において健常者だった者が「弱者（非健常者）」となる。
第3段階　保護者の不作為は子どもを「弱者」のまま放置しているという「責任」の発生。
第4段階　責任が求めるところの「義務」の発生（子どもの「強化」を実現する義務）。
第5段階　義務を果たさない保護者に対し、「弱者」を保護するための政府の介入。

もちろん、リバタリアニズム的社会においてそのような義務化や介入は理論上生じることはない。しかし、リバタリアニズム的ではない社会、つまり、既存の道徳観やコンヴェンションが示す「正・不正」、「権利－義務」の概念が、人々を統治するところの法・ルールに組み込まれているような社会においては（早い話が、われわれが現在暮らすような社会のことであるが）、リバタリアニズム的「自由」の導入が行き着く先は、結果として、第5段階の反リバタリアニズム的「不自由」の実現であるようにも思われる。もっともこれは単なる予想にすぎない。しかし、リバタリアニズム的な自由の拡大が社会の在り方を変容させると、逆に自由を許さなくなるようなコンヴェンションの変容がもたらされる可能性は否定できないであろう。そして私が懸念するのは、このことは既存の人間関係において想定されていた「徳」までも変質させてしまう、ということである。

さて、ここでわれわれは大きな岐路に立たせられる。このように、「個々人の自由」から始まった選択的エンハンスメントについて、それが一定数を超えることでコンヴェンションが変容し、そこにおいて新たな「道徳的義務」が生じてしまったならばそれに従うべきとするか、あるいは、誰でも自由に行為できるというリバタリアニズム的理念を徹頭徹尾守り続け、そうした義務化を許さない立場を採り続けるか、である。

2 社会の変形

前節では、自由の膨張によって、最初は「個々人の自由」であった選択が、いつの間にか社会的に一定数を占めることでコンヴェンションの変容を通じた義務となること、その結果、それまでそうではなかった人が「弱者」となってしまい、それまでそうではなかった人が「責任者」となってしまう可能性を示唆した。ここからわかるのは、「弱者」「責任」「義務」といった諸概念は、最初からその主体に備わるような性質というだけではなく、環境依存的なものでもある、ということである。

しかし、そうした諸概念が変貌を遂げようと、そうしたあいまいさのなか、自由だけは絶対的な権利として残すべき原則を手放さないのが本来のリバタリアニズムである。この徹底した立場においては、いかに社会が変わり、それに応じて求められる役割が変わろうとも、それを為すか為さないかはあくまで個人の問題であること、そして国家政策的な（恣意的ともみえる）介入に頼らずとも、個々人に与えられた自由こそがそれを解決する、という見込みをもつ。しかしそうした徹底したリバタリアニズムが作り上げる社会では、システムを支えるべき信頼は失われ、広い意味での社会的協調が困難になるように思われる。

前述の、子どもへの遺伝子改良などのエンハンスメントが常態化した社会を考えてみよう。もし、受験戦争や塾通いが過熱するようにエンハンスメント競争が加熱し、しかもその効果があいまいではなく明確に――それこそ、子どもの努力を度外視できるくらい、強化と成果の因果関係がはっきりと――立証されるようになっているとすればどうであろうか。現在のように、「努力が意味をもつかもしれない」というような状況であればまだしも、個人の努力が無意味となってしまったそうした社会では、競争に負ける子ども、敗者となる子ども、社会的に成功できない子どもは、自身の親（保護者）に対して感謝の念を持ちうるであろうか。おそらくそれは難しいであろう。敗者であることを運命づけられた子どもたちは、親（保護者）に対し、産んで育ててもらっていることへの感謝よりは、むしろ、「もっとうまく私を強化できたはずだろ?」という非難めいた問いかけを突きつけるかもしれない。また、生まれた後でも、強いエンハンスメントの要求を親に突きつけることもあるだろう。

もし、あなたの子どもが、「せっかく子どもとして生まれてきてあげたんだから、それに報いるよう、競争で他人に勝てるような好条件をそろえなさいよ」とあなたに要求しているとすればどうであろうか。あなたはもしかすると、「そうだね。ゴメンね」と配慮をみせるかもしれないし、あるいは、「損得勘定だけを気にするのは愚かだ。もっと楽しんで生きてみせろ」と人生訓を語るかもしれない。もしかすると、「育ててもらってなんだその言い草は！　もっと感謝しろ！」と叱るかもしれない。子どもと親との関係のみでいえば多種多様であってもよいが、コンヴェンションの変容に伴い、その子どもに対するケアが不十分であるとしてあなたは一般的に、そして道徳的に非難され、場合によっては国家から「ネグレクト」として処罰されるならどうであろうか。それは、遺伝子改良や薬物投与を継続的に行える経済的余裕がある人しか子どもをもつ資格がない、ということを暗に意味するのではないだろうか。しかし、あなたが生粋のリバタリアンであればそんなことはまっぴらゴメンであろう。あなたの経済的状況がどうであれ、あなたが子どもを持ちたいと思えば、国家がなんと言おうが関係なく、子どもを持つべきである。では、あなたがリバタリアンであり、そして社会全体がリバタリアニズム的であるとすれば、子どもに強化を施さないあなたの教育方針（もしくは経済的選択）に国家は関与できないはずなので、前述の状況においてあなたが子どもに言うべきセリフは「嫌なら家を去りなさい。私が何をしようと自由ですし、あなたも自由な人間なんだから」となる。さてここにおいて「徳ある態度」というものは見いだせるであろうか。

　誤解を避けるために言っておきたいのは、リバタリアンが反道徳的かつ冷酷であることをここで示そうとしているわけではない、ということである。ここで示そうとしているのは、リバタリアン的な自由の拡張から生じるこうした「ネグレクト気味な親の自由」の問題について、リバタリアニズムの理論的枠組みのなかで対応するとすれば、子どもの自由を最大限に認めざるをえない、ということにすぎない。個人における選択の自由を絶対的なものとし、徹頭徹尾いかなる国家的介入や義務化を拒絶するのであれば、ある親（保護者）の不作為・ネグレクトに対し、子どもがその権原的自由をもってそうした親（保護者）のもとから離脱するより他はないし、子どものそうした自由が保障されるからこそ、そうした子どもたちと新たに同意契約を結ぶような里親による受け入れが正当化されることになる。実際、リバタリアンとして有名なロスバードは、保護者における「子どもを手放す自由」と、子どもにおける「保護者のもとから立ち去る自由」を基本的権利としつつ、しかし、非力な子どもが親（保護者）のもとに身を寄せているかぎりは信託的支配権を保護者に暫定的に認め、その支配権を市場において他の里親候補に売買できる、と主張する（Rothbard [1982]: ch.14）。一見するとこれは人身売買のようにも聞こえるが、ロスバードは、現在政府に認可された無料養子縁組制度では子どもの価値を政府が低めに設定しており、だからこそネグレクト気味な保護者や虐待気味の保護者であってもわが子を手放そうとするインセンティブがなく、結果として子どもが市場において「欠乏」しており、子どもや里親候補すべてにおいて不幸な現状となっている、と指摘する（Rothbard [1982]: 102-103/122-123）。子どもが望むようにきちんと育てることが可能であり、また実際に育てたがっている里親候補たちの需要は多いのに、子どもの供給が追いついていない状態は不合理かつ非効率的であるので、リバタリアニズム的社会が到来すればそれは改善できるとロスバードは提唱する。

これに対するもっともありふれた批判としては、「親子関係や家庭内に契約概念や市場原理を導入すべきではない」というものであろう。これはありきたりではあるが、やはりわれわれの直観に訴えかける強力な批判であるようにも思われる。子どもは未熟であるからこそ子どもであり、時に注意され叱られ指導されねばならない。しかし、未熟な子どもが刹那的欲求を重視し、きちんと叱ってくれる保護者のもとを離れ、甘やかすだけの里親のもとに行くことが正当化されるとすれば、それは家庭教育の崩壊にもつながりかねない。リバタリアンたちは「里親もきちんと教育しようとするさ」と再反論するであろうが、それぞれの里親が「子どもを持ちたい」という己の欲求の実現を市場原理主義的に最大化させようとする以上、他の里親候補が熱意ある教育理念を振りかざしている一方で、自分自身は「優しい買い手」戦略を採択するであろう。あるいは、別の保護者が厳しくきちんと育てあげた子どもに札束をちらつかせてスカウトするような、教育コストを支払うことなく子どもを手に入れる里親もいるかもしれない。しかし、それが常態化してしまうと、誰もが必死に教育コストを支払おうとはしなくなり、結果として子どもをきちんと躾ける、あるいは熱意ある教育をする習慣は廃れていくだろう（現在でさえ、市場において企業間のヘッドハンティングや技術者の引き抜きが生じているのであるから、市場原理を教育や家庭に持ち込むことでそれが起きることは十分考えられる）。

それに、そうした常識の変化を親（保護者）が受け入れて行動するようになると、結果として教育そのものが異質なものとなってしまうであろう。「親としての義務は子どもを強化し、より優れた人間にして、よりよい仕事に就けるようにしてあげることだ！」といって、エンハンスメント競争が過熱すると、金持ちの子どもはどんどん強化される一方、貧困層の子どもたちはその恩恵に与れず格差は開く一方となるであろう（現在においても、家庭の経済状況と学歴・仕事との相関性については議論のテーマとなっている）。これに加え、教育に自由市場原理を持ち込みはじめると、学校は単なる一企業となってしまい、高額の授業料や寄付金を提供する裕福な家庭の親（保護者）は教育現場へと積極的に介入・要求をしてくる。すると、教育現場において「子どもを平等に育てよう」とする傾向よりは、「会社の売り上げに貢献する顧客への見返りとして、特定の子どもたちへのケアを充実させましょう」という傾向が強まり、教育の在り方はやはり不公平なものとなり、ひいては社会は不公平・不正義なものへと変貌を遂げてゆくであろう。

以上の議論をまとめるとすれば、「自由の無際限な膨張」は、個々人の欲望を抑制し協調的連帯を可能とするような新たなコンヴェンションを形成することなく、既存のコンヴェンションを破壊し、結果的には不公平をもたらしながら社会的混乱を招きかねない、ということである。おそらく、その膨張過程においては「不合理な利己性」「不安げな利己性」が機能することはないため、自由な個々人は合理的に自身の目的をどんどん追及してゆく一方、社会的に共有されていたコンヴェンションは断片化してゆき、協調関係はローカルな市場取引にのみかぎられることになるだろう。しかしそこでも、互いが持つべき共存相手への「信頼」は変質を遂げてゆくように思われる。

3 「物語」の剝奪

「自由の膨張」が社会を変質させてしまう可能性は前述のとおりであるが、それは社会制度や法整備という問題だけでなく、人間関係上の徳そのものを崩壊させ、日常レベルにおける基本的連帯すらもズタズタに引き裂いてしまうかもしれない。過剰なエンハンスメントに対し、サンデルはそこには「生の被贈与性 giftedness of life」が見失われ、生命に対する感謝や「(自他を含めた) 生き方」への寛容の精神が衰退してゆく、と指摘するが、このことについて少し考えてみよう。医療をはじめとする科学技術的エンハンスメントのもと、「生」がコントロール可能となってしまうと、「なぜもっときちんと強化しなかったのか?」という不満はいたるところで (とりわけ、その恩恵を「権利」とみなす子どもたちから) 噴出するであろうが、そうした社会においては「産んでくれてありがとう」「育ててくれてありがとう」という親への感謝の念はもはやなくなってしまう。そして、これは親の方も同様である。強化にかなりの

124 たとえば、「よくわからないが、やりすぎない方がよいのでは」というようなあいまいさのもとでのリスク回避や保守的思考といったものである。

コストがかかるわが子に対し「生まれてきてくれてありがとう」とか、「いいんだよ。君は君らしく生きれば」と心から言える保護者はどれくらいいるだろうか（現在でさえ、子どもを塾通いさせ、その成績に一喜一憂しつつ子どもをどやしつけている保護者がいるというのに）。もちろん、親子関係だからといって双方が純粋に利他的というわけではなく、親子関係から満足を得たい気持ちそのものは、ベーシックなレベルにおいて利己的ともいえるかもしれない。しかし、そうした利己的人物同士であっても、互いに感謝し合い、認め合い、許し合うことにはそのレベルにおいて十分な意味がある。エンハンスメントが常態化し子どもが好きな親を選べるような社会において、このベーシックなレベルにこだわることは合理的態度ではなく、むしろ不合理ともいえるものかもしれないが、そこでの「不合理な交流」によって互いが尊重され、満足な親子関係が――それこそ低コストによって――実現できているという事実はそこまで軽くないであろう。道具主義的合理性を駆使し続け、欲求に基づきながら膨張してゆく「個人の自由」を認めるリバタリアニズムは、こうしたローカルな親子関係にも市場原理をもちこみ、結果として満足度の低い関係にしてしまう、という見方もできる。こうしたことへの不安は、「かけがえのない心の習慣や存在様式 habit of mind and way of being」がなくなることへの懸念と言い換えることができるかもしれない（Sandel [2007]：96/101)。

しかし、私がここで強調したいのは、こうした親・保護者の「自由の膨張」のより根本的な問題として、当事者たる「子ども」の（ひいてはすべての個々人の）物語性の消失がある、という点である。因果的決定論によって行く末が決定されているのは、素のまま生まれ育つ子どもであろうがエンハンスメントされた子どもであろうが変わりはない。しかし、みんながエンハンスメントされていない素の状態（に近いもの）であれば、努力次第でもしかすると何とかなるようなサクセス・ストーリーを描ける一方、努力の意味など消し去るくらいに決定的な因果的効力を備えたエンハンスメントが行き渡った社会においては、もはやそうしたストーリーは描かれることはない。「努力」や「達成」を伴う物語の可能性はその子から引っこ抜かれ、別の誰かの手中に収まってしまう（だからこそ、その子の人生の責任とそれにまつわる義務を、その子本人ではなく、親や保護者、医療従事者、ひいては政治家が背負うことになる）。気をつけて欲しいのは、「因果的に決まっているなら、どうせ同じ」ではない、ということである。その主体（子ども）が成功するかどうかは因果的に決定されているのだとしても、その「決められ方」は、その主体本人の人格性と内在的かつ継続的にかかわり続けるのか、それとも、その主体とのかかわりを完全に分離される形で「他者の営み」へと外在的に持ち出されてしまうのか、という点では大きく異なってくるし、この差異こそが、本人が自分の物語を自分で語れるかどうかの違いとかかわっているのである。こうした人間の「物語 narrative」に着目する思想としては、（サンデルと同じく）共同体主義者であるマッキンタイアの『美徳なき時代』（1981）がある。

> 誕生から死までを貫くある物語の主体であるということは、先に述べたように、語られうる人生を構成する諸行為、諸経験の申し開きができることである。ということは、問われた時点より以前であればいかなる人生の時点のことであっても、自分がしたこと、自分に起こったこと、自分が目撃したことについて、ある種の説明〔申し開き〕を与えるようにとの要求を受け入れるということである。（MacIntyre [1981]: 217–218/267）

もちろん、個々人が語ろうとする「物語」がサクセス・ストーリーとなる保証はない。しかし、それをなぜ行ったか、どのような想いから行ったか、という「理由」をその当事者本人が説明できるからこそ、その人は自分がしたことについて（親ではなく）自身が責任を負うところの「自由な主体」となれるし、そうした人に対しわれわれは共感・称賛・評価したりする。つまり、道徳的共同体に共存する「他者」へ向かってその理由を語ることができる——そして場合によっては責任主体として称賛・非難されるような——状況こそが、その人を自由な行為者として成立させるのである。

さて、話をまとめよう。大人が子どもを徹底的なまでに改造・強化し、「物語の語り手」としての権利を子どもから奪い、大人たちこそがその権利の行使者として——責任と義務を抱き合わせる形で——振る舞うようなその仕方は、建前上は「子どもの幸せのため」というものであるが、実質的には「自由－責任主体としての存在可能性の剝奪」のようにも見える。さらに、子どもをコントロールしたい欲望に駆られ、それを「自由」と「合理性」の名のもとに正当化することが一般化されてしまうと、責任感をそなえた子どもたちが育つ土壌を壊すことにもなりかねない。一旦この流れが始まってしまえば、親（保護者）としてそうしないことは不合理となるので、周囲と同様の行為をとらざるをえない。これは「公共財ゲーム」でも「共有放牧地の排水」でも見られるような現象である。周囲がやっていることと同じことをしなければ損をしてしまうとき（この場合は子どもや周囲から「ちゃんとエンハンスメントを施さないとダメだよ！」と非難を受けてしまうとき）、人間という生き物はやはり「合理性」の名のもと、結局は周囲と同様の行動に嵌ってしまい、そこから抜け出すような「一歩目」はなかなか踏み出せない。子どもに改良・強化を施すような大人側の「合理性」では、行き着くところまで行き着いた状況、すなわち「責任と自由を失った子どもたちで溢れかえる社会」を元に戻すことは難しいように思われる。こうした流れにあらかじめストップをかけようとするような（サンデルなどの）保守的思考はもしかすると「古臭くて不合理」なのかもしれない。しかし、そうした不合理性は、社会的連帯に必要な責任感や道徳観を保持するためにはある程度は必要ではないだろうか。[125] そしてそれは、政治的な共同体主義というよりは、道徳的なリベラリズムとしての意義を含んでいるようにも思われる。

125 誤解のないようにここで述べておきたいのは、「健常な子どもをもちたい」という欲求や、それを可能とする医療技術の利用について私は否定しているわけではない、ということである。そうした欲求をもって努力する親や保護者たちも尊重されるべき「物語」の語り手であって、彼らが生まれてくる子どもたちから、その子ども自身の物語可能性を奪おうとしていないのであれば、そうした親や保護者を道徳的に非難すべき理由は見当たらないように思われる。

第9章　不合理性の哲学

1　擬制としての「自由」

本書ではこれまで、人間の「合理性」についてさまざまな角度から批判的に論じてきた。しかし、「批判的」ではあっても「否定的」に論じたつもりはない。実際、われわれの目的遂行を円滑にしてくれるような推論・判断を示す道具主義的合理性はおよそ人間生活に不可欠なものであるし、実践において「理由」に沿ってわれわれを導くところの実践理性というものの想定なしには、意図的行為主体という概念自体が成立しえなくなってしまうであろう。それに、もしわれわれが（他の多くの動物と同様）情動的能力しか備えていないとすれば、「すべき」といった義務や規範の概念も理解不可能となってしまう。われわれはときに「したくないこともしなければならない」という状況に放り込まれるので、そうした状況を乗り越える際には（本書第5章で説明した）「幅」のある規範的合理性に助けられている、ともいえる。

しかし、それでもやはり「合理性」を過大評価してはならない。「合理性さえあれば、より利得の大きい協調的状況を実現できる」とか「幸福な社会が実現できる」とはかぎらない。それに、合理性単独では乗り越えにくい状況として「協調への一歩目」の問題もある（本書第6章）。「自由」と「責任」などの概念についても、それらは道徳的実践における他者理解可能性に依拠しており、そこでの「自由」とは愚行権をも含んだ可謬性をそなえたものであった（本書第7章）。一般的な「合理主義 rationalism」において、反道徳的行為は「不合理な行為」であって、それを行う自由などは誰も持ち合わせていないのであるが、しかし、情動に基づく道徳的実践内における「行為者」たちはそうした「不適切な行為を行う自由」を持っており、だからこそ各人は自らの責務をコンヴェンションのもとで負っているし、限度を超えた反道徳的な行為や愚行を犯した者は責任主体として非難・処罰される。これはいわば、合理主義者が想定するところの「合理性」の観点からでは捉えきれていなかった「不合理な行為をする自由」「愚かな行為をした責任」ということにも関連している。

私が思うに、合理性の導きのみによって「成功する主体」や「自由な行為主体」が実現する、という想定そのものがわれわれの日常的実践とはズレたものである。合理性だけでは長期的利益を逃し失敗することもあるだろうし、自然科学における因果的決定論のロジックを人間の実践そのものに適用してしまうと、「自由」「責任」といった概念が無意味なものにもなりかねない。そして、無理矢理に「成功」や「自由」を合理性の名のもとに担保しようとすると、うまくいった事例や人物だけを「合理的だった」「自由だった」とみなすような後づけ的な結果論に帰着するが、それは裏を返せば、「罪を犯したってことは不合理で不自由だったということだ。本人に選択の余地などなかった。よって責任を問うのは不合理だ」という主張となる。こうした考え方を一般化してしまうとわれわれが維持してきた協調関係の根っこである実践をダメにすることになりかねない。個々人の「自由」「責任」をぬきに社会的連帯を考えるとすれば、そこでは自発的協調ではなく権力的統治が支配的となるであろう。そもそも、何かを「生み出す」「保証する」という役割を合理性だけに求めるのは過剰な要求であり、ある状況やある概念は、合理性以外のものに依拠しうることをわれわれは認めるべきであろう。

本書の基本方針は、個々の能力や資質としての「合理性」からでは解決困難なケースに対し、「コンヴェンション」という概念のもと、それらが乗り越えやすくなることを示す論調であり、そこではヒュームの経験主義および道徳感情論が念頭に置かれていた。ただし、だからといってコンヴェンションを万能的な能力の一種として理解してはならない。コンヴェンションとはあくまで共有されるところの――規則性を内在するところの――「感覚」であり、それは不合理で感情的でもある人間同士の交流の産物・結果にすぎない。つまり、それは能力ではなく、「現象」の一つなのである。しかし、その現象こそが社会的協調においてわれわれが従うところの「理由」を示し、かつ、その現象のなかで生きているからこそ、法やルールに制約されながらであってもわれわれには自由がある、といえる（その一方、コンヴェンションと無関係な法やルールによる強制・制約のもとではわれわれは「不自由な生き方」を強いられることになるだろう）。こうしたヒュームのコンヴェンショナリズムは、ロックのような社会契約論を批判し、さらに社会全体の効用を重視している、という点から、功利主義的のように解釈されることもあるが、しかし、本書で示したように、ヒュームのそれは、社会的に許容される「幅」のもと、多様に生きるなかで責任、自由、そして合理性をそれぞれの個々人が保持し続けるようなリベラリズムの一種といえる[126]。

もちろん、本書で挙げた「愚かなことをする自由」「不合理なことをする合理的人間」といったものは一種の「擬制」であり、そこにおいて本当の「自由」「合理性」というものを発見することはできないのであるが、しかし、擬制であるからといってすぐさま不適切というわけではない。たとえば、ヒューム的に考えるならば、因果性自体も一種の擬制でありそれが世界事実的に実在する性質と断定できないが、われわれの認識においては擬制的想定のもとでそれに頼らざるをえない。[127] 因果的決定論が導入された人間理解ですら一種の擬制ということになるのだから、すると、実践的な問題としては、どのタイプの擬制をどの程度まで許容するか、という話となる。たとえば、われわれはある出来事AとBとの間に想定される因果関係を絶対的で実在する関係であると証明することはできないが、しかし、一切そのような想定なしに日常生活を送ったりすることはできず、どこかでそれを想定した推論を行う必要がある。これについても、実践以前の「合理性」だけでは決定することができない話といえる（だからこそ、

126　本書では詳しく述べることはしないが、私個人としては、ヒュームを「功利主義者」とみなすことには反対である。主にその理由としては、①正義の基礎としてコンヴェンションは不可欠であるが、そのコンヴェンションに関する説明として「オール漕ぎ」などの相互的な自己利益実現という例を提示している以上、そこに「効用最大化計算に基づいた行為（もしくはルール形成）がなされるべきである」といった功利主義的理念を読み込むことには無理があること、②たしかに共感によって個々人が公的利益を重視するという事態をヒュームは認めているが、共感によってそうした利益を尊重できるようになるのは正義社会およびその利益確立後の話であって、「正義の徳」に関するその系譜学的説明において、まず先立つものは相互的互恵関係という事実であり、功利主義的原理によってその成り立ちを説明してはいないこと、そして、③「公的利益が大事」と言っていることを根拠にヒュームを功利主義認定できるのであれば、およそ社会的協調の重要性を語るほとんどの理論が功利主義認定されてしまうが（アダム・スミスはもちろん、ホッブズ、ロック、ハイエクなども功利主義者となってしまう）、それぞれの理論構造の区別が意味をなくすようなラベル貼りや特徴づけというものが学問的に有意味であるとは思えない、という三点を挙げておきたい。なお、ヒュームにおいては〈共通する利益〉と〈公共的な利益〉の二つが論じられており、後者は「財の量の増加」を含意するような社会全体における積極的利益であるのに対し、前者は「不都合の回避や財の安定」といった社会成員における損失回避的利益であって、前者を含む以上、一概にヒュームの理論を功利主義とみなすべき決定的な理由はない、という主張もある（林［2015］: 第5章）。

ヒューム思想そのものは実践主義・経験主義であるし、そこで語られる実質的主張は「必然的」ではなく「蓋然的」なものであるのだが）。同様に、われわれは、自分であろうが他人であろうが、それが完全に自由な存在であることを証明したり確信したりすることはできないかもしれないが、だからといって、まったく他人を「自由な行為者」として扱わなかったり、あるいは自分がそのように扱われないとすれば、われわれは日常的につつがなく協調・共存してゆくことはできないであろう。日常における協力、役割分担、責務、約束、義務、責任といった諸概念が人間関係上有効的に機能するためには、互いをある程度「自由な行為者」として取り扱うような人間本性に根ざした実践が必要なのである。

また、われわれは日常生活において「合理性」を必要としているが、そもそもそうした合理性も日常生活における擬制的想定として機能するものにすぎない。そして、その擬制的想定にロジックの楔を打ち込むことで、何らかの論拠や基礎づけ理由を見つけようとすると、そこには合理性それ自体では立証不可能な乗り越えられ方、すなわち「不合理性」が顔をのぞかせるのである。そして、私が本書において強調してきたのは、われわれ人間の日常生活が成り立っているのは、そうした隠された不合理性の働きあってのことである、ということであった。

たとえば、「人格同一性」という概念について考えてみよう。人格同一性について、ヒュームがそれを「想像を絶する速さで互いに継起し、絶え間のない変化と動きのただなかにある、互いに異なる諸知覚の団まりあるいは集まり（a bundle or collection of different perceptions）に他ならない」（T 1.4.6.4/252）と主張したのは有名であろう。自分自身の同一性すらも「精神を構成するのは、互いに継起する知覚のみであり、われわれは、これらの情景が演じられる場所についても、その場所を構成する素材についても、ほんのおぼろげな観念をもっていないのである」（T 1.4.6.4/252）と表現したことから、「ヒュームは懐疑主義者である」という疑念を向けられることもあったが、そこでのヒュームはわれわれが日常的に使用している擬制的想定に楔を打ち込み、そこに何があるのかを探そうとしていた、といってよい。それは以下の箇所からも読み取ることができる。

われわれの最後の手段は、(想像力によって同一性を諸知覚に帰すような) この傾向に屈することであり、それらの互いに異なり関係している対象は中断しようと変化しようと実際は同じものである、と大胆に主張することである。この不合理をわれわれ自身に対して正当化するために、われわれはしばしば、それらの対象を互いに結合し、中断と変化を妨げるような、何か新しい理解不可能な原理を虚構する。たとえば、われわれは、[知覚の] 中断を取り除くために、われわれの感覚能力の諸知覚の連続存在を虚構するのであるし、また、[知覚の] 変化を隠すために、魂や自我や実体の考えに陥るのである。(T 1.4.6.6/254)

127　この点については『人間本性論』(1739-1740) の第一巻「知性について」での議論を参照されたい。大雑把にいえば、因果関係とは二つの出来事タイプA・Bについての知覚間における観念連合に基づくものであり、ヒュームはそれを人間本性上の想像の産物であるとして説明する。そのプロセスとして、①Bに対するAの「時間的先行性」、②AとBとの「近接性」、③別の状況における類似的出来事A'とB'とが先行性および近接性条件を頻繁に満たすような「恒常的連接性」、そして、④観察主体の精神内に現れる「必然性の印象」、これらの条件が満たされることによって、タイプAとBとの間に「原因」と「結果」との関係、すなわち因果関係の観念 (概念) が想定される、というのがヒュームの因果分析のあらましである (もっとも、わずか一回のAとBとの継起的発生が観察者において因果関係を想定させることもあるので、③の「恒常的連接性」自体は必要条件ではないようにも思われる)。

ここでのヒュームの目的は、擬制的想定に基づいたこの種の実践において「そこには確固たる実在的存在があり、理性によってそれは理解できるのだ」という当時の合理主義を徹底的に批判することにあった。だからこそ、ロジックに基づいた推論のもと「人格同一性」という概念を掘り下げながら分析し、そこには合理性によって証明できるものが何一つないということを示したのである。しかし、合理性によって証明・解決できなくとも、その問題は実践においてほとんどの人がなんなく乗り越えてしまっているのであり、ヒュームは『人間本性論』の第二巻以降でその乗り越えを情動メカニズムの観点から言及している。「間接情念 indirect passions」に関する彼の説明においては、われわれの「人格」としての在り方が、社会的関係上現れる「情念」という現象そのものにおいて（不合理で説明がつかないながらも）原初的なものとして描かれている。

ヒュームが言及する「間接情念」には「愛」「憎悪」「誇り」「卑下」などは含まれるが、そうした間接情念はそれが向かう先の「対象 object」と「原因 cause」、そして、「原因」のうち情念に作用する「性質 quality」と、その性質が属する「主体 subject」を必要とする（T 2.1.2.5–6/278–279）。自分が所有する美しい家屋についての「誇り」のケースでは、そこでの対象（情念が向けられるところの存在）は「自己 self」であり、原因は「美しい家屋」である。そして、その原因の性質は「美しさ」であり、その原因の主体とは「家屋」のことである。さて、こうした間接情念には必ず対象となる人格概念がかかわることになるが、ヒュームはこのことについて以下のように述べる。

誇りと卑下に情念が自我を対象とするように決定されるのは、自然的特性によるだけでなく、原初的特性にもよるのである……原初的と考えなければならない性質とは、精神からまったく不可分でかつ他のものに分解できないような性質である。そして、誇りと卑下の対象を決定する性質はまさにそのような性質なのである。(T 2.1.3.2/280)

つまり、こうした情念が向かう先の「対象」としての人格概念は、それが擬制的に想定されているものだとしても、その情念が情念たる意味をもつ以上は原初的なものであるといえるし、その擬制こそが情念そのものを有意味たらしめている。理性を備えながらもわれわれ人間が感情的生き物であること、そして、そうしたわれわれが社会的に共存するような実践をするにあたっては、そうした擬制は不可欠なのである。というのも、誇りや卑下、失意や反省、怒りや処罰や赦しといった社会的に意味ある行為というものは、そうした感情および擬制なくしては成立不可能だからである(自我なきプライド、それが向かう先の対象をもたない愛、というものはそもそも情念として無意味といえよう)[128]。

こうしたことからも、われわれの生活において確固たるものとして信じられているような「人格」というものは、それ自体は合理的なものとして説明できるようなものではないが、われわれはそうした人格概念を所与のものとしつつ、それぞれが何かを欲し、何かを信じながらも、しかし確固たる根拠のないまま経験を積み重ねてゆくなかコンヴェンションを形成・共有するに至っている。そして、そうしたコンヴェンションのもと、「合理性」「自由」「責任」という諸概念は有意味なものとなっているのであ

128 「われわれの愛と憎悪は常に、われわれに外的なある可感者へと向けられる。……われわれは自己自身の失錯や愚行によって悔しがることもあるかもしれない。しかし、他人から害を受けるのでなければ、決して憤怒や憎悪を感じないのである」(T 2.2.1.2/329–330)

る。自由に関する「規約認定説」を採る坂本百大は本書と比較的近い立場を採っており、「自由」とは自然科学が取り扱う事柄ではない、と主張している。

自由とは要するに科学的に実在する事実ではなく、社会が認定する規約、または契約に依存する事柄である。つまり、ある行為主体がある条件（その条件は社会に相対的である）を満たすとき、われわれはその行為主体が自由であると認定することを社会的に規約しているのである。（坂本［1990］: 19）

つまり、科学が発展して人間に対する理解が深まったとしても、社会的実践における「自由」「責任」などはそれらとは――無関係とまではいわないが――別の根拠によって支えられており、それこそが「コンヴェンション」というわけである。もっとも、「コンヴェンション」＝「規約」としてしまうことはヒューム的な考え方を誤解してしまう怖れがあるので注意が必要である。なぜなら、規約というと、それは「できあがったルール」「明示化されたシステム」というニュアンスが強いものであるが、ヒュームがいうところのコンヴェンションそれ自体はその状況において当事者間に共有された感覚であるにすぎない。そこでは各人は、法やルールが示すところの責務に従う自由・従わない自由をもつことになっているが、それは「もつことにしようね」とわざわざ取り決めたわけではない。むしろ、「もっていることになっている」ということである。

こうしたコンヴェンショナルな自由概念については次のように説明できる。法やルールに従う自由・背く自由というものは、法やルールがあって理解可能な話であるが、われわれはついつい法やルールが存在する以前から「人間は自由である」というように、根源的な自由というものを想定し、そこに権利や権原というものを想定してしまう。しかし、やはり「自由」という概念が意味をもつためには、それを含みつつも、それに対して評価や制約を与えるところの規範がまず事実として確立されていることが重要である。本書では坂本と同様、コンヴェンショナルな自由概念を認めるものの、前章で示したように、「自由」というのはそれに先立つところの道徳的判別あってのものであるということ、つまり、互いに対する道徳的期待・称賛・感謝・非難などが存在するような交流において可能的に存在する概念として「自由な個人」を位置づける。コンヴェンションを規約の一種とみなす場合、そこで保証する「自由な行為主体」とは、そこに暗黙的な同意をも含んだ政治的・法的レベルでの擬制的想定というニュアンスが強くなるが、本書における立場はそうではない。本書においては、そもそも規約以前に、利益とモラルの両方にかかわるような一般的感覚としてコンヴェンションを位置づけているため、人が社会的関係のもとで道徳感情を抱きうる以上はプリミティブな形で自他は自由であるより他はなく、それは政治・法以前の話なのである。

ただし、根源的であろうがなかろうが、あるいはそれが日常的であろうが政治的であろうが、いずれにしても大事なことは、「人は自由であり、そして、自由である人は責任をもつ」ということの擬制的想定の妥当性が信じられていなければならない、ということである。各当事者たちにそれが信じられているかぎり、それを前提としつつ、各人における合理性は各種推論・判断を行いながら目的を実現する。しかし、何かをそのように信じて受け入れ身を委ねること、すなわち「信頼」という問題もまたやっかいなものであり、そこにはやはり合理性だけでは乗り越えられない壁があるのである。

2 不合理な信頼

なにかが「在る」と信じることでうまくいくことはたくさんある。出発点においてそれを信じる根拠がないとしても、それをそういうものとして受け入れ続けているうちにいつのまにかそれなしでは実践が成り立たなくなり、それを疑うことがもはや難しくなったものもあるだろう。「人格」「自己」「自由」「責任」といったものはそうした類のものであるし、それらを前提とした社会システムにおいては、当のそれらを拒絶するような実践というものは成立しえない。そしてここでは「合理性」というものも一つの擬制として人々のなかに見いだすことができる。「社会的協調がもたらすメリットはこれこれこういうものである」というように、協調するメリットが言語化・明示化・概念化された後では、「社会的に協調できている自分たちは合理性を備えている」という想定が説得力をもつ。その協調体制のルールを理解できずにそれに従わない人・従えない人は不合理であり、きちんと理解しつつ従える人こそが合理的、ということになる。

しかし、いくらそうした「合理性」を信じるにしても、その信念が正当性をもつためには社会システムがきちんと機能している、という事実が必要である。非難を可能とするような道徳的観念を喪失し、法のもとでの監視システム・刑罰システムが機能不全となり、かなりの数のフリーライダーがそこらをうろついているような社会においては、「借りは返す」「約束を守る」「他人を攻撃しない」「人の持ち物には手を出さない」「財布を拾っても自分のものにしない」というルールを守ること自体が不合理となり、協調的社会において人々がそれぞれにおいてもつと想定されるような「合理性」は無意味なものとなってしまいかねない。つまり、社会システムがきちんと——共有するところのコンヴェンションが破壊されることなく——機能しているからこそ、「こうすべきだ」ということを指し示す規範的信念およびその信念の保持者は「合理性を備えている」ということが可能となる。しかし、それでは社会システムがきちんと機能するためには一体何が必要なのであろうか。おそらくそれこそが「信頼」であるように思われる。もしかすると、ゴティエやロールズのような合理主義的社会契約論からは「合理性とは擬制的概念などではない！　なぜなら、社会システムがきちんと機能するための信頼を形成するためには、それこそ合理性が必要なのだから」という主張がなされるかもしれない。しかし、そのように、社会やコンヴェンションから独立的な（あるいはそれ以前に実在するとするような）「合理性」を想定し、それを個々の行為者に内在する性質概念と同一視することは困難であるように思われる。このことについてここで考えてみよう。

「信頼」によって成立している身近なシステムとして「銀行」をすぐに思い浮かべることができるだろう。「銀行にはお金がある」と信じ、そして「必要なときに預金をおろすのに銀行を利用しよう」と頼る。こうした「信頼」こそがこのシステムの機能の維持に不可欠であることは、およそ経済学者でなくとも理解するのはそう難しくない。しかし、それは一定以上の「われわれ」がそう信じ、かつそれに沿って行為しているという事実があってこそその話なのである。「今すぐでなくとも、いつでも預けてあ

129　もちろん、そうした中でも「約束を守る」「他人の所有権を尊重する」などを守ろうとする人々において「合理性」を見いだすパースペクティブは一部のグループにおいて共有されているかもしれない。しかし、それはもはや宗教的信念と同様のものであり——もちろん、宗教的信念であっても真たりうるものもあるのだが——、混乱した社会において、そうした理解の仕方を持ち合わせるような人々はほとんどいないであろう。

るお金はすべて引き出せるさ」という考えを預金者たちが共有し、その考えのもと（落ち着きながら）、各自が自身にとって必要なタイミングでのみそれぞれバラバラに銀行で預金を引き出すといった自由でありながら秩序だった行動パターンが成立しているからこそ、われわれは一斉に預金すべての引き出しを求めて窓口に殺到することをしないし、銀行はある程度以上の資本を運用した業務ができる（そしてそのように銀行業務が継続することで、預金者であるわれわれは恩恵を受けている）。しかし、そうした信頼が崩れ、「急がなければ自分の預金が引き出せなくなってしまう！」という考えが支配的になれば、いち早く自分の預金を引き出そうとすべての預金者が窓口に殺到し、その結果、「銀行にはお金がない」が現実となってしまう（「取りつけ騒ぎ」などはまさにこうした事例であり、「予言の自己実現（あるいは自己成就）」とも呼ばれる）。これは特定の金融機関においてのみ起こる現象ではない。たとえば、多数の保険会社において不信感に基づいた同時多発的な解約が生じると、関連するすべての保険会社の総資産が目減りしてしまい、最悪の場合にはドミノ倒産が発生する可能性もある（もちろん、適切なリスク分散をしておけばこうしたトラブルを回避できるであろうが、まったく知らない場所において発生した「信頼の崩壊」のしわ寄せがくる、というリスク自体からは逃れることがなかなかできないであろう）[130]。

つまり、みんながその妥当性を信じ、それを守っていれば間違いないと考えてルールを遵守する――つまり、それを頼る――からこそ、コンヴェンションが指示するところの社会ルールは当事者全員に恩恵を与え続けることができるのである。しかし、みんなが「それに従わないほうが自分の得になるのでは？」と考えはじめ、一般的な行為ルールや秩序だった行動形式から逸脱しはじめると、「ルール遵守に意味などないのでは？」という疑念が真実となってしまう。すると、既存のコンヴェンションの合理性が無意味となり、その結果、そこにおいてルールに従うべき理由を誰もが失ってしまうのである。これは、ルール遵守的人物が合理的ではなくなってしまうという状況を意味する。そして、かつてそこで通用していたルールも、またそれに正当性を与えていたコンヴェンションもその機能を回復することは困難となるだろう。

こうしたことからも、合理性があるから信頼が生じたのではなく、信頼が成立・継続しているからこそそれに従うことの合理性が担保されていることが理解できるであろう。しかし、こうした信頼が醸成されてゆくためには、それ以前にそれに踏み出すための「賭け」が乗り越えられていなければならない。この必要性についてはこれまでも述べてきた。しかし、これもこれまで述べてきたことであるが、われわれにはあいまいさを嫌うリスク回避的傾向性があることもまた事実である。すると、「臆病な人々はどうやって賭けに踏み出すことができたのであろうか?」という問いが出されるかもしれない。この問題が解決されるにあたっては、臆病さが克服されて勇猛（もしくは鈍感）になるか、あるいはうまく蓋然性が高まって「賭け」とは認識されなくなるか、のいずれかであろうし、経験を重ねていくうちにその両方が生じてゆくのであろう。しかし、私が思うに、最初に協調を実現できるような当事者たちは、「賭け」にひるむことなく協調することの合理性を信じてそれに向かうという点ではそこまで多数派ではないし、ある意味では自信過剰気味な楽観主義者であるようにも思われる。しかし、そうした人たちは、相手に裏切られるかもしれないリスクに対し多少楽観的に構えているとはいえ、決して愚鈍で献身的というわけではなく、単独でもそれなりの利益をいつでも実現できる——という自信をもっている——人々といえる（だからこそ、楽観的に構えることができる）[131]。ルソーの「鹿狩り」のような状況にお

130　この点については、本書第4章第3節でのサブプライムローン問題を参照してほしい。

いて、統治がないまま協調を最初に実現できるのはおそらくこうした人々であろう。しかし、それはすべての人間にあてはまるわけではない。その他大勢はこうした楽観主義者たちとは異なり、自身の能力に不安があり、そのくせ、他人と協調することもできない。「そのくせ」という表現は、楽観主義者たちが確立させた協調的状況に内在する合理主義的観点からのものであり、他方、自信のなさがゆえにリスク回避的な悲観主義の観点からは、「そのくせ」ではなく、「そうであるからこそ」といって自らの非協調的スタンスを合理的とみなすであろう。しかし、その違いは、「協調」という事実的状況のもとでの内在的観点か外在的観点かの違いであり、それゆえ、「あたりまえ」という感覚を成立させているような社会的事実こそが、合理性-不合理性の分水嶺となっている、といえる。

いずれにせよ、協調以前の状態においては「なにが」「誰が」合理的であるかは決定的とはいえない。しかし、一旦協調が実現され、それが積み重ねられてゆきながら楽観主義者の合理性が蓋然的なものとなってゆけば、「協調することがあたりまえ」というコンヴェンションが形成・共有される。しかし、協調が不発に終わり、それが連続してしまうと、その逆の感覚が形成・共有されてしまう。いずれにせよ、コンヴェンション以前に「信頼実現のための合理性」を想定することはできないように思われる。合理主義者たちは協調問題において、「感覚」というあいまいなものを排除し、「知識（正当化された信念）」を措定することで「信頼実現のための合理性」をそこに見いだそうとするかもしれないが、しかし、正しい信念のもと、合理的推論のもとで行為し、その結果「信頼」が形成されるともかぎらない。あるルールに沿った行動をしている集団がいるとして、それぞれの人が「ルールを守ることこそが自分の利益になるはずだ！」といった確固たる信念をもっているとはかぎらないし、「これが正しい行為なんだ」と信じていなければならない、というわけでもない。たとえば、「自分は正しいとは思っていないが、みんながそれを正しいと信じているようだから」と思ってあるルールに従っている人がいるとしよう。しかし、実はその人以外のみんなも「自分は正しいと思わないが、みんなが正しいと思っているみたいだし……」という予測のもとでそれを行っていることは十分ありうる。つまり、誰も自分自身ではそれが正しいという確信をもっていないが、集団においてはそれが「正しいもの」として成立しているかのように見え、そして、それに沿って行動すると実際それぞれに利益があることが発見され「やっぱり正しかった」となっているかもしれない（これは「多元的無知 pluralistic ignorance」という類のものであるが、ここには、一種の「バンドワゴン効果」が働いているといえるであろう）[132]。そもそも、リスク回避型の人間であれば、あいまいな状況において「ルール遵守こそが正しい選択なのだ」という信念などはなかなかもつことはできないであろうし、仮に宗教的信心のようにそれをもつことができ、そして信じ続けるとしても裏切られることだってありうるわけで、協調問題におけるそうした信念は経験的かつ状況依存的に正当化されるより他はない。単独的な個々の合理性に基づいた実践だけではそうした信念には到達困難であるし、それが正しいという保証を得るためには相互的協調の経験が必要であり、さらに「信

131　こうした優秀な楽観主義者は、ある意味では「まともではない」のかもしれない。しかし、ごく少数のまともではない人間であっても、ある特定の役割を担うことで社会的に寄与できる可能性がないわけではない。たとえば、心理学者のダットンは、サイコパス的な人物であってもある職種に就くことで社会的に有用な人物たりうることを示唆している（Dutton [2012]）。

132　バンドワゴン効果（bandwagon effects）とは、多数者においてある選択が受け入れられている、という情報（もしくは信念）のもとでは個々人はそうした選択をとりやすくなる、というものであり、経済学者のライベンシュタインが市場の消費動向の分類において用いた語（Leibenstein [1950]）。

頼」に届くためにはコンヴェンションが必要となる。このプロセスの随所において計算尽くしの合理性では乗り越えられないギャップを、それ以外のもの、すなわち、リスク鈍麻的な利益追求の態度、多元的無知やバンドワゴン効果といった模倣的傾向、社会的に逸脱してしまうことへの不安感、などの助けによってわれわれは乗り越えているのである。通常、これらは子どものころの集団生活・家庭生活において協調的態度を確立させ、「みんなと同じように振る舞う」という習慣を身につけさせる。その後、学校、クラブ活動、そして職場などへとその習慣が持ち込まれてゆくわけであるが、もちろん、持ち込まれるところの個々の状況には差異がある。しかし、参入しようとする当事者は、それまでと何がどう違うのかを理解できないため、想像力によって「この場合も他人を信頼した方がよいのかもしれない」と判断し、それまで培ってきた協調的・規則遵守的態度の習慣をそこに持ち込み、そして協調的利益を享受することによって、結果的にそうした態度は「合理的であった」と理解できるようになる（もちろん、その逆もありうるわけであるが）。

　もしかすると、「想像力」というあいまいなものが社会的協調において寄与していることに反対したい人もいるかもしれない。想像力による判断は間違っていることもあり、それ自体が必ずしも有益なものと断言することはできない。しかし、われわれの知識・信念・実践は想像力の助けなしでは成立しえないものであることもまた事実である。ヒューム流にいうならば、ある出来事AとBとの因果関係そのものは想像力の産物であるし、そのような推論が可能となっているのは、出来事A－Bと出来事A′－B′との類似性（および繰り返し）があるが、しかしその類似性自体も記憶に基づく想像の産物にすぎない。人格同一性もまた、異なる複数時点における行為者（に関する知覚）を継ぎ足した想像の産物であるが、そうした想像力の産物によってわれわれの実践は成り立っている。われわれは因果性を想定するような科学理論に依拠した技術を用いて繁栄を築き上げ、人格同一性を想定するような法制度のもとで秩序を保っているとするならば、想像力によって自分たちが置かれている状況を「協調した方がよい状況」と各人が信じ込むことにも意義があるし、実際、各人はそう信じ込めているからこそそこで首尾よく協調が生まれ、信頼が形成されている。

ただし、「信頼」は形成されるだけでなく維持されねばならない。本書第1章で少し触れたが、ヒュームの正義論で特徴的な点としては、コンヴェンション形成後に当事者たちが動機づけられるその仕方であり、それは信頼の維持と大きく関係している。ヒュームの正義論においては、コンヴェンション確立後の責務に該当する行為を行うにあたり、各人の行為を動機づけるものは「義務感 sense of duty」というものであった。コンヴェンション確立後、自己制約的な人物は「とにかく従うべきなんだ！」という形でそうした義務感に動機づけられる。これは、本書第5章第3節で紹介した「幅」のある規範的合理性（とそれがもつ機能としての「強制」）と同じものである。通常、信念／欲求モデルを重要視するヒューム主義者はこうした義務感のなかに「欲求」を読み込もうとするかもしれないし、それはそれでかまわないのであるが、それは少々強引すぎる気もするし、そこまで統一的なモデルにこだわろうとする時点で、人間本性に関するヒュームの描き方に反しているように思われる。たしかに、「信念／欲求」理由によって動機づけられるような利己的‐合理的人間というものはヒューム哲学において、その出発点に位置しているものである。しかし、相互交流や試行錯誤を通じてその在り方が変化することをヒュームの経験主義は拒絶するものではない。このことは、共感の範囲が拡大したりすることをヒュームが認めていることからも明らかである。人間本性とは固定的なものだけでなく可変的なものも含めて人間本性なのである。

そして注意してほしいのは、こうした人間本性はやはり「合理性」とは区別されねばならない、という点である。なぜなら、こうした動機づけ、および共感のもとでの協調的行為の正当化というものは、必ずしも素晴らしいことになるとはかぎらないからである。たとえば、略奪や虐殺などの組織的行動において、それが習慣化され個々の責務が固定化されてしまうと、義務感に基づいて「そうしなければ」と行為してしまうことも、そしてそれに加担しない者を「裏切り者」と非難し、積極的に加担する者を（その状況下において）道徳的に評価することさえありうる。[133] こうした人間本性は特殊な状況下においては、反道徳的に――しかし規範的に――他人を積極的に動機づけることもあるし、「傍観者効果」[134]のように、周囲への同調的傾向性というものが、善良な人々が他人を助けるのを阻害したり、困った人を積極的に見捨てるような慣習などを形成し、それに沿った義務感や共感をもたらすことすらある。ゆえに、こうした人間本性がすべて素晴らしいとはいえないし、それ自体はやはり「合理性以外のもの」でしかない。しかし、だからこそ、そこでの人々が駆使するところの「合理性」というものが意味をもつ。というのも、そのような不合理な人間本性が作りあげてしまったとんでもないものに対し、人間は遡及的に反省し、見直し、そして改良することができるからである。つまり、不合理な営みが「信頼」をつくりあげ維持させてゆくとしても、それがしかるべきものであるかどうかを理解するための判断は「合理性」に委ねられている。このような不合理性と合理性とを包括するものこそが「人間本性」であり、人間本性の研究が有意義であるのは、それぞれがどのレベルにおいて機能しているかを調べ、そして、それぞれの限界をきちんと理解することにあるといえる。

3 「合理的」という看板

さて、結局のところ本書は、「協調」「自由」「責任」などについて論じながら、それらが「合理性」と呼ばれるものとどのように——そしてどの程度——かかわるものであるのかを論じ、そしてその限界を探るなか、合理性だけでは説明しにくい人間行動や社会システムの仕組みというものを論じてきた。それをまとめるならば、われわれが協調したり、互いを「自由で責任ある存在」とみなしつつ連帯的な実践を行っている背景には合理性以外の人間本性、すなわち不合理性がある、ということである。いや、もっと極端に（そして挑戦的に）言ってしまうなら、「合理性」という概念すら不合理な人間本性が乗り越えてきた状況のもとで擬制的に想定されたものにすぎない、ということであった。

おそらく、大多数の人はこうした極論に猛反対するであろう。「そもそも協調問題の出発点においてすらまったく推論を欠いた営みがなされているなどとは考えにくく、その意味でも合理性がかかわらない、などということはありえない！」と言う人もいるだろうし、「不合理性による協調が可能であると

133 ピンカーは、人間の「暴力」の歴史においてもそうした傾向性を見いだせると指摘する——「人は順応や服従を道徳的に正当化することさえある。多くの文化において増幅されている、人間の道徳感覚の成分の一つは、順応や服従を称賛に値する美徳のレベルにまで引き上げることなのだ」（Pinker［2011］: 559/335）。

134 「傍観者効果 bystander effect」とは、ダーリーとラタネの実験（Darley & Latane［1968］）において示された効果であり、簡単にいえば、援助すべき対象が目前にいるとき、自分以外の傍観者が周囲にたくさんいればいる（と思う）ほど、対象に対する主体の援助行動が抑制されてしまうという現象である。

しても、ある種の道徳的信念そのものが真であり、その信念を有する当事者同士が実践理性といった合理性によって協調へと到達できることもまた可能である」と主張する人もいるだろう。もちろん、そうした推論能力としての合理性や、実践理性の役割そのものは私も認めるところではある。ただ、ここで私が言いたいのは、協調問題においてうまくいっているような行為・態度を正当化するような――そして社会的協調において各人が有すると想定されるような――「合理性」の概念は後づけ的なものであって、コンヴェンション形成以前の時点における個々人の推論・判断能力と同一視するには相応しくない、ということなのである。

以下のケースを考えてみよう。たとえば、太郎と次郎がビジネスの打ち合わせを喫茶店でしているとする。そして、打ち合わせの最中に急な用件か何かで太郎が立ち去ったとする。次郎はその場でそのまま太郎が戻ってくるのを待っている。さて、この次郎の選択が「合理的である」といえるためには、①次郎が「この状況においては、太郎が戻ってくる」と予測していることはもちろん（そもそも、そうした予測がなければ次郎の行為は「理由」を欠落したものといえるので）、②太郎が「自分（太郎）が戻ってくると次郎は予測している」と予測しており、③そのことを次郎は正しく予測していなくてはならないのである。[135]もし太郎がそうした予測をしていなかったり、太郎の予測について次郎が的外れな予測をしている場合、太郎は喫茶店内に戻ってくることなく、外で（次郎が追っかけてくると思って）いつまでも待ち続け、二人はビジネスの話を再開できないかもしれない。つまり、二人が協調的状況へと到達するためには、「相手についての予測」と「相手の予測についての予測」というものが共有知識として真であること（つまり、信念として正当化されること）が不可欠であり、そのかぎりにおいて、両者は合理的に行為できる。そして、そのためには、推論の基準および背景的知識を「信念」としてシェアしている必要がある。

しかし、そうした信念のシェアは、生得的というよりは経験的に成されるものである。それに、その信念の正しさが、状況とは独立的かつ単独的に決まっているわけでもない。店を出ることとは簡単だが、店に入ること自体に何らかの（精神的・肉体的・経済的な）コストがかかってしまうような状況では、両者の間で形成されるコンヴェンションは「太郎は外で待機し、次郎は喫茶店を出るべき」という規則を示すものであるかもしれない。しかしこれは、協調時における主体の能力・資質・傾向性などとの兼ね合いもある話であり、その時点においてコストをものともしない当事者同士であればやはり「太郎は喫茶店に戻り、次郎は待機しておくべき」という規則が成立するかもしれない。いずれにせよ、経験的な試行錯誤の可能性は常に遍在し、あいまいであるような状況において合理性がその一歩目をうまく乗り越えさせてくれるとはかぎらない。

では、共通する経験のなか、決定的な合理的判断がみつかるか、といえばやはりそうとはかぎらない。たとえば、太郎と次郎の間で「過去において、電話で太郎と次郎が会話している最中、太郎がキャッチホンで一旦次郎との電話を切った後、しばらくしてから次郎から電話がかかり太郎と会話を再会した」という経験（記憶）の共有があるとしよう。喫茶店での打ち合わせをこれと類似する状況とみなした太郎は、「電話での先行的事例を考慮すれば、次郎は店の外に自分を追って出てくるはず」と信じる一方、それを類似的状況とみなさない次郎は、「電話での先行的事例は別として、今回は太郎は戻ってくるはずだ」と信じているかもしれない。つまり、「異なる二つの出来事を類似的なものと解釈できるかどうか」という推論形式やその基準は、当事者である両者の経験や感性などによってバラバラであることも

135 この種の「待ち合わせ」の事例については Lewis [1969]: 52-57 を参照。

ありうるわけで、同一体験のもと同じ状況に放り込まれた二人において、特定の協調戦略へと一致的にとらせるような共通する合理性が必ず存在しているかといえばそれは疑わしい。結局、それは協調がうまくいったところにおいて見いだされたものでしかないように思われる。単一的であれ複数回であれ、「うまくやった」という事実があったとき、われわれは自らを「合理的」と信じ、そこにおいて隠されている偶然性・不合理性・状況依存性から目を背けがちとなるが、しかし、いかなる状況においても合理性以外のものが紛れこんでいる可能性について目を凝らす必要があるだろう。われわれ人間は、うまくいっている状況においてすぐに「自分たちは合理的です」という看板を掲げたがるが、しかし、その状況を成立させているものをわれわれが本当にはっきりと理解しているのかは、常に検証する必要がある。

　しかし、こうした話はすべて漠然としたものである。「合理性」という看板が擬制的なものであるということ、そして、その背後においてそれ以外の——合理性からは説明がつきにくいような——不合理性によって個人レベルでの利己的活動、および、社会レベルでの協調的活動もうまくいっている、とはどういうことなのであろうか。これまでの議論とのかかわりでいうならば、欲求に流されるくせに規範にもきちんと従い、利己的だけれどもきちんと他人と協調でき、不合理だけれども合理的に振る舞うような、われわれの社会において自由で責任を請け負っている人物（すなわち「われわれ」）とはそもそもどのようなものなのであろうか。なんとなくニュアンスは摑めても、具体的なイメージが摑めない読者もいるかもしれないので、以下ではその構造というものをある程度形として描いてみたい。

　そもそも、「合理的に生きる」ということはどのようなことであり、それはいかにして可能なのであろうか。たとえば、あなたは将来何が起きるかをすべて知っているとする。すると、あなたは自分自身の人生を効率的に計画できるかもしれないが、そこでそのまま「幸福な人生」が歩めるであろうか。以下の例を考えて欲しい。

あなたは学生であり生活に困窮していたが、突如時価3億円の山林の相続人になったとしよう。すると、タイムマシンで未来の自分が次々とやってきて、未来がどうなるかを教えつつ、あなたにどうすべきかを以下のようにそれぞれ指示したとする。さて、あなたはどうすべきであろうか。

九年後の自分「山林を売って現金を預けろ！　それがムダのない堅実な生き方だ！」
二三年後の自分「インフレが起きるので、現金化は損をする。山林をそのまま保有しておけ！」
三三年後の自分「インフレは起きるが、土地も国有化されてしまう。宝石に換えておけ！」

この事例の出典は、藤子・F・不二雄の「自分会議」(1972)である。漫画のオチはネタバレとなるのでここでは控えさせていただくが、さて、読者であるあなたならどうすべきと考えるだろうか。もちろん、どうするかという選択は個々人の恣意的な基準に基づかざるをえないし、「どうすべきか」という問い自体、おそらくは無意味なものかもしれない。幸福は人それぞれであり、人生のどの部分を重要視するかについてはおよそ正解などはない。では、「なんでもアリなんだから、この話で得られるものなんて何もないよ！」となるかといえば、私はそうは思わない。

もし、すべての基準を相対化したうえで、「正解なんてないし、何でもアリなんだから、好きにしたってかまわないんだ！」と本気で信じている人がこの学生の立場に立ったとするならば、そうした人は、将来の自分たちの誰かのことなんか気にすることなく、今現在の「この自分」の好きにするであろう（それとも、「ビュリダンのロバ」のように停止してしまうのだろうか）。貧困にあえいで苦しんでいたのであれば腹いっぱい食べて、高級車でも買って、豪勢なパーティーを開きたいならばそうすればよい。あるいは自分の好きな人に高価なプレゼントを買ってあげるのもよい。相対主義的に考えるならば、どれも「同じ自分」であれば、現在の「この自分」を犠牲にして、将来の「あの自分」を優遇的に助けるべき確固たる理由はない。つまり、この事例においては、現在山林を所有している「この自分」の好きにしてもよいはずであり、将来の自分（いわば他者）を考慮する必要などは本来ない。しかし、そのように実際に行動する人は少なく、「うーん、どうしよう……」と、ついつい将来の自分を気にかけてしまう人がほとんどではないだろうか（だからこそ、日常生活においてわれわれは、苦労をすることで今現在の自分の楽しみを犠牲にしながら、将来の自分が楽をするような営みを少なからずやっているわけである）。そして、これが重要なことなのであるが、われわれはそのように将来の自分を気にかける人物こそを「合理的でまっとうな人物」と呼んでいるように思われる。ただし、ここで気をつけてほしいのは、将来のある時点のために、現在の自分のすべてを犠牲にしてしまうような人間はそれには該当しない。たとえば、三三年後に自分が贅沢するために、ありとあらゆる欲求を無視し、なんの享楽も得ず、ムダ使いすることなく三三年後のためだけにコツコツ貯金するような人をわれわれは「合理的」とみなすであろうか。こうした人物は、計画的であるし、理知的で意志が強いのかもしれないが、やはりどこか変わっているように思われる。われわれが通常「合理的な人物」と考えるのは、そこそこ現在を楽しみながら、しかし将来のことも大事にするようなバランスのとれた人物であり、われわれはそこに「幅」のある規範的合理性を見いだすことができるであろう。そして、そこには「自由」を見いだすこともできる。

さて、注目すべきは、こうした合理的な人物の振る舞いには、「利己的であっても、自分以外の存在を気にかけてしまう」といった、いわば不合理にも見える利他的傾向性が見受けられる、という点である。つまり、さきほどの「合理的な人物」とは、現在の自分以外の存在（未来の自分）のことを気にかけながらバランスのとれた行動をとってしまうという傾向性をもっているが、しかし、この傾向性は、「自分の利益・快を最大化したいが、なぜか、自分以外の他人をも気遣ってしまうような利他的で協調的な人物」のそれと類似している、ということである。[136] そしてやはり、われわれの日常、および協調問題において、そのようにそこそこ自分の利益を確保しつつ、しかし他人にも利益をもたらすことでうまく共存するような利他的で協調的人物をわれわれは「合理的な人物」と呼んでいるように思われる。すると、通時的な「現在の自分⇕将来の自分」という軸、そして、共時的な「自己⇕他者」という軸、この二つの軸を使って「合理的な人物」というものを描くと、図3のようになるだろう。

(1) 上軸右上部の「合理的な行為主体」は、現在の欲求に動かされながらも、将来の自己利益をほどほど尊重することができ、未来の自分および他人のことも想い計れるような「幅」のある規範的合理性を備えた人間であり、ときおり、意志の弱い在り方をも含むこともある（ダイエット中だが、その計画を壊さない程度にポテトチップスとコーラを楽しむ人物など）。[137]

136　この発想は、永井［2000］: 131-132 での議論から得たものである。

137　上軸の左極に位置する人は「狂人」、上軸の右極に位置する人は「変人」、下軸の左極に位置する人は「わがまま」、下軸の右極に位置するような人は「聖人君子」と呼ばれるであろう。

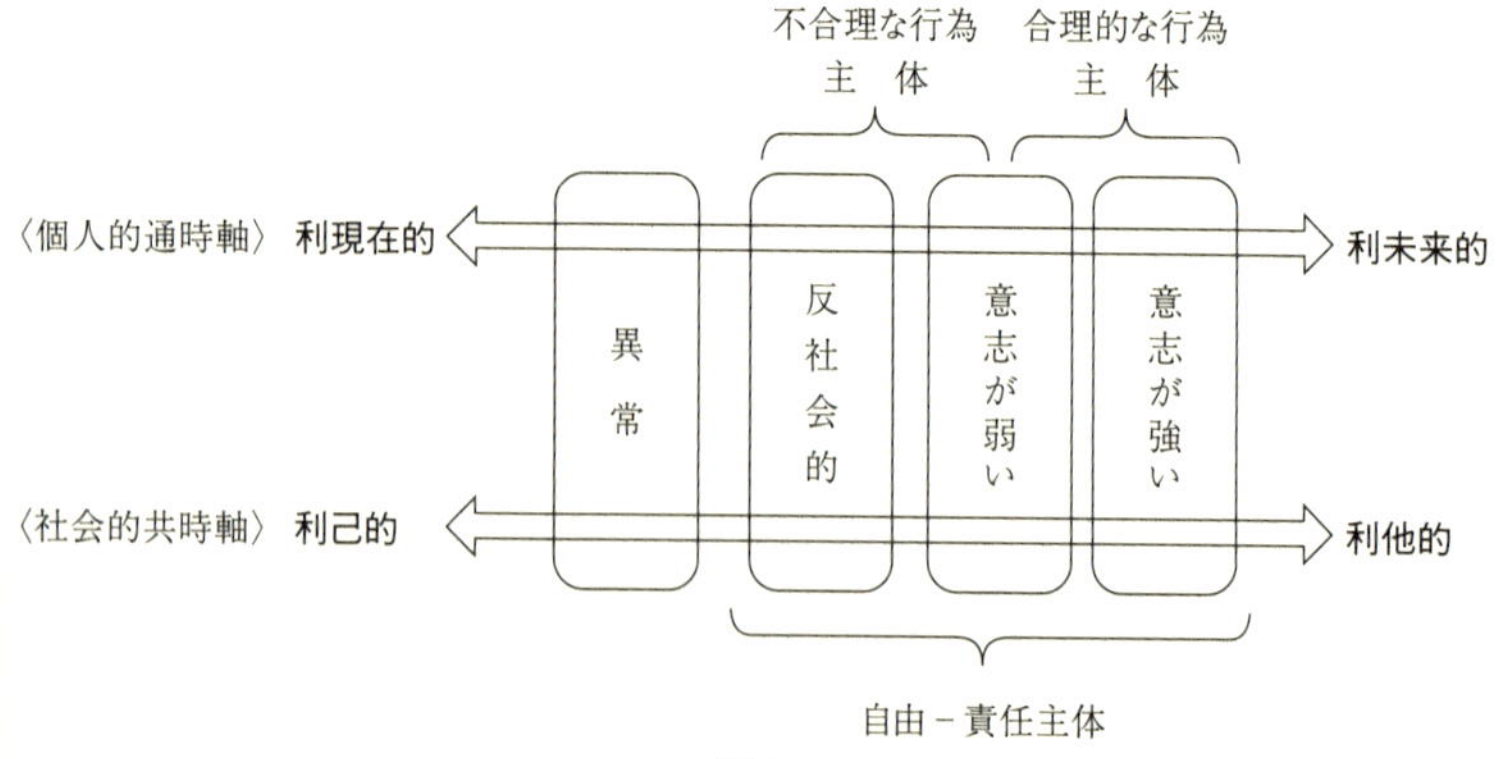

図3

(2) 下軸下部の中括弧が示すのは、その行為者が自由－責任者としてみなされてしまう範囲である。合理主義的免責論者はこの枠を最も右側に狭めたもののみを自由－責任主体とみなす傾向にある。本書の趣旨としては、反社会的な非協調的人物であっても、その行為理由・ポリシーが第三者的観点から解釈・理解され、さらに道徳的評価を受けるものであるかぎり、それは自由－責任主体に含まれる、というものである。

(3) 上軸上部左側の「不合理な行為主体」は、「幅」のある規範的合理性から逸脱するような、非協調的であり利己的で長期的展望に欠けた人物を指す。この範囲は、合理的行為主体と自由－責任主体との間のギャップともいえるが、このギャップの背後には、われわれの共感や応報感情などがそこにあるように思われる。

(4) 人間本性における不合理な傾向性として、上軸、下軸、それぞれにおいて左極側に意識が向いたり、そちらへと引きずられそうになることがある。「合理的な人間」とはそれに抗いながら、なるべく右側を向きつつそちら側へ留まろうとする人間といえよう。

もちろん、こうした描き方が普遍的に正しいわけではないし、さらなる説得力をもった描き方もあるだろう。これはあくまで、本書で論じた用語や内容、問題の切り口をもって、「合理的な人物」「自由で責任のある行為者」というものがどのような概念であるのかを描き出したにすぎない。しかしそれでも私が言いたいのは、われわれが日常的に重要視するところの「合理性」とは、ある種の行為者モデルで示されるところの――そして、その行為がおおよその場合において社会的には許容されるような――人格、そしてその人格同士の協調関係において見いだされるような概念である、ということである。こうした人格、およびそれら同士の協調関係において、ヒューム主義的モデルだけでなくそれ以外のモデルも「自由」と「責任」のもとで含まれる、ということはこれまで述べてきたとおりであり、その点では私はヒューム主義的行為者モデルを肯定しているが、それ以外を否定しているわけでもない。私としては知性的能力としての合理性は個人内在的なものとしても認めてはいるが、しかし、それが協調問題や自由-責任の問題において意味をもつ場合、一種の擬制として社会的観点から見いだされるものとなってしまう、ということを言っているのである。

いずれにせよ、協調問題などにおいて「うまくやるための合理性」とは一種の擬制であり、そこには隠されたそれ以外のもの、つまり、不合理な人間本性がある、と私は主張したい。しかし、これをすぐさま「じゃあ、人間って本当は損しているんだ……」と誤解しないでほしい。そもそも、損得勘定というものはある種確立された状況における合理的な――たとえば経済合理性のような――観点から理解されるものであって、それ以前にそれが個人に損をさせているとか、個人を不幸にするもの、ということを決めること自体困難であろう。もしかすると、そうした合理的判断・計算を用いないからこそ、それが協調的関係への足がかりとなったり、すでにある協調関係が維持されることがあるのかもしれない。前節の「信頼」の話もそうであるが、互いが計算づくで信頼関係を結べるほどわれわれが合理的でないとするならば、そうした「信頼」の形成には市場原理以前の不合理な、しかし、人間の協調において不可欠な情動的交流が必要となることも十分に考えられる。たとえば、エイブラハム・バルギーズ医師は、現代的な先進技術を駆使した医療のみではモニター越しに患者を理解することしかできず、結局それは「医療」という医者と患者との相互交流の本質を欠いたものとなるため、信頼関係を結ぶための「触診」を重要視する（Verghese [2011]）。彼がいう「触診」とは、それが効率的かどうか以前に「行われるべき儀式 ritual」であり、そこには「私はあなたを見捨てないよ、そばにいるよ」というメッセージが込められている。おそらく、ここには本書第6章第3節で紹介した「心理的麻痺」に医療サイドが陥らないための方策が含まれており、そしてそうした医療サイドの――経済合理性の観点からは明らかに不合理な――態度というものが患者に安心感を与え、信頼関係を構築できる、という意義があるのだろう（バルギーズ医師によれば、より設備の整った病院での機械的取り扱いを嫌がり、触診を受けに自分のところに来る患者もいるとのことである）。もっとも、こうした事例を、緊迫した医療現場におけるアナクロニズムの導入とみなす人もいるかもしれないし、それもまた「反省」の一つであって、それを最初から拒絶すべきとはいえない（実際、こうした反省のもと、より効率的な医療政策によって多くの患者が救われることもあるだろう）。しかし、医療政策というものが「人間」に寄与することを目的とする以上、人間の本性、すなわち、人間は合理的で効率的な損得勘定をしつつも、ときにそれとは反するような感情・情動をもっているという事実を忘れるべきではないだろう。

本章でも何回か触れた「理性は情念の奴隷である」といったヒュームの言葉は、感情まかせで好き放題やっていい、ということを意味するものではない。ヒュームが主張したかったのは以下のことである。人間というものは他にもっとお利口に生きたり、得な道を選んだりできるとき、「なぜわざわざそれを選ぶのか?」というケースがあるが、しかし、それは単に「その人に理性が欠落しているから」とはかぎらない、ということである。たしかにわれわれは理性・知性をもっているし、なにがしかの目的(欲求)のもとその実現のためにはどうすればよいのはわかっているが、しかし、それが必ずしも優先されるわけではなく、ある状況下では、別の情動が優先されることもある。それは以下のヒュームの言からも読み取れるであろう。

より大きな善と認めているものよりも、より劣った善と認めている方を選び、前者より後者に対してより熱烈な感情をもつことも[他のケースと]同様に理性に反するということはまったくない。ある一定の諸条件では、最大かつ最高の価値がある楽しみ[の予測]から生じる以上の欲求をささいな善が生み出すことがある。これは、力学のもと、1ポンドの重さのものがその位置のアドバンテージによって100ポンドのものを持ち上げるのを見てもそれは何ら異常ではないのと同じである。(T 2.3.3.6/416)

つまり、人間本性のもとでの各種行動・選択・価値観のなかには、経済合理性の観点からは意味不明なものもあるが、しかし、それでも確固とした「理由」があり、その場合には理性に反する行為ではないし、共感によってある程度社会的にそれらを理解することも可能である。だからこそ、自分の利益を捨てて他人のために尽くしたりする「お人好し」や、最先端の医療設備が揃った病院を抜け出して、丁寧に問診・触診してくれる古いタイプのお医者さんとの繋がりを求める患者もいるし、われわれはその人たちが何をしているかのかを理解でき、ときに賛同できるのである。もし本当に個人が個体そのものとして「大きな利益」を求めているだけなのであれば、もらえるものは何でも、そして誰からでももらえればよいはずである。しかし、そのような人物はそう多くはない（かもしれない）。

たとえば、あなたは、初恋の相手と最近付き合い始めて一カ月ほどであり、そこではじめてちょっと遠出のデートをしたとしよう。その彼（彼女）が帰り道の電車（あるいは車）の中で、「今日はありがとね！　楽しませてくれたから3万円あげるね！」といってあなたに3万円を差し出したとする。さて、あなたは知的で合理的かもしれないが、この彼（彼女）の振る舞いから快を受け取るであろうか、それとも複雑な感情を抱くであろうか。断っておくが、「利益」そのものは変わらない。3万円は誰からもらっても3万円であるし、極端なインフレが唐突に起きないかぎりは、もらう前だろうがもらった後だろうが同様のモノをそれで買うことができる。さらにいえば、大好きな彼（彼女）とデートできて、その上さらに3万円もらったのだから、何も差し引かれているわけではない。そうであるにもかかわらず、彼（彼女）のこの振る舞いに対して違和感をおぼえるというのであれば、それは、「利益」が示す意味が社会的文脈において感情レベルで変化すること、そして、われわれが利益を得るのは市場的な交流だけとはかぎらず、非市場的な交流もありうる、ということになる。そうした非市場的交流のなかには、市場的交流、あるいは洗練化・システム化された制度における「合理性」の観点からは無駄・無意味ともみえるものがあるが、しかし、それら意味不明のものが、洗練化された制度を見えにくい形で支えていることもある、ということである。

しかし、もう一つここで触れておくべきは、そのような市場原理とは異なる原理を含んだ人間本性に対し、そこにすぐさまモラルを読み込んだり、あるいは読み込みすぎたりしない方がよい、ということであろう。利他的行為をしていれば天使のように清らかな存在であるというわけではないし、最先端の病院をぬけだしたからといって「命なんて惜しくはない」と思っているわけではない。初恋の人からデート後差し出された3万円を受け取らなかったといっても、その人がお金に興味がないなんてことはない。そうした在り方を「矛盾している」「不合理だ」とみなすだけでは彼らをきちんと理解していることにはならないように、単に「いい人だ」「お金には流されない人だ」などとラベルを貼りつけることもまたきちんとした理解とはいえない。人間をきちんと理解するということは、その多面性をきちんと理解することであり、本書で取り上げてきた「合理性」と「不合理性」とにかかわる議論はそうした試みともいえるものである。そしてこれは自分自身についてもいえる。自身の「合理性」「不合理性」にきちんと目を凝らしてみると、これまで気づかなかった自分に出会い、そのような「自分」が「他人」とどのように接し、どのように生きてきたかに気づくことができるであろう。そして、そうした反省のもと、そこから新たな自分の歴史を作っていくことができればそれに越したことはない。「自由に生きる」とはそうしたことであろうし、哲学が仮に何かの役に立つというならば、おそらくはこうした点においてであろう。もっとも、その「一歩目」はやはり賭けであり、うまくいく確実な保証などはどこにもないのであるが。

あとがき

基本的に私は、世間一般で言われるところの「合理的な人間」ではない。高校の学業成績が振るわなかったにもかかわらず運よく地方国立大学に入学できた私は、人生の目標・方向性をまじめに考えることなく「なんとかなるさ」というノリで無計画かつ自堕落な大学生活を送っていた。ろくに勉強もせず、だからといって就職活動をするわけでもなく何となく大学院進学を志し、修士課程までは進学できたものの博士課程へと進学することがなかなかできなかった私は仕方なく地元に帰り、とある市役所に勤め始めた。しかし、たった三年でその市役所を辞め、収入のない——そしてその後も収入のアテがあるはずもない——博士課程へと進学した（その時点で、四度目のチャレンジにしてようやく大学院博士課程に入学できたこともあり、あまり出来がよい学生だったとはいえないだろう）。博士号を何とか取得した後は非常勤講師や特任教員などをしながら過ごし、その後ようやく九州の高専に就職するも五年でそこを去り現在は北海道で教員をしているわけであるが、このような人生は決して私が計画したものではない。他の大多数の人たち以上に、私はする必要のない回り道をして余計な苦労をしているし、他の人たちが手に入れてきたものをいくつも逃してきたような気がする。何をしたかったのか、明確な意識のもとで生きてきたわけではないし、正直、今も何をしたいのかはあまり意識していない（したくないことはたくさん意識しているが)。あいまいに生きてきた私はおよそ合理性とはほど遠い存在であるように思われる。さらにいえば(こんな本を書いておきながらいまさらであるが)、私は人付き合いや他人との協調というものがそこまで得意というわけではないし、むしろいろんな人に嫌われることが多い(本当は嫌われたくないのだが)。うまくいかなさ、という点では私はかなり「不合理」な側へ分類されるであろう。

しかし、このような不合理な人生の回り道の中、何も身につかなかったということはない。身につけようと思っていたわけではないが、回り道を一生懸命に進むなかで身についてしまったものもいくつかあって、それが今現在の私を形作り、ときどき役に立ってくれている。そしてその多くは、自分が思ってもみなかったような「出会い」——それが書物にせよ、業務にせよ、人付き合いにせよ——からもたらされた。合理的な人間ではない私が、現在行っているような講義・執筆活動が可能であるのは、生来の不合理性が——もちろん、そこにはいくぶんかの合理性も紛れ込んではいるのであろうが——もたらした回り道の恩恵に与っているからでもある。私は自らの不合理さが招いた回り道のような人生に関し、合理的に反省すればいろんな過失・瑕疵があったことは認めざるをえないものの、しかし、それとは別に「よかった」とも感じているし、そこで出会った多くの事柄に感謝している。とりわけ、本書の執筆にあたってはこれまで出会った多くの方々との交流から恩恵を受けている。その一つ一つをすべて詳細に挙げることはできないが、この本を書き上げるまでに学問的に大きな影響を与えてくださったばかりか少なからずサポートしてくださった方々について、感謝の意を込めてここで列記しておきたい。

まず、卒業論文・修士論文・学位論文のすべてを主査として指導してくださった千葉大学文学部の高橋久一郎先生。ずぼらでテクストをいい加減に読んでばかりの私を懇切丁寧に指導していただいた。また、マンツーマンの指導のもと、私の読解・見解に対し鋭く根本的な質問を突きつけてくださるなか、結論に至るまでに何回も繰り返し慎重に思考する習慣を身につけることができた。今の私があるのは、間違いなく先生のおかげである。同大学法経学部の嶋津格先生（二〇一五年現在すでに退官）は法哲学が専門であり、そして、博士課程在籍中の学位論文副査の一人でもあった。博士課程入学後はじめて会話を交わさせていただき、畑違いの私が法哲学ゼミにときどき参加することを承諾してくださった、とても懐が深い方である。鋭い切れ味の議論を得意とし、またハイエクに関する基本的な事柄についてたいへんわかりやすく説明してくださった。『ハイエク哲学論集』（2010）の翻訳の一部を担当させていただけたのも嶋津先生のご厚意からであり、先生との出会いなしには私の知見が現在のような形で広がることは決してなかった。同大学文学部忽那敬三先生もまた学位論文副査の一人であり、ときに私の議論の甘さを指摘していただいた。また、研究者への道が辛いこと、かなりの覚悟がいることなどをきちんと諭してくださった。そして、千葉大学から日本大学へ移られた永井均先生は、博士号取得後、永井ゼミへお邪魔するようになった新参者の私に対しとても気さくに接してくださり大変お世話になった。また、問題の構造をクリアにしながら丁寧に掘り下げてゆくその哲学的洞察は、その著作だけでなくゼミ中の議論においても発揮されており、短い期間ではあったがそこで学んだことは大きな糧となった。

千葉大学関係者以外でまず名前を挙げるべきは、元同僚であり現鹿児島工業高等専門学校（以下、鹿児島高専）で勤務されている林良平先生であろう。仕事上での付き合いもさることながら、彼の研究室にてコーヒーを飲みながらさまざまなテーマを議論できたのは人生の回り道のなかでも特に僥倖であった。経済学の議論や論文などをいろいろ教えていただきながら、本書執筆にあたり多大なインスピレーションをいただいた。本書が哲学と経済学との垣根を越えた学際的な意義をもつとすれば、それはまさに彼との交流がもたらしたものである。また、金沢大学の仲正昌樹先生にもお礼を申し上げたい。御茶ノ水書房の『アレテイア』シリーズの分担執筆の機会を二度も下さったことは、未熟な私にとってはとてもありがたかった（本書の第2章第3節、ならびに第7章第2節ではそこでの議論がベースとなっている）。その他、ヒューム研究者としては無名な私を二〇一三年日本倫理学会主題別討議の提題者として招いてくださった国際基督教大学の矢嶋直規先生、そしてその主題別討議にて一緒に登壇し、議論を交えてくださった日本大学の勢力尚雅先生、ならびに、福岡大学の林誓雄先生にもお礼を申し上げたい（林誓雄先生については、ヒューム研究に携わる同業者として常時刺激をいただいていると同時に、楽しくお酒に付き合ってもらっている点でも感謝している）。他にも、各種学会・研究会などでことあるごとにアドバイスをくださる諸先輩の方々、ならびに、それらにて興味深い発表・報告を行ってくださる研究者の方々も、学問面において私を支えてくださっているという点ではそのすべてに感謝したい。

研究内容そのものとかかわらなくとも、研究を行うにあたっての職場環境、人間関係は非常に重要なものであり、その点でも私はこれまで恵まれてきた。現勤務先の釧路公立大学の高野敏行学長をはじめ、同僚の神野照敏先生、藤田祐先生、菅原和行先生、その他教員スタッフや事務職員の方々には、私の北海道赴任後からとてもよくしていただき感謝の言葉以外にない。また、前勤務先の鹿児島高専において、私を励まし支え、苦楽をともにした元同僚の教職員の方々にもお礼を申し上げたい。それに、私の講義に興味をもちながら真摯な態度にて受講してくれている釧路公立大学の学生たち、そして過去、同様に受講してくれていた鹿児島高専の学生たちも、私にさまざまな活力を与えてくれた点でとてもありがたい存在である。

また、出版にあたり、本書の内容を高く評価していただき、若輩者の私にこのような出版の機会をくださったみすず書房の関係者各位、特に、編集部の田所俊介氏にはいくら感謝してもしすぎることはない。本書刊行に至るまで、大変な苦労を田所氏にはかけたものと思われる。心からお礼を申し上げたい。
私は愚かではあるが、だからこそ、そこまで自分を過大評価はしていない。ゆえに、本書の内容が何一つ欠点がないほど完璧なものであるとは思っていないし、もしかすると、とんでもない間違い・錯誤・勘違いがそこには含まれているかもしれない（過去の大哲学者たちでさえ批判されるべき点があったのであるから）。しかし、そうであったとしても、それはこれまで私に影響を与えてきた方々のせいなどでは決してなく、影響を与えられたこの私の責任である。これは私にとって「あたりまえ」のことであるし、この「あたりまえ」を捨てるつもりは一切ない。自分のしたことには責任をもつ一方、サポートしてくださった方々への感謝の気持ちを大事にすることは、本書にて言及した「徳ある態度」とも関連するように思われる。そして、これは合理的かどうかとはまったく別の、しかし重要な生き方であると私は信じている。このような態度と信念とをわずかながらも備えることができたのは、時に厳しいながらも、これまでずっと温かく私を育ててくれた両親のおかげである。私自身はいまだ未熟者であるし、優れているとは言い難い。この事実はこの私が引き受けるべきことであり、断じて他の人のせいではない。しかし、私が未熟でありながらもここまで来れたことについては私一人の力では決してない。その意味で、出会ってきた方々、とりわけ両親に深く感謝したい。これまで見守ってきてくれた両親に本書を捧げる。

二〇一五年一〇月二八日　澄みきった空気と静寂に包まれた釧路の街にて

中村隆文

文　献

［　］は初版の刊行年.（　）は，本書において参照・引用した版が［　］と異なる場合の出版年.

Akerlof, G.K. [1970] "The Market for "Lemon": Quality Uncertainty and the Market Mechanism," in *The Quarterly Journal of Economics*, Volume.84, Issue.3, 488-500.

Anscombe, G.E.M. [1957] *Intention*, Oxford, Basil Blackwell（G・E・M・アンスコム著／管豊彦訳（1984）『インテンション』，産業図書）.

Ariely, D. [2008]（2009）. *Predictably Irrational, The Hidden Forces That Shape Our Decisions*（Revised and Expanded Edition）, New York: Harper Perennial（D・アリエリー著／熊谷淳子訳（2013）『予想どおりに不合理［増補版］行動経済学が明かす「あなたがそれを選ぶわけ」』，早川書房）.

—— [2010]. *The Upside of Irrationality: The Unexpected Benefits of Defying Logic at Work and at Home*, New York: Harper Perennial（D・アリエリー著／櫻井裕子訳（2010）『不合理だからすべてがうまくいく』，早川書房）.

アリストテレス著／山本光雄訳（1989）『政治学』，岩波書店.

——／朴一功訳（2002）『ニコマコス倫理学』，京都大学学術出版会.

Bartels, D.M. & Pizarro, D.A. [2011] "The Mismeasure of Morals: Antisocial Personality Traits Predict Utilitarian Responses to Moral Dilemmas," *Cognition*, Vol.121, No.1, 154-161.

Boehm, C. [2012] *Moral Origins: The Evolution of Virtue, Altruism, and Sham*, New York: Basic Books（C・ボーム著／長谷川眞理子訳（2014）『モラルの起源——道徳，良心，利他的行動はどのように進化したのか』，白揚社）.

Bentham, J. [1789]（1996）*An Introduction to the Principles of Morals and Legislation*, eds. J.H. Burns and H.L.A. Hart, Oxford: Clarendon Press（J・ベンサム著／関嘉彦編集・山下重一訳（1967）「道徳と立法の諸原理序説」『世界の名著 38』，中央公論社，69-210）.

—— [1843]（1995）"Principles of Penal Law," in John Bowring（ed）, *The Works of Jeremy Bentham*, Vol.1, England; Thoemmes Press, 365-580.

Bratman, M. E. [1987]（1999）*Intention, Plans, and Practical Reason*, Cambridge, Mass: The Center for the Study of Language and Information Publications（M・E・ブラットマン著／門脇俊介・高橋久一郎訳（1994）『意図と行為——合理性，計画，実践的推論』，産業図書）.

Cohon, R. [2008] *Hume's Morality: Feeling and Fabrication*, NewYork: Oxford University Press.

Coleman, D. [1992] "Hume's Internalism," in *Hume Studies*, Vol.XVIII, No.2, November, 331-348.

Darley, J. & Latané, B. [1968] "Bystander Intervention in Emergences: Diffusion of Responsibility," in *Journal of Personality and Social Psychology*, Vol.8, No.4, 377-383.

Darwin, C. [1859] (1985) *The origin of species by means of natural selection, or, The preservation of favoured races in the struggle for life*, edited with an introduction by J.W. Burrow, London: Penguin（C・ダーウィン著／八杉龍一訳（1963-1971）『種の起原』（上・中・下），岩波文庫）.

Davidson, D. [1963] "Actions, Reasons, and Causes" in *The Journal of Philosophy*, Vol.60, No.23, 685-700; reprinted in (2001) *Essays on Actions and Events*, 2nd ed. Oxford: Oxford University Press. 3-19（D・デイヴィッドソン著／服部裕幸・柴田正良訳（1990）『行為と出来事』，勁草書房）.

de Quervain, D., Fischbacher, U., Treyer, V., Schellhammer, M., Schnyder, U., Buck, A., and Fehr, E. [2007] "The Neural Basis of Altruistic Punishment," in *Science* 305, No.5688, 1254-1258.

de Waal, F.B.M. [2009] *The Age of Empathy: Nature's Lessons for a Kinder Society*, New York: Three Rivers Press（F・B・M・ドゥ・ヴァール著／柴田裕之訳・西田利貞解説（2010）『共感の時代へ 動物行動学が教えてくれること』，紀伊國屋書店）.

Dutton, K. [2012] *The Wisdom of Psychopaths: What saints, Spies, and Serial Killers Can Teach Us About Success*, New York: Scientific American / Farrar, Straus and Giroux（K・ダットン著／小林由香利訳（2013）『サイコパス　秘められた能力』，NHK 出版）.

Ellsberg, D. [1961] "Risk, Ambiguity, and the Savage Axioms," in *The Quarterly Journal Of Economics*, Vol.75, No.4, 643-669.

Epstein, K. [2006] "Crisis Mentality: Why sudden emergencies attract more funds than do chronic conditions, and how nonprofits can change that," in *Stanford Social Innovation Review*, 48-57.

Fehr, E. & Gächter, S. [2000] "Cooperation and Punishment in Public Goods Experiments," in *The American Economic Review*, Vol.90, No.4, 980-994.

Ferguson, A. [1767] (1782) *An Essay on the History of Civil Society* (the fifth ed.), London: T. Cadell (Online Library of Liberty で参照可能).

Foot, Philippa. [1967] (2002) "The Problem of Abortion and the Doctrine of the Double Effect," in *Virtues and Vices: And Other Essays in Moral Philosophy*, New York: Oxford University Press, 19-32.

藤子・F・不二雄［1972］（1995）「自分会議」，『ミノタウロスの皿――藤子・F・不二雄異色短編集』所収，小学館．
Gauthier, D. [1986]. *Morals by Agreement*, Oxford: Oxford University Press（D・ゴティエ著／小林公訳（1999）『合意による道徳』，木鐸社）．
Gilboa, I. [2010]（2012）*Rational Choice*, Cambridge, Mass: MIT Press（I・ギルボア著／松井彰彦訳『合理的選択』，みすず書房）．
Gneezy, U. & Rustichini, A. [2000] "A Fine Is a Price," in *The Journal of Legal Studies*, Vol.29, No.1, 1-17.
Greene, J.D. [2008] "The Secret Joke of Kant's Soul," in *Moral Psychology*, Vol.3, ed. Walter Sinnott-Armtrong, MA: The MIT Press, 35-79.
Hampton, J. [1991] "Equalizing concessions in the pursuit justice: A discussion of Gauthier's bargaining solution,"in *Contractarianism and Rational Choice, Essays on David Gauthier's Morals by Agreement*, ed. Peter Vallentyne, New York: Cambridge University Press, 149-161.
Halevy, Y. [2007] "Ellsberg Revisited: An Experimental Study," in *Econometrica*, Vol.75, No.2, 503-536.
Harsanyi, J.C. & Selten, R. [1988] *A General Theory of Equiliblrium Selection in Games*, Cambridge, Mass.: MIT Press.
林誓雄［2015］『襤褸をまとった徳――ヒューム　社交と時間の倫理学』，京都大学学術出版会．
Hayek, F.A. [1960]（1978）*The Constitution of Liberty*, Chicago: The University of Chicago Press（F・A・ハイエク著／矢島鈞次監修（2007）『自由の条件Ⅰ――自由の価値』ハイエク全集Ⅰ-5，春秋社）．
―― [1973]（1993）*Law, Legislation and Liberty: A New Statement of the Liberal Principles of Justice and Political Economy*, Vol.1, London and New York: Routledge, Vol.1（F・A・ハイエク著／西山千明監修（2007）『法と立法と自由Ⅰ』ハイエク全集Ⅰ-8，春秋社）．
―― [1978] *New Studies in Philosophy, Politics, Economics and the History of Ideas*, London and Henley: Routlledge & Kegan Paul（F・A・ハイエク著／嶋津格監訳（2010）『ハイエク全集Ⅱ-4 哲学論集』，山中優監訳（2009）『ハイエク全集Ⅱ-5 政治学論集』，古賀勝次郎監訳（2009）『ハイエク全集Ⅱ-6 経済学論集』春秋社）．なお，本文中の引用箇所の翻訳は『哲学論集』を参考としている．
Hobbes, T. [2006]（1651）*Leviathan*, New York; Dover Publications（T・ホッブズ著／水田洋訳（2008-2009）『リヴァイアサン』（一）～（四）巻，岩波文庫）．
Hume, D. [1739-1740]（1978）*A Treatise of Human Nature*（1739-40）, edited by Selby-Bigge and revised by Nidditch, 2nd edition, Oxford: Clarendon Press.（訳は下記を参考にした．D・ヒューム著／大槻春彦訳（1948-1952）『人性論』（一）

〜（四），岩波書店；木曾好能訳（1995）『人間本性論　第一巻 知性について』，石川徹・中釜浩一・伊勢俊彦訳（2011）『人間本性論　第二巻 情念について』，(2012)『人間本性論　第三巻 道徳について』，法政大学出版局）．

—— [1748a]（1975）*Enquiries concerning Human Understanding*, eds. L.A. Selby-Bigge and P.H. Nidditch, Oxford: Oxford University Press（D・ヒューム著／渡部峻明訳（1990）『人間知性の研究・情念論』，哲書房）．

—— [1748b]（1985）"Of the Original Contract" in *Essays, moral, political and literary*（1777）, ed by Eugene F. Miller, Indianapolis: Liberty Fund, 465-487（「原始契約について」，D・ヒューム著／小松茂夫訳（2000）『市民の国について（上）』, 126-154）．

—— [1751]（1975）*Enquiries concerning the Principles of Morals*, eds. L.A. Selby-Bigge and P.H. Nidditch, Oxford: Oxford University Press（D・ヒューム著／渡部峻明訳（1993）『道徳原理の研究』，哲書房）．

犬塚元［2004］『デイヴィッド・ヒュームの政治学』，東京大学出版会．

Kane, R., ed. [2002] *The Oxford Handbook of Free Will*, New York: Oxford University Press.

Kant, I. [1781（A）. 1787（B）]（1911）*Auflage der Kritik der reinen Vernunft*（Herausgeber: Georg Wobbermin）, in *Kant's Gesammelte Schriften*. Herausgegeben von der Königlich Preußischen Akademie der Wissenschaften, Band IV（I・カント著／有福孝岳訳（2003）『カント全集５　純粋理性批判 中』，岩波書店）．

—— [1785]（1911）*Grundlegung zur Metaphysik der Sitten*,（Herausgeber: Paul Menzer）, in *Kant's Gesammelte Schriften*. Herausgegeben von der Königlich Preußischen Akademie der Wissenschaften, Band IV（I・カント著／坂部恵・古田理・平田俊博訳（2000）「人倫の形而上学の基礎づけ」『カント全集７　実践理性批判・人倫の形而上学の基礎づけ』，岩波書店）．

—— [1793]（1914）*Die Religion innerhalb der Grenzen der bloßen Vernunft*（Herausgeber: Georg Wobbermin）, in *Kant's Gesammelte Schriften*. Herausgegeben von der Königlich Preußischen Akademie der Wissenschaften, Band VI（I・カント著／北岡武司訳（2000）『カント全集10　たんなる理性の限界内の宗教』，岩波書店）．

—— [1797]（1914）*Die Metaphysik der Sitten*,（Herausgeber: Paul Natorp）, in *Kant's Gesammelte Schriften*. Herausgegeben von der Königlich Preußischen Akademie der Wissenschaften, Band VI（I・カント著／樽井正義，池尾恭一訳（2002）『カント全集11　人倫の形而上学』，岩波書店）．

Karlsson, M.M. [2006] "Reason, Passion, and the Influencing Motives of the Will" in *Blackwell Guide to Hume's Treatise*, ed. Saul Traiger, Oxford: Blackwell

Publishing, 235–255.
Kolata, G. [1999] "$50,000 Offered to Tall, Smart Egg Donor," *New York Times*, March 3, http://www.nytimes.com/1999/03/03/us/50000-offered-to-tall-smart-egg-donor.html.
Korsgaard, C.M. [1992] "Creating the Kingdom of Ends: Reciprocity and Responsibility in Personal Relations," in *Philosophical Perspectives* Vol.6, Ethics, 305–332.
小坂井敏晶［2008］『責任という虚構』，東京大学出版会．
久米暁［2006］「ヒューム哲学における道徳言明と動機内在主義」『関西学院哲学研究年報』第 40 輯，関西学院大学哲学研究室，1–19 頁．
Leibenstein, H. [1950] "Bandwagon, Snob, and Veblen Effects in the Theory of Consumers' Demand," in *The Quarterly Journal of Economics*, Vol.64, No.2, 183–207.
Lewis, D. [1969] (2002) *Convention*, Oxford: Blackwell Publishing.
Locke, J. [1690] (2010) *Two Treatises of Covernment*, edited by Peter Laslett, Cambridge: Cambridge University Press（J・ロック著／加藤節訳（2010）『完訳 統治二論』，岩波書店）．
MacIntyre, A. [1981] (2010) *After Virtue: A Study in Moral Theory*, third edition, Notre Dame: University of Notre Dame Press（A・マッキンタイア著／篠崎榮訳（1993）『美徳なき時代』，みすず書房）．
Mackie, J.L. [1977] (1990) *Ethics: Inventing Right and Wrong*, London: Penguin Books（J・L・マッキー著／加藤尚武監訳（1990）『倫理学――道徳を創造する』，哲書房）．
―― [1982] "Morality and the Retributive Emotions," in *Criminal Justice Ethics*, Vol.1, (1), 3–10.
松嶋敦茂［2009］『功利主義は生き残るか』，勁草書房．
Mill, J.S. [1859] (2008) "On Liberty" in *On Liberty and Other Essays* (Oxford World's Classics) New York: Oxford University Press, 5–130（J・S・ミル著／塩尻公明・木村健康訳（1971）『自由論』，岩波書店）．
Millgram, E. [1995] "Was Hume a Humean?," in *Hume Studies*, Vol.XXI, No.1, April, 75–93.
Moore, G.E. [1905] (2004) *Principia Ethica*, Dover Publications（G・E・ムーア著／深谷昭三訳（1977）『倫理学原理』，三和書房）．
森直人［2013］「コンヴェンション再考――ヒュームにおいて正義の規則は自己利益のみによって形成されるのか」『経済学論究』67（2），関西学院大学，75–99 頁．
森村進［2001］『自由はどこまで可能か――リバタリアニズム入門』，講談社．
――［2005］『リバタリアニズム読本』，勁草書房．

永井均［2000］『マンガは哲学する』，講談社．
仲正昌樹［2011］『いまこそハイエクに学べ』，春秋社．
中村隆文［2010］「契約論的合理性の限界——ゴティエの「ヒューム主義」の分析を通じて」『法哲学年報 2009』，日本法哲学会，159-167 頁．
成田和信［2004］『責任と自由』，勁草書房．
Nozick, R. ［1974］（2013）*Anarchy, State and Utopia*, New York, Basic Books（R・ノージック著／嶋津格訳（2012）『アナーキー・国家・ユートピア』，木鐸社）．
Nussbaum, M.C. ［2004］（2006）*Hiding from Humanity: Disgust, Shame, and the Law*, Princeton and Oxford: Princeton University Press（M・C・ヌスバウム著／河野哲也監訳（2010）『感情と法——現代アメリカ社会の政治的リベラリズム』，慶応義塾大学出版会）．
Pinker, S. ［2011］（2012）*The Better Angels of Our Nature: Why Violence Has Declined*, New York: Penguin Book（S・ピンカー著／幾島幸子・塩原通緒（2015）『暴力の人類史』上・下巻，青土社）．
Plotnik, J., Lair, R., Suphachoksahakun, W., de Waal, F.B.M. ［2001］ "Elephants know when they need a helping trunk in a cooperative task," in *Proceedings of the National Academy of Sciences* 108（12）, 5116-5121.
Radcliffe, E.S. ［1996］ "How Does the Humean Sense of Duty Motivate?," in *Journal of the History of Philosophy*. Vol.XXXI, 384-407.
Rawls, J. ［1971］（2005）*A Theory of Justice*, Cambridge: Harvard University Press（J・ロールズ著／川本隆史・福間聡・神島裕子訳（2010）『正義論（改訂版）』，紀伊國屋書店）．
Rothbard, M.N. ［1982］（1998）*The Ethics of Liberty*, New York: New York University Press（M・N・ロスバード著／森村進・森村たまき・鳥澤円訳（2003）『自由の倫理学——リバタリアニズムの理論体系』，勁草書房）．
Rousseau, J.J. ［1754］（2004）*Discourse on the Origin of Inequality*, New York: Dover Publications（J・J・ルソー著／本田喜代治・平岡昇訳（2010）『人間不平等起源論』岩波文庫）．
坂本百大［1990］「自由について——二一世紀へ向けての分析視角」『正義と無秩序』，国際書院，11-26 頁．
坂本達哉［1995］『ヒュームの文明社会——勤労・知識・自由』，創文社．
Sandel, M.J. ［1998］*Liberalism and the Limits of Justice*, second edition, Cambridge: Cambridge University Press（M・J・サンデル著／菊池理夫訳（2008）『リベラリズムと正義の限界〈原著第二版〉』，勁草書房）．
—— ［2007］*The Case against Perfection: Ethics in the Age of Genetic Engineering*, Cambridge, MA: Belknap Press of Harvard University Press（M・J・サンデル著／林芳紀・伊吹友秀訳（2010）『完全な人間を目指さなくてもよい理由——遺

伝子操作とエンハンスメントの倫理』，ナカニシヤ出版）.

Seabright, P. [2010]（2005）*The Company of Strangers: A Natural History of Economic Life*（revised edition), Princeton and Oxford: Princeton University Press（P・シーブライト著／山形浩生・森本正史訳（2014）『殺人ザルはいかにして経済に目覚めたか』，みすず書房）.

Shampan'er, K. & Ariely, D. [2006] "How Small is Zero Price? The True Value of Free Products," on the web site of the Federal Reserve Bank of Boston at http://www.bostonfed.org/economic/wp/wp2006/wp0616.pdf

Slovic, P. [2007] ""If I look at the mass I will never act" : Psychological numbing and genocide," in *Judgment and Decision Making*, Vol.2, No.2, 79–95.

Small, D.A., Loewenstein, G. and Slovic, P. [2007] "Sympathy and Callousness: The impact of deliberative thought on donations to identifiable and statistical victims," in *Organizational Behavior and Human Decision Processes* 102（2), 143–153.

Smith, A. [1759]（2000）*The Theory of Moral Sentiments*, New York; Prometheus Books（A・スミス著／水田洋訳（1978）『道徳感情論』，筑摩書房）.

Smith, M. [1994] *The Moral Problem*, Oxford: Blackwell Publishing（M・スミス著／樫則章監訳（2006）『道徳の中心問題』，ナカニシヤ出版）

—— [2003] "Rational Capacities, or: How to Distinguish Recklessness, Weakness, and Compulsion," in *Weakness of Will and Practical Irrationality*, eds. Sarah Stroud and Christine Tappolet, Oxford: Clarendon Press, 17–38.

Spencer, H. [1866]（1898）*Principles of Biology*, New York & London: D. Appleton and Company.

Strawson, P. F. [1962]（2008）"Freedom and Resentment," in *Proceeding of the British Academy* 48, 1–25, reprinted in Freedom and Resentment and Other Essays, New York: Routledge, 1–28（P・F・ストローソン著「自由と怒り」／門脇俊介・野矢茂樹編・監修（2010）『自由と行為の哲学』，春秋社，31–80）.

Sutter, M. & Kocher, M.G. [2007] "Trust and trustworthiness across different age groups," in *Games and Economic Behavior* 59, 367–482.

Thomson, J.J. [1985] "The Trolley Problem," *The Yale Law Journal*, Vol.94, No.6, 1395–1415.

Verghese, A. [2011] Entitled "A Doctor's Touch," in the conference of Technology Entertainment Design, available via the TED Talk as follows : http://www.ted.com/talks/abraham_verghese_a_doctor_s_touch.

Wolf, S.R. [1990] *Freedom within Reason*, New York: Oxford University Press.

矢嶋直規［2012］『ヒュームの一般的観点』，勁草書房.

著者略歴

（なかむら・たかふみ）

1974年生まれ．千葉大学大学院社会文化科学研究科博士課程修了．千葉大学非常勤講師，鹿児島工業高等専門学校専任講師，同准教授を経て，2014年より釧路公立大学経済学部准教授．文学博士．著書『叢書アレテイア 11 近代法とその限界』（共著 御茶ノ水書房 2010）『叢書アレテイア 15「法」における「主体」の問題』（共著 御茶ノ水書房 2013）．訳書『ハイエク全集Ⅱ-4 哲学論集』（共訳 春秋社 2010）．

中村隆文

不合理性の哲学

利己的なわれわれはなぜ協調できるのか

2015年12月21日　第1刷発行
2017年 3 月10日　第2刷発行

発行所 株式会社 みすず書房
〒113-0033 東京都文京区本郷5丁目32-21
電話 03-3814-0131(営業) 03-3815-9181(編集)
http://www.msz.co.jp

本文組版 キャップス
本文印刷所 萩原印刷
扉・表紙・カバー印刷所 リヒトプランニング
製本所 誠製本
装丁 安藤剛史

Printed in Japan
ISBN 978-4-622-07962-0
[ふごうりせいのてつがく]